여러분 앞에 놓인 미래를 더욱 찬란하게 일구어가는데
이 책이 좋은 벗이 되기를 간절히 바랍니다.

_______________ 님께

_______________ 드림

역사에서 리더를 만나다

역사에서 리더를 만나다

역사에서 리더를 만나다

초판 1쇄 발행 2010년 4월 30일
초판 21쇄 발행 2024년 7월 24일

지은이 유필화
펴낸이 유정연

이사 김귀분
기획편집 신성식 조현주 유리슬아 서옥수 황서연 정유진 **디자인** 안수진 기경란
마케팅 반지영 박중혁 하유정 **제작** 임정호 **경영지원** 박소영

펴낸곳 흐름출판(주) **출판등록** 제313-2003-199호(2003년 5월 28일)
주소 서울시 마포구 월드컵북로5길 48-9(서교동)
전화 (02)325-4944 **팩스** (02)325-4945 **이메일** book@hbooks.co.kr
홈페이지 http://www.hbooks.co.kr **블로그** blog.naver.com/nextwave7
인쇄 · 제본 프린탑

ISBN 978-89-90872-89-0 03320

| 한비자, 처칠부터 이나모리 가즈오까지, 역사적인 리더 11인의 리더십 카운슬링 |

역사에서 리더를 만나다

유필화 지음

흐름출판

지금 우리에게 필요한 리더십은 무엇인가

리더십은 참으로 신비롭고 불가사의한 현상이다. 나라건 기업이건 가정이건 누가 그 집단의 리더로 있느냐에 따라 그것의 운명은 크게 달라지고, 심지어는 그것의 존폐가 결정되기도 한다. 뿐만 아니라 리더가 내리는 수많은 의사결정은 자신이 이끄는 집단 바깥의 숱한 사람들 그리고 후세의 민중들에게까지 크나큰 영향을 미치게 마련이다. 우리 역사에서 을지문덕, 강감찬, 이순신 같은 명장이 없었으면, 한민족의 운명은 크게 달라졌을 것이다. 반면에 16세기 후반 선조宣祖를 비롯한 조선의 지도자들이 좀 더 국제정세를 보는 안목이 있고 국방을 중시했다면, 일본의 침략에 더 잘 대처할 수 있었을 것이다. 우리는 비슷한 말을 조선 말기의 위정자들에 대해서도 할 수 있다.

다른 나라에서도 이렇게 리더 및 리더십이 역사의 흐름에 엄청난 영향을 끼친 사례를 우리는 쉽게 찾아볼 수 있다. 지난 세기에 훌륭한 리더십의 중요성을 가장 처절하게 체험한 나라는 아마 독일일 것이다. 독일이 제1차 세계대전에서 패배한 직후인 1919년에 성립된 바이마르Weimar 공화국 시절, 독일인들은 노벨상을 거의 휩쓸다시피 하였고 독일은 학문·사상·예술 방면에서 세계를 선도했다. 그러나 1933년 1월 30일 아돌프 히틀러Adolf Hitler가 이끄는 야만적인 나치 정권이 집권하게 되고, 6년 후 히틀러는 독일인들을 전쟁의 구렁텅이로 몰아넣는다. 그리고 그 결과는 '무조건 항복'이라는 참담하고 치욕적인 것이었다. 하지만 전후 콘라드 아데나워Konrad Adenauer를 비롯한 서독의 지도자들은 서독을 확고한 서방진영의 일원으로 만들고 민주주의를 꽃피웠으며, 경제를 부흥시켰다. 그들은 또한 과거를 철저히 반성하였으며 홀로코스트(유태인 학살)의 희생자들과 그 가족들에게 막대한 배상금을 지불했다. 이러한 뛰어난 리더십 덕분에 독일은 정치적·경제적·도덕적으로 재기할 수 있었고, 1990년 10월 다시 하나가 되었다.

이렇게 동서고금의 역사는 오늘을 사는 현대인들에게 귀한 교훈을 줄 수 있는 리더십 사례로 꽉 차 있다. 그런데 우리가 살고 있는 자본주의 사회의 가장 중요한 경제활동의 주체는 뭐니 뭐니 해도 역시 기업이다. 그리고 리더십은 조직으로서의 기업의 향방에도 결정적인 영향을 미친다. 그렇다면 기업을 이끌어가는 현대의 경영자들에게 역사는 매우 훌륭한 리더십의 스승이 될 수 있다. 또한 현대사회에서 기업의 크나큰 비중과 기업경영에서 리더십의 중요성을 생각한다면, 그들이 인류의 지혜가 농축된 역사에서 리더십을 배운다는 것은 아주 의미 있는 일이라고 나는 생각한다.

나는 오래 전 "경영 리더십의 스승으로서의 역사"라는 개념에 매료된 바 있다. 그리하여 그 후 나는 꽤 많은 역사서적을 탐독하였고, 또 그 내용을 경영학 및 경영 리더십의 관점에서 나름대로 재해석하는 작업을 시도해보았다. 이렇게 하여 나는 미흡하지만 고대에서 현대에 이르는 11명의 동·서양 리더 또는 리더십 사상가들의 리더십 및 리더십 사상을 현대의 기업경영 관점에서 정리할 수 있었고, 그 결과물이 바로 이 책이다. 즉 이 책은 역사가 가르쳐주는 신선한 리더십의 지혜를 오늘날의 기업지도자들과 공유하기 위해 쓰여진 것이다.

리더는 아무도 보지 못하는 불투명한 미래를 향해 앞서 걸어가는 사람이다. 그렇기에 역사가 가르쳐주는 리더십의 지혜는 더욱 그 가치를 발한다. 한 개인의 역사가 또 다른 누군가에게 비슷하게 전개될 수 있다면 여기에 소개되는 11인의 리더가 걸어간 길은 앞으로도 그 누군가 겪게 될 이야기일 수 있다. 이 책을 통해 우리가 발견해 나갈 진실은 그 어느 것도 완벽한 리더십은 없다는 것이다. 사람과 상황에 맞아야 하기 때문이며 인간 자체가 불완전한 속성을 지녔기 때문이다. 우리는 어느 하나의 리더십에 치우치지 않고 상황에 따라 다 활용할 줄 알아야 한다.

나는 이 책을 통해 독자들께 화두를 던지고 싶었다. "지금 우리에게 필요한 리더십은 무엇인가?" 이를 화두삼아 끊임없이 답을 찾는 과정이 당신을 훌륭한 리더로 만들어 주리라 믿는다. 독자들이 그리고 인연 닿는 분들이 이 책을 벗삼아 가장 적합한 리더십을 찾아가기를 바란다.

그러나 동·서양의 역사라는 분야가 워낙 방대하고 나의 역사 지식은 극히 미미하므로, 아마도 이 책에 모셔야 하는 많은 분들이 빠졌을 것이다. 그럼에도 불구하고 이러한 시도는 국내에서 흔치 않고 또 나의 능력과 지식이 닿는 범위 내에서는 정성을 다해 썼으므로, 나는 이 책에 대해 뿌듯함과 자부심을 느낀다. 하지만 나는 이 책의 모자라는 면에 대한 독자들의 어떠한 질책도 겸허히 그리고 달게 받아들일 것이다.

성균관대학교 SKK GSB의 정재은 조교와 나의 외동딸 유한나 양은 많은 분량의 원고를 꼼꼼히 타이핑했고, 현재 교보생명에서 일하는 졸업생 이강이 씨는 참고문헌을 정리해주었다. 또 흐름출판의 유정연 사장과 김미란 팀장은 집필 기간 내내 뜨거운 성원과 격려를 아끼지 않았다. 이들 모두에게 이 자리를 빌어 깊은 고마움의 뜻을 표한다.

2010년 4월
명륜동 연구실에서
유필화

Part 1

인간 불신의 리더십

"남이 나를 위해 착하게 굴 것을
기대하지 마라."

한비자

韓非子

법가法家의 사상을 대성한 중국 전국시대 말기의 사상가. 그가 창립한 법가의 사상은 중국 첫 중앙집권제 통일국가의 탄생에 이론적 근거를 제공했다.

한비자는 한韓의 왕족으로, 젊어서 진秦의 이사李斯와 함께 순자荀子에게 배워 뒷날 법가法家의 사상을 대성하였다. 이사가 간지奸智에 뛰어난 변설가辯說家인 반면, 한비자는 타고난 말더듬이였으나 두뇌가 매우 명석하여, 학자로서는 이사가 도저히 미칠 바 못 되었다. 진의 시황제는 한비자의 고분孤憤·오두五의 논문을 보고 "이 사람과 교유할 수 있다면 죽어도 한이 없겠다"고까지 감탄하였다 한다. 한의 세력이 약해지는 것을 염려하여 누누이 왕에게 간언하였으나 받아들여지지 않았고, 끝내 진의 공격을 받자 화평의 사신으로서 진나라로 갔다. 시황제는 한비자를 보자 크게 기뻐하여 그를 아주 진에 머물게 하려 하였으나, 이사는 내심 이를 못마땅히 여겨 시황에게 참언하여 한비자를 옥에 가두게 한 후, 독약을 주어 자살하게 하였다. 유저에 《한비자韓非子》가 있다.

1. 인간은 이익에 따라 움직이는 동물이다

중국 전국시대 말기의 사상가였던 한비자韓非子(?~기원전 234)는 한韓나라의 왕자로 태어났다. 그는 순자의 <u>성악설</u>을 이어받고, 법가法家와 노자의 사상을 받아들여 이른바 법法과 술術에 의거한 독특한 통치이론을 완성했다. 그의 통치론은 본국인 한나라에서는 채택되지 않았지만 그가 남긴 저서 《한비자》는 진시황을 비롯한 많은 위정자들이 지침으로 삼았다고 한다.

다음 두 일화는 한비자가 얼마나 큰 영향을 미쳤는지 보여준다.

한비자는 젊은 시절 순자荀子라고 하는 사상가에게 배운 적이 있는데, 그때 함께 공부한 사람 중에 훗날 진시황제의 정승이 된 이사李斯라는 사람이 있었다. 이사는 일찍이 한비자의 재능을 알아보고 그에게는 이길 수 없다는 것을 스스로 인정했다. 공부를 마치고 귀국한 한비자는 한韓의 국왕에게 부국강병책을 건의했지만 받아들여지지 않았다. 그 후 진시황제가 되는 당시의 진나라 왕이 한비자의 저서를 보게 된다. 진시황은 한비자의 저서를 읽다가 감탄하며 이렇게 말했다고 한다.

"이 책을 지은 사람을 만날 수만 있다면 죽어도 한이 없겠다."

당시 진나라 왕의 고문으로 있던 이사와 왕은 서로 상의한 결과, 한나라를 공격하기로 한다. 과연 그들이 예상한 대로 한나라는 강화를 요청하고 대표사절로 한비자를 보낸다. 한비자를 보자 왕은 크게 기뻐한다. 이에 위협을 느낀 이사는 왕에게 진언進言한다.

"한비자는 누가 뭐라 해도 한나라의 왕자이니 등용을 해도 진나라를 위해 일하지는 않을 것입니다. 그렇다고 이대로 돌려보내면 훗날 화근이 될 것이니 법에 따라 처벌하는 것이 좋겠습니다."

이 말에 넘어간 진시황은 한비자를 곧 감옥에 가두었다. 이에 비관한 한비자는 스스로 목숨을 끊었다.

삼국지에 나오는 촉蜀나라의 뛰어난 정승 제갈공명은 촉의 초대 황제였던 유비劉備가 세상을 떠난 후, 2대 황제 유선劉禪을 훌륭히 보좌한 것으로 유명하다. 제갈공명은 유선이 아직 황태자였던 시절 그에게 《한비자》를 읽을 것을 여러 차례 권유했다고 한다. 슬기로운 공명은 유선을 유능한 제왕으로 키우는 데 있어서 《한비자》가 아주 적합한 교재라고 생각했던 것이다.

서양의 마키아벨리, 동양의 한비자라는 말이 있다. 이 말에서 알 수 있듯이 《한비자》라는 책의 전편에 걸쳐 흐르고 있는 사상은 철저한 인간불신人間不信의 철학이다.

사람을 움직이는 동기는 무엇인가? 애정도 아니고 동정심도 아니다. 의리도 아니고 인정도 아니다. 그것은 단 하나, 다름 아닌 이익이다. 인간은 이익에 의해 움직이는 동물이라고 하는 것이 한비자의 기본 생각이다. 한비자의 사상을 가늠할 수 있는 두 문장을 살펴보자.

뱀장어는 뱀과 비슷하고, 누에는 나방의 어린 벌레와 닮았다. 뱀을 보면 누구나 놀라고, 나방의 어린 벌레를 보면 누구나 기겁을 한다. 그러나 어부는 손으로 뱀장어를 잡고, 아낙네는 손으로 누에를 집는다. 즉 이익이 된다고 생각하면 누구나 용감해지는 것이다.

수레를 만드는 장인匠人은 사람들이 모두 부자가 됐으면 한다. 관棺을 만드는 장인은 사람들이 모두 일찍 죽기를 바란다. 그렇다고 해서 전자는 착한 사람이고 후자는 악한 사람이라고 할 수는 없다. 부자가 되어야만 수레를 살 수 있고, 죽어야만 관이 팔리기 때문일 뿐이다. 남이 미운 것이 아니라 남이 죽으면 자신이 이익을 얻기 때문이다.

한비자의 이러한 생각을 처음 접하는 사람은 어쩌면 반발심을 느낄 수도 있다. 그러나 적어도 한비자가 인간의 어느 한 측면을 날카롭게 꿰뚫어보았다는 것만은 틀림없지 않을까 한다.

이렇게 인간관계가 이해관계에 따라 움직인다면, 군신관계 즉 윗사람과 아랫사람의 관계도 결코 예외가 아니라고 한비자는 생각했다. 부하는 늘 자기의 이익을 먼저 생각한다. 기회만 있으면 상사의 비위를 맞춰 이익을 꾀하려 하고, 틈만 있으면 상사를 제치고 자신이 그 자리에 앉으려 한다. 그래서 상사는 방심해서도 안 되고, 틈새를 보여서도 안 된다고 한비자는 믿었다. 한비자는 심지어 한 집에 살고 있는 남편과 아내도 이해관계가 다르다고 하면서 이런 이야기를 들려준다.

어떤 부부가 함께 기도할 때 아내가 이렇게 말했다.

"신이여, 부디 포목 100필만 베풀어 주소서."

그러자 남편이 말한다.

"에게, 너무 적네 그려."

남편의 말을 아내가 받는다.

"그것보다 많으면 당신은 아마 첩을 얻을 것이오."

부부라고 할지라도 이렇게 바라는 바가 다를진대 다른 관계에서는 더 말할 것도 없을 것이다.

이렇게 각자의 처지에 따라 각자가 추구하는 이익이 다른 이상, 상대방을 신뢰하면 돌이킬 수 없는 실패를 자초할 수 있다. 그래서 다른 사람은 믿을 수 없고, 결국 기댈 것은 자기 자신밖에 없다고 한비자는 말한다.

상대방이 등을 돌리지 않을 것이라 기대하지 말고, 그가 배신하려고 해도 배신할 수 없는 태세를 갖추어라. 상대방이 속이지 않을 것을 기대하지 말고, 그가 속이려 해도 속일 수 없는 태세를 갖추어라.

한비자는 바로 이러한 인간불신의 철학을 바탕으로 통치이론을 전개하고 있다. 인간의 본성을 정확히 간파하면서 권력의 본질을 분석하고, 군주가 놓여 있는 곤란한 처지를 부각시킴으로써 권력 유지의 방도를 모색한 책이 바로 《한비자》이다. 그래서 어떤 사람은 이 책을 제왕학帝王學의 교과서라고 부르기도 한다. 한비자의 통치이론의 핵심은 법法, 술術, 세勢라는 세 가지 요건이다.

먼저 '법'이라 함은 글자 그대로 법률을 말한다. 법률은 분명하게 명문화明文化하여 백성들에게 제시되어야 한다. 특히 공적을 세운 사람에게는 그에 걸맞은 상을 주고, 잘못이 있으면 벌을 받는다는 사실을 명백히 하고 그대로 실행해야 한다. 신상필벌信賞必罰의 원칙이다.

두 번째는 술術이다. '술'이라 함은 법을 운영하고 부하를 통제하는 노하우를 뜻한다. 한비자는 다음과 같이 말하고 있다.

'술'은 사람들에게 보이는 것이 아니다. 군주가 가슴에 품고 있다가 이것저것 비교해본 다음 부하를 조종하는 데 쓰는 것이다.

끝으로 세勢라 함은 권세나 권한을 말한다. 부하가 상관의 명령을 따르는 것은 상관이 부하에 대해 막강한 권한을 갖고 있기 때문이다. 따라서 높은 자리에 있는 사람은 함부로 권한을 놓으면 안 된다. 한번 힘이 빠지면 부하를 다루기가 힘들어진다. 즉 안이하게 권한을 위임하면 우두머리로서의 지위를 유지할 수 없다는 것이 한비자의 주장이다. 따라서 우두머리는 늘 권력의 핵심을 확보하고 있어야 하는데, 이렇게 권력의 핵심을 쥐고 있는 상태가 바로 '세'이다.

이처럼 '법'을 관철하고, '술'을 구사하고, '세'를 바탕으로 부하를 통제하여 가만히 있으면서 위엄을 떨친다. 이것이 바로 우두머리가 자신의 자리를 지키는 비결이다. 한비자는 이러한 주장을 여러 일화를 섞어가면서 대단히 설득력 있게 펴나가고 있다.

2. 술(術)로써 부하를 다루어라

　옛날에 어떤 남자가 어느 마을의 촌장으로 임명되었다. 이 사나이는 어떻게든 마을을 잘 다스리려고 아주 열심히 일했다. 그 결과 피로가 쌓여 몸이 바싹 마르고 말았다. 이 모습을 본 친구가 걱정이 되어서 물었다.

　"몸이 많이 야위었네그려."

　촌장이 대답했다.

　"나는 능력이 없는데도 이 마을을 다스리라는 명령을 받았네. 어떻게든 책임을 완수하려 하다 보니 심신의 피로가 쌓여 홀쭉해졌네."

　그러자 친구가 이렇게 말했다.

　"옛날의 순舜 임금님은 거문고를 타고 노래하기를 즐기면서 천하를 다스렸는데도 온 누리가 평안했다고 하네. 그런데 자네는 이런 자그마한 마을을 다스리면서 그렇게 마르니 혹시라도 천하를 통치하게 되면 도대체 어떻게 할 작정인가?"

　한비자는 이 얘기를 소개하면서 자신의 의견을 덧붙인다.

　내가 말하는 '술' 에 의거해서 다스리면, 단지 사무실에 가만히 앉아 있기만 해도 세상이 잘 굴러간다. 하지만 술을 쓰지 않으면 몸이 으스러지도록 애써도 성과가 나지 않는다.

　비슷한 이야기를 또 하나 소개한다.

위魏나라의 소왕昭王이라는 임금이 어느 날 직접 재판을 해보고 싶은 생각이 들었다. 그래서 정승을 불러 이렇게 말한다.

"내가 손수 재판을 해보고 싶네."

"그러면 먼저 법률을 공부하셔야 합니다."

소왕은 법률서적을 읽기 시작했지만 얼마 되지도 않아 졸음이 밀려와서 견딜 수가 없었다. 그래서 "나는 법률은 공부할 수 없네." 하며 그만두고 말았다고 한다. 이 얘기에 대해 한비자는 이렇게 논평한다. "군주는 권력의 핵심만 쥐고 있으면 된다. 신하에게 맡기면 되는 것까지 자기가 하려고 하면 졸음이 오는 것이 당연하다."

한비자는 경영자를 세 등급으로 나누어 "삼류 경영자는 자신의 능력을 쓰고, 이류 경영자는 남의 힘을 쓰며, 일류 경영자는 남의 머리를 쓴다."라고 말했다. 이것을 우리는 "부하 한 사람 한 사람이 갖고 있는 모든 능력을 발휘하게 하는 관리자가 일류 경영자다." 라고 풀어서 해석해도 좋을 것이다. 한비자의 말을 또 들어보자.

한 사람의 힘은 여러 사람의 힘을 당할 수 없다. 한 사람의 지혜로는 모든 부문에 눈길이 가지 않는다. 한 사람의 지혜와 힘을 쓰는 것보다는 온 나라의 지혜와 힘을 모으는 편이 낫다. 혼자만의 생각으로 일을 처리하면 어쩌다가 성공할 수는 있어도 극도로 피로해진다. 또 일이 잘 안풀리면 눈 뜨고 볼 수 없게 된다.

닭이 시간을 알리고 고양이가 쥐를 잡듯이 부하 한 사람 한 사람에게 능력을 발휘하도록 하고, 위에 있는 사람은 스스로 나설 필요가 없다. 우두머리가 직접 능력을 발휘하면 일이 매끄럽게 굴러가지 않는다.

이렇게 조용히 침묵을 지키면서도 권위가 서고 영향력을 행사하는 것이 한비자가 그린 이상적인 조직관리 방식이었다. 특히 ‘술’을 익혀 부하들을 다루는 데 능수능란하게 쓸 수 있어야 한다고 한비자는 역설하고 있다. 그러면 술에 의한 통솔법을 좀더 자세히 알아보자.

중국 전국시대의 역사를 보면 어느 나라건 자다가 부하에 의해 암살 당하는 사례가 가끔 나온다. 오늘날에도 믿던 부하에게 배신 당하고 호되게 고생하는 경우를 어렵지 않게 볼 수 있다. 배신으로 인해 개인적으로 손해를 입을 뿐만 아니라 회사까지 위태롭게 된다. 때로는 사회적으로 큰 파문이 일기도 한다. 이렇게 되면 당사자는 지도자로서의 자격을 상실한 것이라고 말하지 않을 수 없다.

어째서 그런 일이 일어날까? 한비자에 따르면, 한마디로 조직관리를 엄격히 하지 않고 부하를 통솔하는 데 허점이 있기 때문이다. 이렇게 되지 않기 위해서는 부하들을 통솔하고 조종하기 위한 ‘술’에 통달할 필요가 있다.

‘술’의 첫째 요건은 공적을 세운 사람에게는 상을 주고 잘못을 저지른 이에게는 벌을 내리는 권한을 확실히 손에 넣는 것이다. 그렇게 하면 이른바 채찍과 당근을 갖고 부하들을 자신이 생각하는 대로 다룰 수 있다. 이에 대한 한비자의 말을 들어보자.

> 호랑이가 개를 복종시키는 것은 호랑이에 발톱과 엄니가 있기 때문이다. 만약 호랑이로부터 발톱과 엄니를 뺏어 개에게 주면, 거꾸로 호랑이가 개에게 복종하지 않을 수 없을 것이다. 마찬가지로 군주가 상벌의 권한을 자기가 갖지 않고 신하에게 맡겨버리면, 온 나라가 그 신하를 두려워하고 군주는 우습게 알게 된다. 민심은 군주를 떠나 신하에 몰릴 것이다.

경영자가 행사하는 상벌의 권한은 호랑이의 발톱과 엄니에 해당한다. 그래서 상벌의 권한을 포기한 경영자는 발톱과 엄니를 잃은 호랑이처럼 되어 부하들을 뜻대로 움직일 수 없게 되고 만다.

두 번째 요건은 엄격한 근무성적 평가이다. 평가 방법에 대해 한비자는 형명참동刑名參同이라는 독특한 방식을 제안하고 있다. 형명참동이란 부하의 신고를 토대로 일감을 주고, 신고와 성과가 일치하면 상을 주고 일치하지 않으면 벌을 내리는 방식이다. 오늘날의 성과목표 합의에 의한 인사고과와 거의 같은 개념이라 하겠다.

신고와 성과가 일치하지 않을 때는 두 가지 경우가 있다. 하나는 성과가 신고보다 낮은 때로, 이때는 벌을 줄 수밖에 없다. 또 하나는 이 정도밖에 할 수 없다고 말하면서 그 이상의 성과를 올리는 경우다. 이 경우에도 벌을 내려야 한다고 한비자는 주장한다. 왜냐하면 신고와 성과가 일치하지 않은 문제가 약간의 좋은 성과를 올린 정도로는 상쇄되지 않기 때문이다. 이것은 지극히 엄격한 평가 방식이라고 말할 수 있다.

오늘날 경영자가 이런 방식을 깊은 생각 없이 무작정 도입하면 쓸데없는 반발을 살 것이다. 그러나 부하들이 직분을 다하게 하고 서로 감싸는 것을 방지하려면 이렇게 엄한 태도로 임해야 한다는 것이 한비자의 생각이다.

'술'의 세 번째 요건은 좋아하거나 싫어하는 감정을 보이지 않는 것이다. 군주가 신하에게 호·불호好·不好의 감정을 보이면 신하는 그에 따라 비위를 맞춘다. 이래서는 신하를 조종하기는커녕 오히려 신하의 손에 놀아날지도 모른다. 엉큼한 신하는 이런 틈을 타서 음모를 꾸며 군주의 지위를 위협할 가능성도 있다. 그래서 군주는 그런 틈새를 보이지 말아야 하는 것이다.

네 번째는 가끔 부하에게 뜻밖의 질문을 던지는 것이다. 즉 끊임없이 부하에게 자극을 주고 긴장감을 불어넣는 것이다. 이와 관련하여 한비자는 재미있는 이야기를 들려준다.

송宋의 재상이 부하에게 시장을 한 바퀴 돌라는 명령을 내리고, 그가 돌아오자마자 묻는다.

"시장에 무언가 좀 이상한 점이 없었나?"

"예, 아무것도 없었습니다."

"뭔가 있었을 텐데."

"그렇게 말씀하시니 생각나는 게 있습니다. 시장 바깥에 소달구지가 잔뜩 모여 있어 사람이 간신히 다닐 수 있을 정도입니다."

"알았네. 아무에게도 얘기하지 말게."

재상은 이렇게 단단히 일러놓은 다음 시장을 담당하는 관리를 호출해서 호통을 쳤다.

"시장 밖이 소의 분뇨로 꽉 차 있지 않는가? 얼른 치우게."

관리는 재상이 그런 것까지 알고 있다는 사실에 소스라치게 놀라 그 다음부터는 직무를 태만히 하지 않았다.

다섯 번째는 알면서도 모른척하고 물어보거나 거짓이나 속임수로 시험해보는 것이다. 이러한 책략도 효과가 있다고 한비자는 잘라 말하고 있다.

물론 지금까지 이야기한 '술'에 의한 부하 통솔법을 무조건 그대로 쓸 수는 없다. 또 그래서도 안 될 것이다. 그러나 한편 그의 주장에서 배울 바도 적지 않다고 본다. 경영자는 한비자의 생각을 소화한 다음, 자신이 처한 상황에 맞춰 조직관리에 활용하는 것이 좋을 것이다.

3. 최고경영자가 자멸하는 원인

평생 부지런히 일해 출세의 계단을 하나씩 밟고 올라가 마침내 정상의 자리에 오른 최고경영자가 스스로 무덤을 파고 몰락하는 사례가 끊이지 않는다. 그 원인은 무엇인가?

한비자는 이 문제를 여러 각도에서 분석하고 있다. 유비무환有備無患이라는 말이 있다. 원인을 알고 대비를 철저히 하면 실패할 확률이 낮아질 것이다.

앞에서 이야기한 대로 인간은 어차피 이해관계에 따라 움직인다고 한비자는 확신한다. 그런데 이런 인간관계의 기본 법칙도 모르고 순진하게 권한을 이양하는 바람에 실권이 없는 위치로 전락하고 영향력을 잃는 윗사람이 종종 있다. 앞에서 ‘세勢’의 개념을 논할 때 언급한 것처럼 권력을 꽉 쥐고 쉽게 내주지 않는 것이 자리를 지키는 하나의 비결이라고 한비자는 말한다.

권세를 신하에게 빌려주면, 신하의 세력이 커진다. 그렇게 되면 나라 안팎의 사람들이 그 신하를 위해 일하게 되며, 군주는 격리된 상태에 놓이고 만다.

윗사람이 몰락하는 두 번째 원인은 ‘작은 이익에 얽매이는 것’이다. 이와 관련하여 한비자는 다음과 같은 구체적인 사례를 들고 있다.

옛날에 진晉이라고 하는 큰 나라가 ‘괵’이라고 하는 작은 나라를 치려고 할 때의 이야기다. 곽을 공격하려면 그 이웃에 있는 '우'라는 나라를 통과하지 않으면 안 된다. 그래서 '진'의 왕은 '우'의 왕에게 보석과 준마를 선물로 보내면서 길을 내줄 것을 부탁했다. 이에 '우'의 중신 한 사람이 진언한다.

"우리나라와 '곽'은 서로 이웃나라로서 뗄래야 뗄 수 없는 관계입니다. 만일 진에게 길을 내주면 곽이 망하는 그날로 우리나라도 망하고 맙니다. 안 됩니다. 부디 그 선물을 받지 마십시오."

그러나 보석과 준마에 눈이 어두워진 우의 임금은 충신의 반대를 무릅쓰고 길을 내주고 말았다. 그러자 신하가 우려했던 대로 진의 군대는 곽을 멸망시킨 후에 "떡 본 김에 제사 지낸다"는 식으로 우마저 공격하여 멸망시킨다. 그리고 나선 보석과 준마를 다시 가져갔다고 한다. 우의 임금은 눈앞의 이익에 눈이 멀어 앞으로 닥칠 위험을 생각하지 않은 것이다. 그래서 한비자는 다음과 같이 경고한다.

> 욕심에 눈이 어두워 이익만을 추구하면 자신은 말할 것도 없고, 나라마저 망해버리고 만다.

세 번째는 작은 충의忠義에 구애되어 큰 충의를 거스르는 것이다. 이 말의 뜻을 이해시키기 위해 한비자는 다음과 같은 이야기를 소개하고 있다.

옛날에 '초楚나라의 공왕共王이 진晉과 싸울 때 초나라 임금 자신도 눈에 부상을 입을 정도로 고전을 면치 못하고 있었다. 이럴 때 초나라의 자반子反이라고 하는 장군이 싸우는 도중에 목이 말라 물

을 구했다. 그러자 어느 부하 병사가 술잔에 술을 부은 다음 잔을
올렸다.

"안 된다. 술이 아니냐?"

"그렇지 않습니다."

상대방이 그렇게 말을 하니 자반은 잔을 받아 죽 들이켰다. 그는
원래 술을 싫어하는 사람이 아니다. 그래서 "이것 괜찮네" 하며 장
군은 무심결에 연거푸 술을 마셨고 결국 몹시 취하고 말았다. 전투
는 잠시 중단된 상태였다. 초의 공왕은 다음 싸움에 대비하여 작전
회의를 하기 위해 자반을 불렀다. 그러나 가슴이 아파 참석할 수 없
다는 전갈이 왔다. 그래서 임금이 몸소 자반이 있는 곳으로 달려갔
다. 왕이 장군의 처소에 들어가니 술 냄새가 코를 찌른다. 왕은 그
자리에서 발길을 돌리고 이렇게 말한다.

"오늘 전투에서 나도 다칠 정도로 우리가 고전하고 있다. 믿을
데는 자반 장군뿐이다. 그런데 장군이 지금 곤드레만드레 취해 있
으니 저런 꼴로는 나랏일도 군대 일도 염두에 없을 것이다. 전투는
그만두자."

왕은 이렇게 말한 뒤 전군에 철수 명령을 내린다. 그리고 귀국하
자마자 큰 죄를 저지른 벌로 자반을 처형한다. 이 일화를 소개하면
서 한비자는 다음과 같이 말한다.

병사가 자반에게 술을 권한 것은 그것으로 상황을 해결하려고 한
것이다. 자기 나름대로 충성을 다하려고 한 것이지만 그것이 오히
려 자반을 죽음에 이르도록 하였다. 그래서 나는 작은 충의에 얽매

이면 큰 충의를 잃는다고 말하는 것이다.

이런 사례는 현대 조직에서도 자주 보인다. 윗사람이 부하의 작은 충의에 얽매여 큰일을 그르치는 경우를 말한다. 그래서 윗사람은 늘 냉정한 태도로 일의 경중輕重을 알아차리고 대국적인 판단을 해야 한다.

윗사람이 몰락하는 네 번째 원인은 놀이, 오락에 탐닉하는 것이다. 한비자는 윗사람이 빠지기 쉬운 놀이로 음악과 가무를 들고 있는데, 당시에 가무는 여성이 하는 것이었으므로 가무를 여자로 바꾸어 말해도 괜찮을 것이다. 당시에는 오락의 종류가 적었으므로 이 두 가지 정도에만 조심하면 됐을지 모르나 오늘날에는 훨씬 더 많은 것들이 경영자를 유혹하고 있다. 그래서 유혹에 빠지지 않기 위해서는 한층 더 조심할 필요가 있다.

"빠지지 말라"고 해서 "하지 말라"는 뜻은 아닐 것이다. 누구나 기분전환 또는 스트레스 해소를 위해 놀 수는 있다. 한비자는 그런 것까지 말리는 벽창호는 아니다. 다만 노는 데 빠져 중요한 일을 소홀히 하면 절대로 변변한 결과가 나올 수 없다는 엄연한 사실을 상기시킬 뿐이다.

다섯 번째는 본거지를 비우는 것이다. 여기서 말하는 본거지는 임금이라면 본국 또는 수도, 국회의원이라면 자신의 지역구, 그리고 경영자라면 본사일 것이다. 왕이 자리를 비운 사이에 쿠데타가 일어나거나, 국회의원이 지역구 관리를 소홀히 해서 선거에서 떨어진 예는 셀 수 없을 정도로 많다. 회사의 경우에도 사장이 출근하면 사내에 독특한 긴장감이 감돌고, 사장이 회사에서 나가면 분위기가 조금 느슨해지는 것이 사실이다. 그러나 오늘날처럼 정보통신기술이 발달하고 최고경영자가 끊임없이 고객들과 만나야 하는 시대에 본사에서 시간을 많이 보내는 것은 오히려 흠일 수 있다. 한비자의 이 말을 현대의 기업경영에 적용하면, 최고경영자는 자신이 언제 어디에 있더라도 본사 또는 회사 전체를 확실히 장악할 수 있는 체제를 갖추어 놓아야 한다는 뜻일 것이다.

본거지를 비우지 말라는 말의 또 다른 뜻은 본업을 소홀히 하지 말라는 것이다.

경영학에서 '다각화' 하면 왠지 화려한 느낌이 든다. 물론 기업은 성장해야 하며, 성장을 위한 방도로 다각화는 훌륭한 대안이 될 수 있다. 그러나 다각화는 상당히 위험할 수 있다. 또한 많은 실증연구가 다각화란 정말로 큰 모험이라는 것을 보여주고 있다. 그래서 미국의 투자 전문가 <u>피터 린치</u>는 다음과 같이 말한 바 있다.

"이익을 내고 있는 회사들은 가끔 쓸데없는 기업 인수에 돈을 날려버린다. 이들은 과대평가되고 있거나 자신이 전혀 이해하지 못하는 상품을 찾아 헤매고 있다. 아마 심리학자들은 이런 현상을 분석해야 할 것이다. 어떤 회사들은, 개인도 가끔 그런 경우가 있지만, 자신들이 누리고 있는 번영을 부담스러워 하는 것 같다."

대체로 본업에서 거리가 먼 분야로 진출한 다각화는 실패할 확률이 매우 높다. 또한 "우리 회사는 무엇이든지 다 잘할 수 있다"는

피터 린치
(Peter Lynch, 1944년~현재)
미국 태생의 월 스트리트 주식 전문가. 1969년 피델리티 인베스트먼트(Fidelity Investments)에 리서치 애널리스트로 입사 후, 펀드 매니저로 활동하면서 1977년 2,200만 달러에 불과했던 마젤란 펀드(Magellan Fund)를 13년간 운용하면서 연 평균 투자수익률 29.2%를 기록해 1990년 무렵에는 140억 달러 규모의 세계 최대 뮤추얼펀드로 키워냈다.

잘못된 환상에서 출발한 다각화일수록 더 위험하다. 경영자는 이런 환상을 경계하고, 회사의 핵심역량을 키우고 유지하는 데 늘 힘을 기울여야 한다. 한비자의 조언을 현대의 기업경영에 응용하면 다음과 같다.

"핵심역량의 강화를 통해 본업의 경쟁력을 더욱 높이는 일이 가장 중요하며, 그것을 소홀히 하면서 다른 업종에 진출하는 것은 바람직하지 않다."

여섯 번째로 한비자는 충신의 의견을 듣지 않는 것을 들고 있다. 그의 말을 들어보자.

자기가 틀렸는데도 충신의 의견을 듣지 않고 고집을 관철하려 하면, 모처럼 쌓아 올린 명성을 잃고 세상의 웃음거리가 된다.

물론 의견을 듣는다고 해도 시시한 부하의 말에 일일이 귀를 기울일 필요는 없다. 그래서 들을 만한 의견을 개진할 수 있는 뛰어난 부하를 확보하는 것이 선결문제일 것이다. 예로부터 중국인들은 우두머리로서 큰 공적을 올리기 위해서는 두 가지 조건을 갖추어야 한다고 생각해 왔다. 첫째는 우수한 인재를 껴안는 것이고, 둘째는 그들의 의견에 귀를 기울이는 것이다. 뛰어난 인재들을 두고 있어도 그들의 말을 경청할 만한 아량이 없으면 의미가 없다. 이 점에서 대조적이었던 사람들이 항우項羽와 유방劉邦이다.

항우는 자기 진영으로 많은 인재들을 끌어들였지만 그들의 의견을 존중하지 않아 결국 파멸의 길을 걸었다. 반면에 유방은 어떤 의미에서는 자신보다 뛰어난 인재를 여러 명 영입하고, 그들의 의견에 귀를 기울였다. 그 결과 천하를 통일할 수 있었다. 한비자는 항우의 전철을 밟지 말고 유방을 본받으라고 당부하고 있는 것이다.

윗사람이 몰락하는 일곱 번째 원인은 "남의 힘에 기대는 것"이다. 한비자는 "자국의 힘을 제대로 인식하지 못한 채 외국의 힘에 의존하는 것은 나라를 없애는 길이다"라고 말하고 있다. 작은 나라나 기업일수록 이 문제가 심각하다. 작은 나라는 살아남기 위해 다른 나라들과 협조를 꾀할 수밖에 없다. 그러나 비굴한 외교로 다른 나라의 비위만 맞추면 결국은 업신여김을 당한다. 오히려 다른 나라에 기대지 않더라도 살아남을 수 있는 역량을 갖추어야 한다. 영세중립국 스위스가 상당한 자위능력을 갖추고 있었기 때문에 오랫동안 중립을 지킨 것은 좋은 보기이다.

기업의 경우도 마찬가지가 아닐까? 우리 회사만이 갖고 있는 독특한 핵심역량을 바탕으로 한 경쟁우위만이 우리의 존속을 보장해 준다. 따라서 핵심능력을 통한 지속적인 경쟁우위의 창출 및 방어는 최고경영자의 가장 중요한 책무이다. 그래서 한비자는 그러한 책무를 등한시하면서 섣불리 남의 힘을 빌어 큰 나무의 그늘 아래 안주하려는 안이한 생각을 나무라고 있는 것이다. 참고로 독일이 자랑하는 세계적인 중소기업들, 즉 히든 챔피언들은 한때 유행처럼 번졌던 '전략적 제휴'를 웬만하면 하지 않았다. 대신 스위스의 국민적 영웅인 빌헬름 텔의 다음과 같은 말을 더 따른다고 한다.

"강자는 홀로 있을 때 가장 강하다."

끝으로 한비자는 "예의를 차리지 않음"을 자멸하는 원인의 여덟 번째로 들고 있다. 오늘날에는 이렇게 분수를 모르는 사람이 많지는 않지만, 그래도 가끔 이런 유형의 2세 경영인이 눈에 띈다. 사람은 누구나 거만한 사람을 싫어한다. 그리고 예의를 모르는 오만한 최고경영자 주변에는 아첨꾼들만 모이게 마련이다. 그런 회사의 미래는 밝을 수가 없다.

4. 진언을 올리는 방법

지금까지 주로 한비자가 얘기하는 윗사람의 행동거지를 논의했다. 그러나 오늘날에는 윗사람이라 해도 상관이 있는 경우가 대부분이다. 또한 기업의 최고경영자라고 하더라도 재경부나 금융위원회 같은 관청, 회사에 자금을 대준 금융기관, 나를 임명해준 회사의 설립자 등 내가 잘 모셔야 하는 상전이 널려 있다. 따라서 대부분의 윗사람 또는 경영자들에게 있어서 상관을 어떻게 다루느냐는 부하를 어떻게 통제하느냐에 못지않은 중요한 관심사이다.

한비자는 이 문제에 관해서도 윗사람에게 진언進言을 어떻게 올려야 하는가 하는 관점에서 아주 상세하게 도움말을 주고 있다. 마지막으로 그 내용의 핵심을 소개하면서 한비자와의 대화를 마치기로 한다.

진언이라고 하는 것은 어렵다. 진언을 하는 사람이 충분한 지식을 갖추기가 어려운 게 아니다. 자신의 의견을 말로 표현하기가 어려운 것도 아니다. 터놓고 거침없이 말해버리는 용기를 갖기가 어려운 것은 더더구나 아니다. 진언의 어려움이라 함은 상대방의 마음을 읽은 다음 자신의 의견을 그것에 꼭 맞추는 것, 바로 그것이다.

예를 들어 상대방이 명성을 갈망하는 사람이라고 하자. 그런 사람에게 "이렇게 하면 이익이 많이 납니다." 라고 하면, 그는 아랫사람이 자신을 멸시한다고 생각하여 다시는 상대해주지 않는다. 반대로 이익만 생각하는 사람에게 명성을 올리는 노하우를 설명해주면 융통성 없고 세상물정 모르는 사람으로 간주하고 나를 멀리할 것이다. 따라서 상관에게 진언을 올리려고 하는 한限은 이 정도는 알아둘 필요가 있다.

한비자는 이렇게 서론을 말하고 나서 구체적으로 상대방에 맞춘 진언의 요령을 적고 있다.

상대방이 자랑스러워하는 것은 극구 칭찬한다. 부끄러워하는 것은 잊어버리도록 한다. 이 정도의 요령을 아는 것은 필수이다.

이기적이지 않나 하고 행동을 망설이는 상대방에게는 대의명분을 주어 자신감을 갖게 한다.

하찮은 것임을 알면서도 끊지 못하고 있는 상대방에게는 나쁜 것은 아니니까 끊지 않아도 괜찮다고 말해 안심시킨다.

높은 이상理想을 큰 부담으로 느끼는 상대방에게는 그 이상의 틀린 점을 지적해주어 실행하지 않는 편이 낫다고 조언한다.

위험한 사업을 그만두도록 간하는 경우에는 본인의 이름에 관계된다고 말해 중지시킨 다음, 윗사람 개인에게도 이득이 되지 않는다는 것을 암시함이 좋다.

그런데 여기서 오해가 없도록 분명히 말해두어야 할 점이 하나 있다. 그것은 한비자의 말이 결코 아첨이나 비위를 맞추라고 권장하는 것은 아니라는 점이다. 어디까지나 상사에게 진언할 때는 먼저 상대방의 심리와 욕망을 분석하고, 그런 다음에 설득을 하라고 한비자는 조언하고 있는 것이다.

결론으로 한비자는 다음과 같이 말하며 주의를 촉구하고 있다.

용이라고 하는 동물은 잘 길들이면 사람이 올라탈 수 있을 정도로 점잖다. 그런데 목 밑에 지름이 한 자 정도 되는 비늘이 거꾸로 나 있다. 만일 이것을 건드리면 금방 물려 죽는다. 윗사람에게도 이러한 역린逆鱗이 있다. 그것을 건드리지 않고 진언할 수 있으면 우선은 합격한 것이다.

상대방에 대한 이러한 배려는 비단 윗사람에게 뿐만 아니라 모든 인간관계에서 필요하지 않을까 생각한다.

역린(逆鱗)
《한비자》 세난편(說難篇)에 나오는 말로 임금의 노여움을 일컫는다. 용(龍)이라는 짐승은 잘 길들이면 올라탈 수도 있지만 목 아래에 있는 직경 한 자쯤 되는 역린, 즉 다른 비늘과는 반대 방향으로 나 있는 비늘을 건드리면 반드시 사람을 죽인다고 한다. 임금도 역린이 있어 말하는 사람이 이 역린만 건드리지 않으면 목적을 달성할 수 있다고 하였다.

"부하들을 칭찬하라.
아니면 내보내라."

마키아벨리
Niccolo Machiavelli

16세기 르네상스기 이탈리아의 역사학자·정치이론가. 대표작 《군주론》에서 마키아벨리즘이란 용어가 생겼고, 근대 정치사상의 기원이 되었다. 군주의 자세를 논하는 형태로 정치는 도덕과 구별된 고유의 영역임을 주장하였다.

1469년 5월 3일 피렌체의 중류 집안에서 태어났다. 그의 부친 베르나르도는 법률고문이었다. 포도주 양조업자 조합에 가입하여 1495년 피렌체공화국의 공무원이 되었다. 비록 대학을 다니지는 못했지만 공화국 국회의원들에게 선출될 정도로 능력을 인정받고 있었다. 1498년부터 피렌체의 제2서기관장직으로 내정과 군사를 담당하였으며, 대사로도 활약하였다. 당시 피렌체 공화국은 메디치가의 몰락으로 집권한 사보나롤라의 실정으로 궁지에 몰렸다. 프랑스왕국에 치우친 외교로 나폴리왕국과 베네치아공화국, 로마 교황청과 갈등 관계에 놓이게 되었다. 서기관이자 공화국 최고의결기구인 10인위원회 비서였던 마키아벨리는 이들 주변국과 교섭을 담당하는 업무를 수행했다. 마키아벨리는 당시 강력한 집권 정치를 펼친 체사레 보르자와 만남을 통해 군주론을 보다 구체화하게 되었다고 전해진다.

서기관에서 물러난 후 그의 절친한 친구였던 프란체스코 베트리와 편지를 주고 받으면서 군주론을 집필하게 된다. 그가 집필한 《군주론》(1514) 에서 권력은 어떻게 획득하고, 유지할 것인지 그 방법과 수단을 열거하였으며 정치 권력을 차지하기 위해서는 수단과 방법을 가리지 말아야 한다고 주장했다. 이 책은 군주의 자세를 논하는 형태로서 정치는 도덕으로부터 구별된 고유의 영역임을 주장하였고, 더 나아가 프랑스 및 에스파냐 등 강대국과 대항하여 강력한 군주 밑에서 이탈리아가 통일되어야 한다고 호소하였다. 이후 마키아벨리는 《정략론》(1517)을 저술하였으며 이 저서는 피렌체의 젊은 공자였던 자노비 본델몬티와 코시모 루첼라이에게 헌정되었다.

《군주론Il Principe》이라는 아주 유명한 책을 지은 니콜로 마키아벨리Niccolo Machiavelli(1469~1527년)의 이름에서 유래한 마키아벨리즘이라는 말은 흔히 부정적인 뜻으로 쓰인다. 마키아벨리가 이 책에서 권력을 얻고 유지하려는 사람에게 살인, 폭력, 기회주의적인 행동, 약속 위반 등의 수단을 권장하고 있기 때문이다. 이러한 내용은 이 책의 제18장 "지배자는 스스로가 한 약속을 얼마나 지켜야 하나"에 주로 나온다. 독자가 이런 내용을 아무런 비판 없이 받아들이고, 또 현실 정치에 맹목적으로 적용한다면 불행한 일이 일어날 것임에 틀림없다.

《군주론》이 많은 독자들을 오도할 수 있다는 의미에서 매우 위험한 책인 것은 틀림없다. 그럼에도 불구하고 이 책은 헤겔, 피히테, 부르크하르트 등 기라성 같은 대가들의 칭송을 받았으며, 불후의 명저로 아직도 널리 읽히고 있다.

그 까닭은 무엇인가? 한마디로 말해 《군주론》의 내용이 오늘날까지 현실성을 전혀 잃지 않고 있기 때문이다. 먼저 《군주론》의 영향력을 보여주는 특이한 사례를 소개한다.

미국 델타포스의 엘리트 정예군은 슈퍼맨에 가깝다. 몇 백 명의 엘리트 정예군을 선발하기 위해 치러지는 경쟁에는 가장 멋지고 난폭한 군인들만 초대되며, 정상에 도달하기 위해서 육체적으로나 정신적으로 혹독한 시련을 겪게 된다. 그들은 무거운 배낭을 메고 지도와 나침반만 가지고 혼자서 머나먼 길을 행군한다. 평지나 오솔길이 있긴 하지만 지름길로 가자면 울창한 숲과 강을 지나야 한다. 제

델타포스(Delta Force)
미국인을 대상으로 한 중동지역 테러의 대응 조직. 1977년 영국 특수공군연대(SAS)에 근무했던 찰스 베크위드(Charles Beck With) 대령이 창설했으며 미 육군 제1 특전단 분견대이다. 본부는 미국 노스캐롤라이나주에 있으며, 활동 무대는 중동지역이다.

대원은 200여 명으로 1개월 동안 산악 행군, 장거리 걷기, 체력 검사 등을 실시하여 1차 선발하고, 선발된 자는 6개월 동안 사격술, 기동 타격 전술, 인질 구출 요령, 테러 진압 요령, 테러 전술 등을 훈련받는다.
6개월 교육 이수자는 다시 1년간 각개 전술 훈련, 실전 배치 훈련을 받는데 최종 선발 인원은 300여 명 정도이다.

한된 시간 내에 완주해야 하며 목적지에 빨리 도착할 수 있는 방법을 가르쳐주는 사람은 아무도 없다. 그래서 스트레스가 극대화된다.

식량도 불균등하게 배분된다. 하루는 풍족하게, 그 다음날은 빈약하게. 풍족한 날에 비축해두지 않으면 18시간이나 식량이 공급되지 않는 날에는 행군이 불가능하다. 아침에 정해진 시간에 출발하라는 지시를 받기는 하지만 강제적이지는 않다. 항상 감시를 받고 있지만 어떠한 지시도 받지 않는다. 육체적인 스트레스도 엄청나지만 대부분이 정신적인 스트레스로 인해 경쟁에서 탈락한다. 대원 상호간의 단절에 의한 정신적인 스트레스가 엄청나기 때문이다. 하루하루 잔존자가 줄어든다. 최종 단계까지 후보자 가운데 25% 이상 잔존하기가 어렵다.

두 달 반 이상의 선발과정이 끝나면 체지방이 거의 제로 상태에 이르게 되며 심리적으로 인내의 한계에 달하게 된다. 그때 50파운드(약 23킬로그램)가 넘는 무거운 배낭을 지고 40마일(약 64킬로미터)이 넘는 마지막 행군을 하라는 명령이 떨어진다. 늘 그랬듯이 행군을 완수해야 할 시간은 하루밖에 주어지지 않는다. 행군하는 동안 신진대사에 필요한 지방이 더 이상 없기 때문에 근육은 오그라들기 시작한다.

이틀 동안 잠을 자지 못해 완전히 기진맥진한 소수의 생존자들에게 샤워가 허용된다. 그리고 그때 필기시험을 위한 한 권의 책이 주어진다. 선발 과정에서의 경험과 책 속의 내용이 어떠한 관련이 있는지, 델타포스 장교로 선발된다면 어떻게 사람들을 이끌어갈 것인지에 대하여 질문을 받는다. 책 속에 담긴 지혜를 이해했다는 것과, 비록 육체적 심리적으로 기진맥진한 상태에서도 그 내용을 응용할 수 있다는 것을 18시간 동안 입증할 수 있어야 한다. 그때 그들에게 주어지는 책이 바로《군주론》이다.

이런 상황에서 하필이면 왜《군주론》을 쥐어줄까? 그 누구도 마키아벨리처럼 정치적, 도덕적인 리더십의 핵심을 날카롭게 파헤친 사람이 없기 때문이다.

이처럼 아직까지 그 진가를 발휘하고 있는《군주론》은 인간관계에서 애를 먹고 있는 사람들, 기업 안팎의 치열한 경쟁 속에서 바람직한 리더십을 발휘하고 싶어하는 경영자들, 경쟁사 다루기에 관한 힌트를 얻고자 하는 경영자들에게 매우 실속 있는 시사점을 준다. 마키아벨리가 많은 경험과 관찰을 바탕으로 사람을 다루는 구체적인 방법, 늘 위험이 도사리고 있는 상황에서의 리더십, 경쟁에 관한 예리한 통찰 등을 얘기하고 있기 때문이다. 그러면 먼저 인사관리 및 리더십에 관한 마키아벨리의 생각을 살펴보기로 하자.

1. 군주라면 이렇게 처신하라

직원 다루기

마키아벨리가《군주론》에서 말하는 내용은 대부분 오늘날 현대 경영학에서 이야기하는 인사관리 및 리더십에 관한 것이다. 그가 군주(여기서는 기업의 CEO)에게 주는 도움말 가운데 뜻밖이면서도 상당한 설득력을 갖고 있는 것이 있다. 예를 들어 우리는 통상 일 잘하는 직원을 칭찬하고 그렇지 않은 사람은 나무란다. 그러나 이에 관해 마키아벨리가 권장하는 사항은 다음과 같다.

부하들을 호의적으로 대하거나 아니면 제거해라. 왜냐하면 그들은 약간의 모욕을 당하면 반드시 복수를 하지만, 크게 당하면 그렇게 할 수 없기 때문이다. 따라서 군주가 어떤 사람을 냉대하려고 하면 그러한 일은 후환을 두려워할 필요가 없도록 처리해야 한다. (제3장)

쉽게 말해서 칭찬하거나 내보내거나 둘 중 하나라는 것이다. 마키아벨리는 또한 눈높이를 높게 하라고 이야기한다. 마키아벨리에 따르면 리더가 실제로 추구하는 것보다 더 높은 목표를 아랫사람들에게 제시하는 사람이 훌륭한 지도자이다.

현명한 사람은 마치 숙달된 궁수처럼 행동한다. 숙달된 궁수는 활의 힘에 비해 표적이 너무 멀다고 생각하면 과녁 너머의 허공을 겨냥해 시위를 당긴다. 그것은 화살로 그 허공을 맞추려는 것이 아니라 높은 곳을 겨냥한 바로 그 힘으로 목표지점에 도달하기 위한 것이다. (제6장)

즉 마키아벨리는 목표를 달성하지 못하는 위험을 최소화하기 위하여, 마치 금융기관이 채권이 제대로 회수되지 않을 때를 대비하여 충당금을 쌓듯이 일종의 안전 쿠션을 만들어 놓으라고 권하는 것이다. 이상의 이야기를 나는 다음과 같이 정리해 보았다.

|시사점 1| 직원 다루기

- 일 잘하는 직원을 칭찬하라.
- 일을 깔끔하게 하지 못하는 직원을 야단치지는 말아라. 만일 당신이 상관으로서 직원의 업무 능력에 만족하지 못하고 회사에 기여하는 바가 그다지 크지 않다고 생각하면, 차라리 그 직원을 해임하라.
- 당신이 실제로 달성하고자 하는 것보다 더 많은 것을 직원들에게 요구하라.

동기부여와 승진

군주가 폭력을 행사할 때는 전격적으로 후닥닥 해치워서 그것이 덜 느껴지도록 해야 한다. 그래야만 악영향이 적어진다. 그러나 자선은 조금씩 자주 베푸는 것이 좋다. 그래야만 백성들이 그것을 더 잘 느낄 수 있기 때문이다. 그러나 군주가 무엇보다 유념해야 하는 것은 어떠한 사건이 일어나도(좋은 일이건 나쁜 일이건) 이러한 행태가 달라져서는 안 된다는 것이다. 왜냐하면 어려운 때가 닥쳤을 때, 군주가 갑자기 거칠게 행동하면 그동안에 좋은 행위도 빛을 잃기 때문이다. 사람들은 그러한 자선행위가 위선이라고 생각하고 그것에 대해 고마움을 느끼지 않는다. (제8장)

승진에 관한 마키아벨리의 생각 역시 재미있으면서 약간 뜻밖이다. 잘 알려져 있다시피 구미의 경영학자들은 꽤 오래 전부터 이른바 편편한flat 조직을 주창해왔다. 반면에 동양에서는 아직 위아래 구별이 뚜렷한 계층조직이 발달해 있다. 그래서 동양에서는 크고 작은 업적을 승진의 형태로 보상하는 경향이 강한데 비해, 승진을 경영의 도구로 적극적으로 쓰지 않는 서양에서는 승진으로 사기를 올리는 힘이 상대적으로 약하다. 계층의 수를 줄이려는 오늘날의 경향을 알 리가 없던 마키아벨리는 자주 칭찬하고, 업적이 그다지 뛰어나지 않더라도 승진시키라고 권하고 있다.

|시사점 2| 동기부여와 승진

- 부하직원을 드물게 크게 승진시키기보다는 자주 조금씩 올려주어라.
- 부하직원이 승진을 기대하지 않을 때 올려주어라.

여기서 말하는 승진은 단순히 직급이 올라가는 것뿐만 아니라 봉급 인상, 포상, 표창, 권한 확대 등의 작은 조치를 포함하는 포괄적인 개념이다. 좋은 성과를 기리는 방법은 매우 많으므로 경영자는 다양한 방법을 열심히 활용하기만 하면 된다.

마키아벨리는 또한 아랫사람의 힘이 점점 커져서 심각한 위협이 될 수 있는 상황을 언급하고 있다.

다른 사람의 힘을 키워준 사람은 스스로 몰락하게 되어 있다. 왜냐하면 키워준 사람의 힘의 원천은 유능함 또는 무력인데, 새로 권력을 갖게 된 사람에게는 이 두 가지가 모두 부담스럽기 때문이다. (제3장)

예를 들어, 어떤 사장이 한 부하직원을 총애하여 여러 차례 승진시킨 결과 이제 그가 부사장이 되었다고 하자. 사장이 새 부사장의 능력을 그만큼 높이 평가하는 것은 틀림없다. 그러나 대주주들은 실력 있는 새 부사장이 현재의 사장을 대신할 수 있는 더 싼 대안이 될 수 있다는 인상을 받을 수 있고, 이러한 생각은 사장의 해임으로 이어질 수 있다.

그렇다면 부하가 위험한 존재가 될 것인가 아닌가는 어떻게 알 수 있는가? 이에 대해 마키아벨리는 다음과 같이 말하고 있다.

아 랫 사 람 을 키 울 때 의 자 기 방 어

주인을 모시는 방법에는 크게 두 가지가 있다. 주인과 운명을 같이 하겠다는 생각으로 주인에게 모든 것을 걸든가, 그렇게 하지 않는 것이다. 주인에게 모든 것을 거는 부하들의 경우, 그들이 탐욕스럽지만 않다면 당신은 그들을 존중하고 아껴야 한다. 주인에게 전적으로 기대지 않는 부하들의 경우에 당신은 두 가지 가능성을 고려해야 한다. 하나는 그들이 겁이 많거나 타고난 용기가 부족해서 그렇게 하는 것이다. 그러면 당신은 그들을 이용해야 한다. 특히 그들이 똑똑하여 그들의 머리를 잘 활용할 수 있으면 더욱더 그렇다. 왜냐하면 그렇게 함으로써 그들은 좋은 시절에는 당신을 존경할 것이고, 나쁜 때에는 그들을 두려워할 필요가 없기 때문이다. 반면에 그들이 공명심이 있어 의도적으로 당신에게 마음을 주지 않는다면, 그들이 당신보다는 스스로를 더 생각한다는 증거이다. 군주는 이러한 사람들을 경계해야 하며, 그들을 잠재적인 적으로 여겨야 한다. 왜냐하면 그들은 상황이 불리해지기만 하면 언제든지 옛 주인을 무너뜨리는 데에 협조할 사람들이기 때문이다. (제9장)

|시사점 3| 아랫사람을 키울 때의 자기 방어

- 부하직원은 사심/야망이 없을 수도 있지만, 당신의 경력에 위협이 될 수도 있다.
- 그러므로 승진대상자가 당신을 위협하지 않는 범위 내에서만 그를 밀어주어라.
- 그 범위를 넘어서면 당신은 그를 당신에게 묶어놓아야 한다.
- 만일 그렇게 할 수 없으면, 먼저 그가 공명심 있고 야심 있는 사람인지 파악하도록 한다. 그 결과 대답이 '아니오'이면 당신은 그와 계속해서 함께 일할 수 있다. 그러나 대답이 '예'이면 그를 예의주시하면서 의심스러우면 피하거나 헤어질 각오도 해야 한다.

직원들을 묶어놓는 방법에는 여러 가지가 있다. 예를 들어, 컨설팅업계에는 이른바 '파트너십'이라는 제도가 있다. 유능한 컨설턴트에게 지분 참여를 할 수 있는 기회를 줌으로써 회사에 묶어놓는 것이다. 회사의 전망이 밝으면 이것은 매우 좋은 투자가 될 수 있다. 그러나 컨설턴트는 먼저 주식을 사들일 자금을 준비해야 한다. 많은 경우 컨설턴트는 그럴 만한 돈이 당장 없으므로 회사의 보증으로 대출을 받게 된다. 따라서 그가 만일 다른 회사로 옮기려고 하면 갚지 않은 대출금을 즉시 상환해야 한다. 이것이 전직의 큰 걸림돌이 된다.

그러나 "구더기 무서워서 장 못 담근다."라는 속담처럼 잠재적인 위험을 회피하기 위해 무능한 사람들만 데리고 일하는 것은 참으로 어리석은 일이다. 우수한 인적 자원은 성공의 필수요건이다. 이에 대한 마키아벨리의 생각을 들어보자.

함께 일할 각료를 선임하는 것은 군주에게 있어서 매우 중요한 일이다. 얼마나 좋은 사람들을 고르느냐는 바로 군주의 안목에 달려 있다. 백성들이 군주와 그의 능력에 대해 갖는 첫 인상은 그를 둘러싸고 있는 사람들에 의해 결정된다. 그들이 유능하고 충성심이 있으면 백성들은 군주를 현명하다고 여길 것이다. 왜냐하면 그는 다른 사람의 실력을 알아보고 그를 자기 사람으로 만들 줄 알기 때문이다. 그러나 군주의 주변 사람들이 무능하면 백성들은 군주를 낮게 평가할 수밖에 없다. 인사人事가 만사萬事인데 여기서 실수를 했기 때문이다. (제22장)

따라서 마키아벨리의 관점에서 보면, 일 잘하고 유능하면서도 사심 없고 야망도 없는 부하들을 찾아내서 묶어두어야 하는 것이다. 그러면 야망 있는 부하는 정말로 그렇게 위험한 존재인가? 야망 있는 직원은 흔히 지식과 재능을 갖추고 있으며, 능력을 최대한 발휘하려는 의지도 갖고 있다. 어느 시점이 되면 다른 회사가 그에게 손짓을 할 수도 있고, 독립을 할 수도 있다. 만일 실력 있고 야심 있는 직원이 전직 또는 독립을 선택해 회사를 떠난다면, 이거야말로 회사에 큰 위협이 될 수 있다.

독일 뮌헨에 있는 세계적인 컨설팅회사 로랑 버거 전략 컨설턴트 Roland Berger Strategy Consultants 이야기는 좋은 본보기이다. 설립자 로랑 버거는 미국 컨설팅회사 BCGBoston Consulting Group의 컨설턴트였는데, BCG에서 컨설팅 노하우를 배운 다음 스스로 컨설팅회사를 차리기로 마음먹었다. 오늘날 그의 회사는 2,000명의 직원을 거느린 세계적인 컨설팅회사로 성장하였으며, 유럽에서는 이미 그 규모가 BCG를 능가하고 있다. BCG는 스스로 경쟁사를 키워준 셈이다.

좋은 부하 / 동료

기업경영을 하다 보면 야망 있는 사람이 더 잘 해낼 수 있는 과제가 생기기 마련이다. 그러한 과제는 CEO를 비롯한 고위임원의 몫이다. 이러한 경우에 회사는 야망 있는 임직원을 투입해야 하며, 그러려면 미리 그러한 사람들을 확보해 놓아야 한다. 야심만만한 임직원을 채용해 계속 회사에 머무르게 하려면 (회사는) 그들의 야망을 채워주어야 한다. 보수를 많이 주고 능력을 최대한 인정해줌으로써 다른 회사에 관심을 가질 필요가 없게 해야 한다. 이러한 생각은 앞에서 제시한 '군주에 의한 각료의 선임' 부분에서 엿볼 수 있는 마키아벨리의 시각과 크게 다르지 않다. 그가 말하는 각료 Minister는 현대 기업의 일반 직원보다는 CEO 등 고위임원에 해당하는 개념이라고 볼 수 있기 때문이다.

|시사점 4| 좋은 부하/동료

- 좋은 부하/동료는 성공의 원천이다. 따라서 성공하고자 하는 사람은 능력 있는 부하들을 주변에 많이 두거나 좋은 동료들과 연합해야 한다.
- 아울러 사심 없고 야망 없는 동료 및 부하를 고르는 것이 중요하다.

해석 ——

그러면 이제 이 책의 핵심 주제인 리더십에 관한 마키아벨리의 사상을 살펴보자. 오늘날 경영학자들이 리더십에 관해 이야기하는 내용은 대체로 다음과 같다.

"기업이 어려움에 부딪혔을 때는 권위주의적인 리더십이 적당하고, 정상적인 상황에서는 참여를 유도하는 리더십이 더 낫다."

리더십 문제에 대해서도 마키아벨리는 또 한 번 기존의 통념을 넘어서는 사상을 제시하고 있다. 우리가 마키아벨리에 대해 갖고 있는 이미지를 생각하면, 그는 지극히 권위주의적인 리더십 스타일을 주창할 것으로 보인다. 하지만 그는 일종의 '주고받기' 리더십을 제안하고 있다.

만일 어느 장관이 당신보다 자기 자신을 더 생각하고 일을 할 때 스스로의 잇속을 챙긴다면, 그는 결코 쓸모 있는 각료가 되지 않을 것이며 당신은 그를 결코 믿을 수 없을 것이다. 왜냐하면 나랏일을 하는 사람은 반드시 자신이 아닌 군주를 늘 생각해야 하고, 나랏일과 관계없는 일에 눈을 돌려서는 안 되기 때문이다. 한편 군주 또한 장관을 생각함으로써 그의 충성을 확보해야 한다. 그리고 (군주는) 그에게 명예와 부wealth를 주고, (군주에게) 의무감을 느끼게 하며 모든 명예와 의무에 동참하는 기회를 주어야 한다. 이렇게 하면 그는 군주가 없으면 자신도 살아남을 수 없음을 알게 되고, 이미 명예와 부를 갖추었으므로 더 이상 그것들을 추구하지 않게 되며, 또한 가진 것이 많기 때문에 현재 상태를 깨뜨리는 어떠한 변혁도 원하지 않게 된다. (제22장)

한마디로 말해 "네가 나에게 좋은 일을 해주는 한 나는 너에게 잘해준다."이다. 그러나 최고경영자의 과다한 보수가 문제가 되고 있는 요즈음 측근이 더 이상 원하지 않을 만큼 부와 명예를 주어야 한다는 대목은 조금 수정되어야 할 것이다. 하지만 고위임원에게 충분히 보상해주어 절대적인 헌신과 충성을 확보해야 한다는 아이디어는 오늘날에도 여전히 유효하다.

지 도 자 의   처 신

마키아벨리는 또한 지도자의 행동방식에 대해서 우리의 상식과는 전혀 다른 말을 하고 있다. 많은 지도자들이 적을 안 만들려고

하고 누구에게나 사랑받기를 원하는데, 그러한 처신은 오히려 부정
적인 결과를 가져온다는 것이다. 그는 다음과 같이 말하고 있다.

군주는 또한 자신이 어느 한쪽의 진정한 친구 또는 적enemy임을 명
확히 하면, 즉 후환을 두려워하지 않고 어느 한쪽 편을 확실히 들어
주면 존경받는다. 이러한 단호함은 중립을 지키는 것보다 늘 더 나
은 결과를 가져오기 마련이다. 왜냐하면 강력한 이웃의 두 나라가
싸우게 되면 당신이 부딪히게 되는 상황은 둘 중 한 가지다. 이긴 나
라를 두려워하게 되거나 그럴 필요가 없게 된다. 어느 경우건 당신
은 의사 표시를 확실히 하고 명예
롭게 전쟁에 참여하는 편이
낫다. 만약 당신이 중립
을 지키면 당신은 늘 승
자의 전리품이 되고,
패자는 그것을 고소
해할 것이다. 그
리고 당신을 구해줄
나라도, 당신에게 피난
처를 제공해줄 나라도
없을 것이다. 왜냐하면
승자는 어려울 때 도와
주지 않는 의심스러운
친구를 원하지 않기 때

문이다. 또한 패자도 당신이 무기를 들고 자기와 운명을 같이 하려 하지 않았기 때문에 당신에게 망명을 허용하지 않는다. (제21장)

다른 사람과 부딪히지 말고 비난받을 빌미를 주지 말라는 것이 처세에 관한 우리의 통념인데, 마키아벨리는 정반대의 이야기를 하고 있다. 그러면 과연 이러한 행동방식이 더 나은 결과를 가져올까? 정치의 세계를 한 번 생각해보자. 자신의 철학을 뚜렷이 표명하지 않고 누구에게나 잘 보이려고 하는 정치가를 사람들은 신뢰하지 않는다. 그런데도 그렇게 행동함으로써 좌절을 맛보는 정치인들이 있다.

2004년 미국 대통령 선거에서 민주당 후보로 나왔던 <u>존 케리</u>John Kerry가 좋은 보기이다. 케리는 의회에서 미국의 이라크 파병에 찬성표를 던진 바 있다. 따라서 선거운동기간 동안 이라크 전쟁에 대해 그가 비판한 것은 거의 효과가 없었다. 야당 후보를 믿을 수 없었던 미국 유권자들은 정권을 바꿀 필요성을 못 느꼈던 것이다. 힘든 상황에서도 자신의 입장을 분명히 하고 그것을 방어하는 것, 이것이 아마 우리가 흔히 말하는 '카리스마'일 것이다.

사실 이러한 원리는 제품/상표 세계에서도 마찬가지다. 어떤 제품/상표이건 포지셔닝을 뚜렷이 하고, 돈이 될 것 같다고 해도 다른 포지셔닝에 쉽게 눈을 돌리지 않아야만 그것의 장점/강점이 설득력 있게 전달된다. 우리나라의 <u>Mnet</u>은 음악을 전문으로 하는 케이블 TV 채널이다. 이 회사는 여러 가지 어려움에도 불구하고 10여 년 동안 음악전문 채널이라는 포지셔닝을 굳건히 지켰는데, 그 결

과 지금은 가수들과 시청자들 사이에서 권위를 톡톡히 인정받고 있다. 반면에 영화전문 채널이었던 OCN은 언제부터인가 이미 방영되었던 TV프로그램을 다시 내보내기 시작하면서 포지셔닝이 크게 흐려졌다. 그로 말미암아 인기가 떨어진 것은 말할 것도 없다.

결론적으로 말해 마키아벨리가 권하는 지도자의 처신은 다음과 같다.

|시사점 5| 지도자의 바람직한 처신

• 자신의 생각을 확실히 하고 대결을 두려워하지 않는 것이다.

고문의 활용

군주는 혼자 많은 중요한 결정을 내려야 한다. 따라서 훌륭한 의사결정은 군주에게 초미의 관심사이다. 마키아벨리에 따르면 좋은 정보는 좋은 결정의 기본 전제조건이다. 만일 좋은 정보에 좋은 아이디어까지 보태진다면 잘못된 의사결정을 할 가능성은 매우 낮아질 것이다. 그런데 좋은 아이디어는 성격상 제3자가 제공할 수도 있다. 그래서 군주는 고문 또는 보좌관을 필요로 할지 모른다. 이에 대해 마키아벨리는 다음과 같이 말하고 있다.

그러므로 현명한 군주는 지혜로운 사람들을 초빙해서 진실을 말할 수 있는 자유를 주되 그가 묻는 말에만 대답하게 하는 제3의 길을 택할 것이다. 그러나 여하튼 군주는 그들에게 열심히 묻고 그들의 의견을 경청한 다음, 스스로 최종 의사결정을 해야 한다. 군주는 또

OCN(오리온 시네마 네트워크)

영화를 전문으로 하는 방송채널. 1995년 유선방송(케이블 텔레비전) 출범과 함께 영화전문 채널로 시작하였다가 1999년 7월 채널명을 오리온 시네마 네트워크(OCN)으로 바꾸었다. 현재는 케이블TV · 위성TV · IPTV를 통해서 전국에 방송되고 있다. 100% 고감도 영화 채널로서, 24시간 영화를 방영하며, 시간대별 타깃을 분석하여 6개의 특화된 BLOCK 개념을 도입함으로써 다양한 시청자의 욕구에 부응하고 있다.

한 고문들이 솔직하게 이야기할수록 더 환영 받는다는 것을 확실히
해야 한다. (제23장)

- 중요한 의사결정을 하기 위한 준비 단계에서 전문가들을 고문
  으로 투입하라.
- 고문들에게 최대한의 자유를 주고, 어떤 내용을 원한다는 힌트
  는 미리 주지 말아라. 오로지 진실만을 이야기해 달라고 부탁
  하라.

오늘날 기업은 현안을 해결하고 개선하기 위해 외부에서 컨설팅
을 받는 일이 비일비재하다. 그런데 일부 경영자들은 컨설턴트가
회사의 현재 상태를 있는 그대로 이야기하면 화를 내거나 싫어한다
고 한다. 외부 컨설팅의 목적에는 제3자의 눈을 통해 회사 상황을
객관적으로 알기 위한 것도 포함된다. 결국 외부 컨설팅회사를 활
용할 때 취해야 하는 태도는 바로 진실된 이야기를 경청하는 자세
이다.

2. 변화에 둔한 군주는 몰락한다

마키아벨리는 모든 것이 늘 변하고 있다는 불변의 진리를 아주
잘 알고 있었다. 그래서 그는 현재 상황에 안주하고 미래를 대비하

지 않는 지도자들을 결코 동정하지 않았다. 준비하지 않는 군주에 대한 경멸에 찬 그의 말을 들어보자.

> 우리(이탈리아) 군주들은 오랫동안 군림하고 나서는 지배권을 잃었다. 그들은 스스로의 운명을 탓하기보다는 자신의 나약함을 한탄해야 한다. 왜냐하면 평온한 시절에 상황이 바뀔 수 있다는 것을 생각하지 않았고(대부분의 사람들은 바다가 조용할 때 폭풍우를 생각하지 않는 이러한 오류를 흔히 범한다), 혹독한 시련이 닥쳤을 때 나라를 지키기보다는 도망갈 생각만 했다. 그들은 또한 백성들이 외적의 침입에 분개하여 자신을 다시 불러들일 것이라고 착각했다. (제24장)

시대와 상황이 끊임없이 달라지고 있다면 어느 특정 시점과 상황에 맞는 해결책이 다른 시점과 상황에서는 적합하지 않을 수 있다. 그럼에도 불구하고 옛날 방식을 고집한다면 그 결과는 뻔할 것이다. 그래서 마키아벨리는 이렇게 말한다.

> 어떤 사람이 신중하고 참을성 있게 처신하고, 그의 행동방식이 시대와 상황에 부합하면, 그는 성공할 것이다. 그러나 시대와 상황이 달라졌는데도 옛날 방식을 고수하면, 그는 몰락하게 된다. (제25장)

해석 ——

이렇게 모든 존재가 쉴 새 없이 변한다는 제행무상諸行無常의 원리가 기업 세계에서처럼 뼈저리게 느껴지는 곳도 드물 것이다. 기업의 세계를 이루는 세 주체(우리 회사, 고객, 경쟁사)가 끊임없이 그리고 빨리 변하고 있기 때문이다. 현재 위치를 지켜야 하는 회사는 이와 같은 사실을 항상 염두에 두어야 한다. 한 제품이 시장에 처음 나와서 사라질 때까지의 과정을 일컫는 제품수명주기product life cycle도 시장의 제행무상을 일깨워주는 데 도움이 된다(그림 I-1).

우리는 제품수명주기를 우리 회사 · 고객 · 경쟁사의 일종의 학습 과정으로 해석할 수 있다. 따라서 나는 이 그림이 다음과 같은 의미를 갖는다고 생각한다.

- 회사가 갖고 있는 현재의 경쟁우위는 늘 위협받고 있다.
- 따라서 장기적으로 경쟁우위를 계속 확보하고 지키려면, 경쟁 사들보다 더 빨리 또는 적어도 그들만큼 빨리 배워야 하고,

그림 I-1 제품수명주기

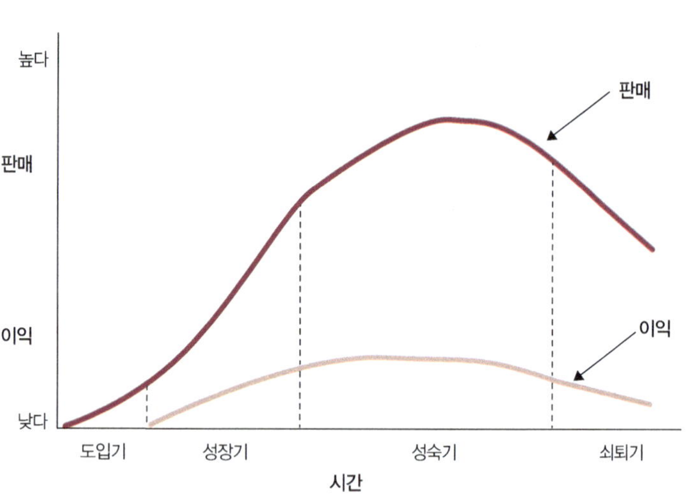

- 시간이 지남에 따라 경쟁우위를 가지려고 하는 부문을 바꿔야 한다.
- 많은 경우, 어느 한 부문에서 강력하고 장기적인 경쟁우위를 갖고 있다는 것은 회사가 이 부문에만 집착하고 새로운 부문에서 경쟁우위를 창출하지 않을 위험성도 간직하고 있다. 즉 과거의 성공, 과거의 영광, 과거의 경험이 오히려 새로운 경쟁우위를 창출하는 데 큰 걸림돌이 될 수도 있다.

과거의 영광에 사로잡혀 환경 변화에 재빨리 대응하지 못하는 바람에 몰락의 길을 걸은 기업의 사례는 참으로 많다. 따라서 기업은 변화경영을 적극적으로 추진할 필요가 있다. 마키아벨리는 변화경영에 어울리는 리더십에 관하여 다음과 같이 매우 통찰력 있는 조언을 주고 있다.

만일 군주가 잔혹한 행위를 통해 백성들을 단결시키고 복속시킬 수 있다면, 자신의 잔인성에 대한 비난을 두려워할 필요가 없다. 왜냐하면 군주가 지나치게 무르게 대처함으로써 살인과 노략질이 횡행하는 무질서를 야기하는 것보다는 본보기로 혹독한 몇 개 사례를 보여주는 것이 더 자비로운 행위이기 때문이다. 살인과 약탈은 통상 사회 전체에 피해를 주지만, 처형 등 군주가 행하는 잔혹한 행위는 몇몇 소수 개인에게만 영향을 준다. (제17장)

1981년 미국의 연방 항공통제사들이 불법파업을 했을 때 당시

로널드 레이건
(Ronald Wilson Reagan,
1911~2004)
미국의 제40대 대통령.
캘리포니아 주지사로서
복지제도의 확대, 고등
교육정책에 힘을 쏟았
고 주 재정을 적자에서
흑자로 바꾸었다. 대통
령이 되어서는 조세감
면과 사회복지 지출을
억제한 '레이거노믹스'
로 재정 및 무역 적자를
초래하였고 대외정책에
서 제3세계에 위협을 주
었다.

대통령이던 <u>로널드 레이건</u>이 보여준 리더십은 바로 마키아벨리가 바라는 것이었다. 레이건은 항공통제사들이 대통령 선거 때 자신을 밀어주었음에도 불구하고 파업에 단호히 대처하였으며, 파업에 참가한 통제사들을 모두 해고했다.

또 앞에서 인용한 제8장에 나오는 문구도 변화경영에 아주 잘 들어맞는 말이므로 다시 옮겨 적는다.

군주가 폭력을 행사할 때는 전격적으로 후닥닥 해치워서 그것이 덜 느껴지도록 해야 한다. 그래야 그것의 악영향이 적어진다. (제8장)

재미있는 것은 현대의 대표적인 변화형 경영자였던 GE(제너럴 일렉트릭)의 잭 웰치도 마키아벨리와 거의 똑같은 얘기를 하고 있다는 사실이다.

"나의 가장 큰 실수는 더 빨리 움직이지 않았다는 것이다. 나는 모든 것을 시간을 반으로 줄여서 해치웠어야만 했다. 그러나 나는 지나치게 조심스러웠고 너무 꾸물거렸으며 너무 많은 사람들의 눈치를 보았다."

잭 웰치는 이 밖에도 변화경영을 할 때 커뮤니케이션의 중요성을 줄기차게 강조한다.

"당신은 직접 대중 앞에 나서서 당신의 메시지를 쉴 새 없이 되풀이해야 한다. 메시지의 내용은 늘 같아야 하며 아무리 지루하더라도 이 작업을 계속해야 한다."

|시사점|

마키아벨리의 통찰과 잭 웰치의 경험을 종합하면 우리는 변화경영의 요체를 다음 세 가지로 요약할 수 있다.

- 변화를 일으키는 작업은 가능하면 빨리 추진해야 한다. 그러한 작업은 언제나 우리가 예상했던 것보다 시간이 더 많이 걸린다. 빨리 시행할수록 변화에 반대하는 세력이 이길 확률은 줄어든다.

- 변화를 가져오려면 어느 정도 인심을 잃을 각오를 해야 한다. 심각하게 변화를 추진하는 사람은 중상모략과 비방에 익숙해져야 한다. 그러려면 용기와 내적인 독립심이 필요하다. 사람들은 이 얘기 저 얘기에 흔들리는 귀가 얇은 사람을 존경하지 않는다. 오히려 강인함과 추진력을 더 높이 평가한다.

- 변화를 일으키는 데 있어서 커뮤니케이션의 중요성은 아무리 강조해도 지나치지 않다. 끊임없이 그리고 되풀이해서 변화의 메시지를 전해야 한다. 경영자가 아무리 같은 말을 많이 해도 듣는 사람은 어쩌다 한 번 듣는 것이다. 그러나 무엇보다도 경영자는 일관성 있는 행동으로 변화의 모범을 보임으로써 직원들에게 확신을 주어야 한다.

이와 같은 변화경영의 핵심 포인트를 읊은 나의 자작시自作詩를 다음 페이지에 소개하며 이 장을 끝내기로 한다.

변화경영

유필화

바꿀 필요가 있으면 빨리 움직이게
꾸물거리지 말게
변화의 걸림돌이 자네 주변에
늘 널려 있으니

인심을 잃을 각오를 하게나
중상과 비방을 끌어안게그려
귀가 얇으면 존경을 못 받네
자네의 강인함과 추진력은
길이 빛날 것이리

직접 나서서 자네의 메시지를 전하게
쉴새없이 되풀이해야 하네
몸으로 보여주게
변화의 모범을
자네는 변화의 화신이네

기업은 끊임없이 달라져야 하네
변화경영은 끝없는 긴 행군이네
위기를 변화의 고마운 벗으로 보게나

비스마르크

"이 시대의 큰 문제는
철(鐵)과 피에 의해 해결된다."

비스마르크
Otto von Bismarck

독일의 정치가. 프로이센의 쇤하우젠에서 융커(지방 귀족)의 아들로 태어나, 괴팅겐과 베를린 두 대학에서 공부한 후 프로이센의 관리가 되었다(1836~1839). 호전적인 기질로 인해 대학 시절 친구들과 싸움이 잦았으며 처음 맡은 베를린 법원 견습 서기직도 성격에 맞지 않아 자주 자리를 이탈하였다고 한다. 그러나 1847년 독실한 신자였던 여성과 결혼하면서 과거의 자신을 버리고 독실한 신도가 되었으며 내면의 변화가 시작되었고 이후 프로이센 연방의회 의원이 되어 정계에 입문하였다.

보수적인 정치가에 불과하였던 그는 1848년 전후에 러시아 주재대사(1859), 프랑스 주재대사(1862)가 되면서 안목을 넓혔고, 1862년 국왕 빌헬름 1세가 군비 확장 문제로 의회와 충돌하던 시기에 프로이센 총리로 임명되었다. 그는 취임 첫 연설에서 "현재의 큰 문제는 언론이나 다수결에 의해서가 아니라 철과 피에 의해서 결정된다" 라고 선언하며 이른바 '철혈정책鐵血政策' 의 의지를 밝혔다.

경제면에서 그는 보호관세 정책을 써서 독일의 자본주의 발전을 도왔으나, 정치면에서는 융커와 군부에 의한 전제적 제도를 그대로 남겨놓았다. 그는 통일 후 외교면에서 유럽의 평화 유지에 진력하였으며, 독일의 국력을 신장시켜, 그 지위를 높이려 했다. 한편 그는 러시아투르크전쟁(1877) 후 베를린회의를 주재하여 '공정한 중재자' 의 역할도 하였다.

그러나 국내에는 많은 반대 세력이 있었는데, 일례로 1872년부터 가톨릭교도들을 억압하기 위해 '문화투쟁Kulturkampf' 을 시도했으나 실패하며 반발을 불러 일으켰다. 1888년 빌헬름 2세가 즉위한 후 정책의 주도권을 놓고 비스마르크와 충돌하였으며 1890년 3월 사직서를 제출하도록 압박함으로써 28년 비스마르크의 정치가로서의 수명은 끝을 맺었다.

1. 통합전략의 대가

19세기 후반 프로이센의 수상으로 있으면서 독일의 통일을 이룩한 오토 폰 비스마르크Otto von Bismarck(1815~1898)는 참으로 뛰어난 전략가였다. 그는 전략의 내용이 확정되면 끈기 있게, 거침없이, 때로는 무자비하게 실행에 옮긴다. 1862년 9월 프로이센의 수상이 된 이후 1871년 1월 독일 제국이 창건될 때까지 그가 추구한 전략적 목표는 말할 것도 없이 '프로이센 주도하의 독일 통일'이었다. 이 목표를 달성하기 위해 그는 덴마크, 오스트리아, 프랑스와 싸웠으며, 북독일연방을 조직하였고, 남부의 네 나라를 설득하여 독일의 일부가 되도록 하였다. 이 과정에서 그가 활용한 가장 강력한 내부 자원은 프로이센의 막강한 군대였다. 또한 통일국가를 갖고 싶다는 게르만 민족의 간절한 염원도 중요한 내부 자원이었다.

외부 상황을 볼 때 가장 큰 잠재적 위협은 독일의 지정학적 위치였다. 즉 유럽대륙 한복판에 있는 프로이센을 비롯한 게르만 민족의 여러 나라는 통일을 방해할 수 있는 네 열강(프랑스, 오스트리아, 러시아, 영국)에 사실상 둘러싸여 있었다. 따라서 이들이 일치단결하여 독일의 통일을 막으려고 하면, 목표 달성이 아주 힘들어진다. 동시에 독일 통일을 반대할 수 있는 강대국들의 이해관계가 늘 일치하지는 않는다는 것은 기회였다. 이러한 잠재적 기회를 실제 기회로 만든 내부의 자원은 비스마르크 자신의 빼어난 외교 수완이었다. 그는 어떤 때는 동맹국을 끌어들이고 또 어떤 때는 열강들끼리 서로 견제하게 하여, 결과적으로는 그들이 프로이센에 대하여 공동

보조를 취하지 못하게 하였다. 프로이센의 훌륭한 내부 자원이었던 비스마르크의 능력을 이해하기 위해 이 부분을 좀더 자세히 이야기 해 보자.

ⅰ) 덴 마 크 와 의 전 쟁

비스마르크는 1864년 2월 오스트리아와 더불어 덴마크와의 전쟁을 시작한다. 덴마크가 독일인들이 많이 사는 슐레스비히Schleswig를 자국에 편입시키려고 했기 때문이다. 이때 비스마르크는 오스트리아를 끌어들여 두 나라가 함께 출병하도록 한다. 사정이 이렇게 되니 영국, 프랑스, 러시아는 더 간섭할 여지가 없었다. 첫째 독일 국내 문제에 개입하게 되는 것이요, 둘째 프로이센과 오스트리아가 함께 싸우니 그들이 이기더라도 그것이 프로이센만의 영토 확장으로 이어지지는 않을 것이기 때문이었다. 이 전쟁에서 덴마크는 물론 대패하였고, 승리의 대가로 프로이센은 슐레스비히를, 오스트리아는 홀슈타인Holstein을 각각 갖게 되었다.

ⅱ) 오 스 트 리 아 와 의 전 쟁

덴마크와의 전쟁에서 이긴 비스마르크의 다음 목표는 오스트리아였다. 오스트리아를 독일연방에서 내몰지 않는 한 프로이센의 독일 제패制覇는 있을 수 없는 일이다. 비스마르크는 오스트리아와의 전쟁에 앞서 먼저 프랑스의 나폴레옹 3세와 접촉하여 약간의 영토를 떼어준다는 언질을 하고 그의 중립을 약속 받는다. 또 1866년 4월 8일에는 이탈리아와 3개월 시한부 비밀협정을 맺는다. 형제전쟁Bruderkrieg이 일어나면 이탈리아가 프로이센을 지원하고 그 대가로 베네치아를 얻는다는 내용이었다. 영국은 유럽대륙에 대해서는 불간섭주의 노선을 취하고 있었다. 또 비스마르크는 1859년부터 3년간 러시아 주재 프로이센 대사로 근무하면서 러시아와의 친선 관계를 많이 강화해 놓았다. 뿐만 아니라 1854년에서 1856년 사이에 일어났던 크리미아 전쟁 당시 비스마르크는 프로이센이 러시아에 대해 중립을 지키도록 하는 데 일조하여 러시아의 환심을 산 바 있었다. 반면에 이 전쟁 때 오스트리아는 러시아와 대립하여 그 후 두 나라는 대립관계에 있었다. 또 1863년 초 폴란드에 반란이 일어났을 때도 비스마르크는 러시아를 원조하여 러시아를 확실하게 자기 편으로 만들었다. 비스마르크는 이렇게 다양한 외교적인 노력으로 오스트리아를 완전히 고립시킨 다음 1866년 6월 16일 오스트리아와의 전쟁을 시작한 것이다.

iii) 프랑스와의 전쟁

오스트리아와의 전쟁이 끝나고 이듬해인 1867년에 북독일연방이 결성되자, 이제 남은 일은 가톨릭 세력이 강한 남부의 네 나라를 북독일연방에 끌어들이는 것이었다. 그러나 프랑스의 나폴레옹 3세는 자국의 동부에 강력한 통일국가가 생기는 것을 원하지 않으므로, 통일의 마지막 단계에서 그가 개입할 것은 거의 확실하였다. 프랑스와 전쟁을 하게 될 경우, 1866년 전쟁에서 패한 이후 설욕의 기회를 노리는 오스트리아가 프랑스를 도울 가능성이 있었다. 비스마르크는 이에 대비하여 러시아로부터 중립을 지킨다는 약속을 미

프로이센-프랑스전쟁 (Franco-Prussian War)

프로이센의 지도하에 통일 독일을 이룩하려는 비스마르크의 정책과 그것을 저지하려는 나폴레옹 3세의 정책이 충돌해 일어난 전쟁. 결과적으로 1870년 독일군에게 9월 말에 스트라스부르, 10월 말에는 메츠 요새가 함락되어 파리도 1871년 1월 28일 마침내 성문을 열고 말았다. 2월 베르사유에서 평화협정, 5월 프랑크푸르트에서 강화조약이 체결되어 프랑스는 독일에 배상금 50억 프랑을 지불하고 알자스-로렌의 대부분을 할양하였다. 또 파리 개성(開城) 직전인 1월 18일, 베르사유에서 독일제국의 성립이 선포되었다.

리 받고, 사실상의 제휴관계를 맺어 놓았다. 그 결과 오스트리아는 러시아의 견제 때문에 이 전쟁에 개입할 수 없었다. 비스마르크는 또한 독일주재 프랑스대사 베네데티Benedetti가 1867년에 쓰고 자신이 간직하고 있던 문서를 1870년 7월 전격적으로 공개한다. 그 내용은 프랑스가 룩셈부르크와 벨기에를 합병한다는 조약의 초안이었다. 이 나라들을 어느 강국 하나가 소유하는 것을 원하지 않는 영국은 이 소식을 듣고 엄정중립을 지키기로 한다. 이것이 비스마르크의 계략이었음은 말할 것도 없다. 이렇게 비스마르크가 미리 손을 써놓은 상태에서 1870년 7월 15일 보불전쟁이 터지자, 프랑스는 혼자서 프로이센에 맞서야 했고 잘 훈련된 프로이센 군대는 파죽지세로 프랑스를 휩쓴다.

현대 경영학 용어를 써서 이야기하면, 비스마르크는 먼저 외부의 상황을 면밀히 분석하여 그것이 주는 기회와 위협을 알아차리고, 내부 자원의 강점과 약점을 철저히 파악한다. 이어서 내부와 외부의 엄밀한 분석을 바탕으로 전략적 목표를 세운다. 그 다음 내부 자원의 강점을 극대화하고 외부의 기회를 포착하는 방향으로 목표 달성을 위한 전략을 세운다. 내부와 외부를 균형 있게 모두 감안한다는 의미에서 전형적인 통합전략integrated strategy이다(그림 I-2).

하지만 비스마르크에게 있어서 내부의 큰 약점은 프로이센의 핵심역량인 군부와 비스마르크의 관계가 무척 나쁘다는 것이었다. 군부는 국제정치를 이해하지 못하고 관심도 없었다. 그래서 군부의

그림 I-2 통합전략

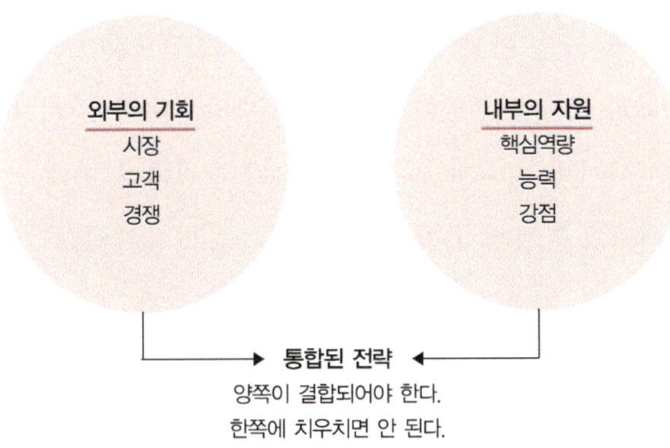

편협한 목표와 비스마르크가 설정한 국가의 전략적 목표는 같을 수가 없었다. 그러나 비스마르크는 어떻게 해서든지 군부를 자신이 원하는 대로 움직이게 해야 했다. 이를 위해 그는 보불전쟁 때 최고 의사결정권자인 황제 빌헬름 1세를 활용하기도 했다. 하지만 그의 영원한 상관인 황제가 그를 몹시 싫어한다는 것이 또 하나의 큰 약점이었다. 황제뿐만 아니라 황후, 황태자, 심지어는 황태자비까지 비스마르크를 싫어했다. 게다가 의회에는 그를 미워하는 정치인들이 얼마든지 있었다. 이렇게 황실, 군부, 의회가 모두 비스마르크를 견제하였으니 그의 과업이 얼마나 힘들었을까를 쉽게 짐작할 수 있다. 그러한 내부의 약점을 결국은 극복하고 자신이 설정한 전략적 목표를 거의 다 달성했다는 사실에서 그가 얼마나 뚝심 있는 리더였는가를 알 수 있다.

빌헬름 1세
(Wilhelm I, 1797~1888) 프로이센의 왕(재위 1861~1888), 독일 황제(재위 1871~1888). 독일 제패를 위한 군국화를 실천해 비스마르크의 철혈정책으로 강한 육군을 만들었다. 오스트리아를 격파하고 북 독일연방을 조직했으며 프로이센-프랑스전쟁에서 대승해 독일황제로 즉위했다.

2. 목적을 넘어서는 공격은 삼간다

1866년 7월 3일. 이날 중부유럽의 쾨니히그레츠Königgrätz에서 몰트케Moltke가 이끄는 프로이센군과 베네덱Benedek이 지휘하는 오스트리아군 사이에 벌어진 싸움은 19세기 후반에서 20세기 전반에 걸쳐 세계사의 흐름에 가장 큰 영향을 끼칠 독일통일이 어떤 형태를 띨 것인가를 결정 지은 운명의 전투였다. 동시에 프로이센 외교의 전통을 과감히 깨고 대담하게 반反오스트리아 노선을 택한 당시 프로이센 수상 비스마르크 정책의 승리이기도 했다. 이 전투에서 프로이센이 이김으로써 비스마르크는 독일통일 문제에서 오스트리아를 배제하고 프로이센이 주도하는 통일정책을 추진할 수 있게 되었기 때문이다. 독일통일에서 오스트리아를 제외하려는 이른바 소독일주의의 승리였다.

그러나 이 중요한 승리 소식을 접한 비스마르크의 마음은 기쁘기는커녕 오히려 무겁기만 했다. 그가 1862년 9월 수상에 취임한 이래 줄기차게 추구해온 "프로이센이 주도하는 독일통일"이라는 목표를 달성하려면 아직도 넘어야 할 험난한 산이 많이 남아 있었기 때문이었다.[1] 그가 당장 직면한 긴급 과제는 승리의 여세를 몰아 비엔나까지 진격하려고 하는 군부의 움직임을 저지하는 것이었다. 비스마르크는 오스트리아를 독일연방 밖으로 몰아낸다는 이번 전쟁의 정치적 목표는 이미 달성되었으니 전투를 여기서 그만 끝내야 한다고 믿었다. 그가 그렇게 생각하는 까닭은 크게 두 가지였다. 첫째, 프로이센이 세력을 더욱 확대하려고 하면 프랑스, 영국, 러시아

1
비스마르크는 수상이 된 지 며칠 안 된 1862년 9월 30일 독일 제국 의회에서 그 유명한 말을 한다.
"이 시대의 큰 문제는 연설과 다수결에 의한 결의로 해결되는 것이 아니라—1848년과 1849년에는 바로 이것이 실패의 원인이었습니다—철(Eisen)과 피(Blut)에 의해 해결되는 것입니다."

등의 열강이 가만있지 않을 것이다. 둘째, 독일을 통일하려면 다음에는 반드시 프랑스와 싸울 수밖에 없다. 그때 오스트리아를 내 편으로 끌어들이려면 관대한 조건으로 강화講和해야 한다. 어차피 같은 게르만 민족의 나라인 오스트리아는 프로이센 최후의 우방일 수밖에 없다.

프로이센 국왕 빌헬름 1세와 군부는 오스트리아에게 아무런 영토 보상을 요구하지 않는 관대한 조건을 담은 강화조약 초안에 반대하였으나, 비스마르크가 사임 의사를 밝히면서까지 뜻을 굽히지 않자 국왕도 결국 동의하였다. 이리하여 비스마르크는 오스트리아의 원한을 사지 않으면서 (오스트리아를) 독일연방 밖으로 몰아내는 데 성공한다.

이렇게 목적을 넘어서는 공격은 삼가야 한다는 비스마르크의 신념은 4년 후에 또 한번 큰 힘을 발휘한다. 1870년 7월 15일 드디어 보불전쟁이 일어나고, 프랑스 황제 나폴레옹 3세는 두 달도 지나지 않은 9월 초 세단Sedan에서 연전연승을 거둔 프로이센군에게 항복하고 강화를 제의한다. 이 소식이 9월 3일 파리에 전해지자 다음날 파리의 한 호텔에서 새로운 공화국 수립이 선포된다. 즉 나폴레옹 3세가 몰락한 것이다. 프랑스의 새 정부는 항전을 계속할 것을 선언했고, 비스마르크는 어차피 이 정부의 존속 가능성이 낮다고 보았기 때문에 진지하게 협상하려고 하지 않았다. 그는 프랑스의 저항을 꺾고 전쟁을 빨리 끝내기 위해 12월 하순 파리 포격을 명령한다. 그는 전쟁이 길어지면 다른 열강들이 개입할지도 모른다고 판단했다. 그러나 몰트케를 비롯한 군부의 수뇌부는 파리를 프로이센 군대가 점령하고 계엄령을 선포해야 한다는 강경론을 주장했다. 군부의 의견을 따르면 평화 달성의 길이 요원해질 것이 틀림없었다. 몰트케는 사실상 평화에는 관심이 없었고, 프랑스를 완전히 쳐부수기를 원했던 것이다. 군부의 의중을 알게 된 비스마르크는 황제에게 정책 결정의 최종 권한은 자신에게 있다는 것을 명확히 해달라고 아주 강력하게 요청한다. 황제는 비스마르크의 건의를 받아들여 1871년 1월 25일 그러한 취지의 내용을 담은 칙서를 내린다. 이로써 비스마르크는 전권을 갖고 평화협상에 임할 수 있었으며, 협상 과정에서 군부는 큰 역할을 하지 못했다.[2]

3. 자기를 싫어한 상관을 26년간 모신 비스마르크

　직장생활을 해본 사람이면 누구나 상사가 자기를 싫어하면 얼마나 큰 스트레스가 되는지 잘 알 것이다. 그런데 비스마르크는 왕자 시절부터 자기를 몹시 싫어한 독일황제 빌헬름 1세 밑에서 재상을 26년간이나 역임했다.[3] 이 사실 하나만 보더라도 우리는 비스마르크의 정치적 수완이 정말로 대단했다는 것을 쉽게 짐작할 수 있다. 동서고금을 막론하고 뛰어난 리더들은 자기를 싫어하는 사람들을 잘 다루는 솜씨를 갖고 있다. 비스마르크는 황제와의 관계를 어떻게 관리하였을까?

　그는 우선 황제의 장점과 단점 및 취미와 주변 사람들을 관찰하였다. 그가 먼저 주목한 것은 황제가 철저한 무인武人이라는 점이었

2
신생 독일제국과 프랑스는 1871년 5월 10일 독일 프랑크푸르트에서 조약을 맺고 전쟁을 끝냈다. 프랑크푸르트 조약의 주요 내용은 다음 세 가지다.
1) 프랑스는 독일에게 알사스(Alsace)와 로렌(Lorraine)을 할양한다.
2) 프랑스는 독일에게 50억 프랑의 배상금을 지불한다.
3) 프랑스가 배상금을 다 지불할 때까지 독일은 점령군을 프랑스에 주둔시킬 권리를 갖는다.

3
단순하고 정직한 빌헬름 1세가 비스마르크를 싫어한 것은 둘의 성격이 정반대였기 때문이다.

다. 무인들은 비겁하다든지
의무에 충실하지 않다든지
하는 소리를 듣는 것을 무엇보다
싫어한다. 황제가 우물쭈물하며
결단을 내리지 못할 때 비스마르크는
슬며시 "왜, 두렵습니까?" 하며 신경
을 건드렸다. 그러면 황제는 발끈하며
"두렵긴 뭐가 두려워! 어서
결행하게." 하고 명령했다.

다음으로는 황제의
깊은 신앙심을 이용하
는 것이었다. 황제에게 비
스마르크가 보낸 수천 통
의 서한과 끊임없이 이
어진 건의는 모조리 신神

의 이름으로 쓰여지고 행해진 것이었다. 비스마르크는 황제가 어떤
결심을 하도록 하기 위해 성서 구절을 인용하여 그것이 신성한 신
의 뜻임을 암시하는 방법으로 완곡히 설득하였다. 결코 자신의 주
장이라는 모양새가 되지 않도록 했다.

비스마르크는 또 황제가 자신을 절실히 필요로 한다는 것을 잘
알고 있었다. 1848년 3월 13일, 프로이센의 수도 베를린에서는 프
랑스 2월 혁명[4]의 여파로 혁명적인 소요사태가 일어난다. 프로이센
왕실은 하마터면 이때 없어질 뻔하였다. 언제 다시 민중이 봉기하

4
1848년 2월 22일 정부
의 실정(失政)을 비난하
는 공화주의자 및 사회
주의자들이 주도했던
집회가 강제로 해산되
면서 일어난 혁명.

여 황제를 단두대로 보내려고 할지 알 수 없었다. 황제를 도와서 황실을 지키고, 동시에 황제의 군비확장 정책을 추진할 수 있는 인물은 비스마르크밖에 없었다. 또한 비스마르크는 재상직을 떠나면 자신이 동경하는 전원생활로 돌아갈 수 있는 몸이었다. 그러나 황제의 퇴위는 만고萬古의 굴욕이며 곧 황실의 쇠망을 의미했다. 이것이 황제의 최대 약점이었다. 비스마르크는 황제의 급소를 꽉 잡고 있었던 것이다. 그래서 황제가 자기 의견을 받아들이지 않으면 번번이 사표를 제출하였다. 그러면 황제는 당황하며 그의 주장을 받아들이곤 했다. 사표는 비스마르크가 자신을 미워하는 상관을 다룰 때 쓸 수 있는 아주 강력한 무기였다.

한편 비스마르크는 의회를 무시하면서까지 황제가 원하는 군비확장 정책을 추진하는 뚝심을 보인다. 그래서 황제는 개인적으로는 비스마르크를 싫어했지만 그의 배짱과 추진력을 높이 살 수밖에 없었다.

4. 타협할 때를 아는 것이 중요하다

1871년 1월 독일제국 창건 이후 비스마르크의 가장 강력한 반대 세력으로 등장한 것은 가톨릭계의 중앙당Zentrumspartei이었다. 국가로부터 교회의 권리를 지키겠다고 하는 이 정당의 강령을 비스마르크는 받아들일 수 없었다. 독일국민의 3분의 1 가량을 차지하는 가톨릭교도들이 교회나 교황청 같은 국가 이외의 실체에 충성을 맹세한다면, 그것은 국가에 대한 중대한 위협이 아닐 수 없었다. 가톨릭 신자가 비교적 많은 바이에른을 비롯한 남부지방의 정치가들이 이 당의 핵심 세력이었으며, 이들은 동부의 폴란드계 주민들과 새로 제국에 편입된 알사스 및 로렌 지방의 가톨릭계 주민들과도 연계를 모색했다. 이 지역의 가톨릭 신자들은 대체로 신교국가인 프로이센의 주도로 독일이 통일된 것에 대해 분노하고 있었다. 더군다나 루드비히 빈트호르스트Ludwig Windhorst가 이끄는 중앙당은 노동자 계층의 권익을 옹호하는 정책을 추구하였으므로 자연스럽게 비스마르크가 가장 꺼려하는 사회민주당과도 제휴하였다.

그래서 비스마르크는 1871년 7월 문화성의 가톨릭과를 없애는 것으로 문화투쟁Kulturkampf으로 불리는 가톨릭과의 싸움을 시작했다. 그는 각종 입법조치를 통해 가톨릭 성직자들에 대한 정부의 감독을 강화하고, 모든 학교교육을 국가의 감독하에 두었으며, 병자들을 치료하는 수도원을 제외한 독일 내 모든 수도원을 해산했다. 그러나 가톨릭에 대한 이런 노골적인 탄압에 대해 교회 및 가톨릭 신자들이 강력히 반발한 것은 말할 것도 없고, 많은 비非가톨릭교도들도 양심의 가책을 느끼게 되었다. 뿐만 아니라 혹독한 시련 속에서 중앙당의 세력은 오히려 비약적으로 팽창했다.

이런 상황에서 비스마르크는 절대로 자기기만self-delusion에 빠지지 않는 사람이다. 그는 화해의 필요성을 느꼈다. 그는 타협할 때를 알고 후퇴할 때도 망설임이 없는 리더다. 비스마르크는 1875년 4월 16일 제국의회에서 행한 연설에서 교황청과의 관계 개선 의지를 표명했고, 역시 독일과의 관계 개선을 원했던 레오 13세가 1878년

새 교황이 되면서 화해 무드가 무르익었다. 이어서 빈트호르스트가 1879년 3월 31일 비스마르크를 방문하면서 독일사회에 큰 상처를 남긴 문화투쟁은 사실상 막을 내린다.

보불전쟁이 한창이던 1871년 1월 18일 파리 근교의 베르사유 궁전에서는 통일 독일제국의 수립이 선포된다. 독일 남부지역의 네 나라가 1867년에 성립된 북독일연방Norddeutscher Bund과 합친 것이다. 이때 프로이센 황태자 프리드리히 빌헬름은 강제로 병합하자는 급진론을 폈으나, 비스마르크는 시간이 조금 걸리더라도 양보할 것은 양보하면서 그들의 의견을 존중하는 형태의 통일을 주장했다. 비스마르크가 또다시 사임하겠다고 위협하자 황태자는 수그러졌다. 비스마르크가 통일을 위해 이들에게 지불한 대가는 결과적으로 그다지 크지 않았다. 바이에른Bayern과 뷔르템베르크Württemberg가 평화시에 독자적인 군통수권軍統帥權을 행사하고, 조세·교통 등의 분야에서 일정한 권리를 갖는 정도였다. 이와 같이 비스마르크의 유연한 정책 덕분에 독일 남부지역의 편입은 큰 마찰 없이 이루어진 것이다.

독일의 산업화가 급속히 진행되면서 1871년 인구의 5분의 1을 차지하던 노동자의 수는 1880년대 초 4분의 1에 이를 정도로 급증한다. 노동계급의 성장과 함께 경제적 평등을 지향하는 사회주의 세력도 자연히 커지게 되었다. 이들의 이익을 대변하는 사회주의 계열의 정당은 하나로 뭉칠 필요성을 느꼈고, 그 결과 연합정당인

사회민주당Sozialdemokratische Partei Deutschlands, SPD이 1875년 5월에 탄생한다.

비스마르크는 이러한 사회주의 운동을 신생 독일제국의 기반을 흔드는 위협으로 간주하고, 탄압할 기회를 엿본다. 그러던 중 1878년 5월과 6월에 황제 암살 미수사건이 두 번이나 일어난다. 이것을 기화로 비스마르크는 의회를 해산하고, 새로 구성된 제국의회에서 1878년 10월 사회주의법을 통과시킨다. 이 법은 사회주의적 성향이 있는 단체의 집회와 출판 등의 활동을 금지하였으며, 위험하다고 생각되는 인물을 거주지에서 추방할 수 있는 권한을 정부에게 주었다. 이 법은 1890년까지 갱신·유지되었는데, 그럼에도 불구하고 사회민주당은 1881년 선거에서 상당히 선전善戰한다.

이런 현실을 본 비스마르크는 강압만이 사회주의에 대한 적절한 대응이 아님을 깨닫고, 노동자들의 복지를 위한 입법을 고려하게 된다. 국가가 노동자를 위한 사회정책을 펼치고 노동자의 생존권을 보장하면, 노동자들의 마음이 혁명적 사회주의자들로부터 멀어질 것이라고 생각한 것이다. 그래서 그는 1881년 봄 사회보험 입법 계획을 밝히고, 1883년에 질병보험법, 1884년에는 노동재해보험법, 1889년에는 노년·장애보험법을 잇달아 통과시킨다. 비스마르크의 앞서가는 생각 덕분에 독일은 강제적 노동보험제도를 도입한 최초의 근대국가가 되었다. 비스마르크는 사회주의와 대결할 때도 반대파의 주장 중에서 타당하다고 생각되는 부분은 과감히 수용하는 유연성을 보였다. 이 경우 그는 사회주의자가 아닌 노동자들과 타협함으로써 사회주의자들을 몰아내려는 전법戰法을 쓴 것이다.

5. 전략적 목표는 끈질기게 고수하라

독일통일 이후 비스마르크가 줄기차게 추구한 전략적 목표는 프랑스를 외교적으로 고립시키고, 유럽의 현상유지를 꾀함으로써 신생 독일제국의 국제적 지위를 보호하는 것이었다.

그리하여 그는 먼저 1873년 10월에 독일, 러시아, 오스트리아-헝가리가 참여하는 삼제협정三帝協定, Dreikaiserabkommen을 성사시킨다. 그러나 이 협정은 오래 지속되지 못한다. 우선 독일이 1875년 4월 프랑스의 군비 확장을 강력히 경고하는 언론 캠페인을 벌이자 영국과 러시아가 독일에 대해 공동 보조를 취한다. 이어서 1875년 발칸에서 오스만 터키의 지배에 대항하는 반란이 일어나자 이를 진압하려는 터키와 같은 슬라브족을 보호하려는 러시아가 대립하게 되고 급기야는 1877년 4월 두 나라 사이에 전쟁이 일어난다. 이 전쟁은 러시아의 승리로 끝나고, 다음해 3월 3일에 체결된 '산 스테파노San Stefano 조약'으로 터키는 유럽 내 영토의 대부분을 잃게 된다. 이에 대해 러시아의 발칸 진출을 원하지 않는 영국과 오스트리아-헝가리가 크게 반발한다.

양쪽 사이에 전쟁이 일어나면 독일은 중립을 지켜도, 어느 한쪽 편을 들어도 원망을 듣는 매우 난처한 입장에 놓이게 된다. 또 큰 전쟁이 나면 유럽의 현재 상태가 어떻게 달라질지 모른다. 이런 점을 우려한 비스마르크는 '정직한 중개인ehrlicher Makler'의 자격으로 이 문제를 해결하기 위한 국제회의를 1878년 6월 베를린에서 개최한다. 이 회의에서 영국과 오스트리아-헝가리의 압력을 받은 독

일이 러시아를 적극적으로 돕지 않는 바람에 러시아는 산 스테파노 조약으로 얻은 영토의 일부를 포기해야만 했다. 러시아는 이것이 보불전쟁 때 프로이센을 위해 중립을 지켜준 대가인가 하고 자신에게 묻지 않을 수 없었다. 이렇게 독일과 러시아의 관계가 악화되자 이에 불안을 느낀 비스마르크는 1879년 오스트리아-헝가리와 비밀리에 동맹을 맺는다.

하지만 비스마르크는 여전히 독일의 안보를 위해서는 독일, 오스트리아-헝가리, 러시아 이 세 나라의 동맹이 절대적으로 필요하다고 굳게 믿는다. 그리하여 그는 힘든 협상 끝에 마침내 1881년 6월 삼제동맹Dreikaiservertrag을 성사시킨다. 그 내용은 제4국이 세 나라 중 어느 한 나라를 공격하면 나머지 나라들은 호의적 중립을 지킨다는 것이었다. 예컨대, 만약 독일이 프랑스와 전쟁을 할 경우 러시아는 중립을 지킨다는 것이다. 이 조약은 1887년 유효기간이 끝날 때까지 러시아와 프랑스의 접근을 막을 수 있었다.

한편 이탈리아는 북아프리카의 튀니지에 진출할 기회를 노리고 있었으나, 1881년 프랑스가 이 지역을 병합하자 크게 분노하였다. 비스마르크는 이 기회를 놓치지 않고 1882년 5월 이탈리아를 끌어들여 독일, 이탈리아, 오스트리아-헝가리로 이루어진 삼국동맹 Dreibund을 맺는 데 성공한다. 이 역시 프랑스를 겨냥한 방위조약인데, 비스마르크는 1883년 루마니아까지 이 동맹에 끌어들인다.

그런데 러시아의 범슬라브주의와 오스트리아의 범게르만주의가 발칸 반도에서 충돌하자 결국 러시아는 1887년 삼제동맹에서 탈퇴한다. 이렇게 되자 다시 프랑스와 러시아의 접근 가능성이 제기되었고, 비스마르크는 그것을 막기 위해 1887년 6월 18일 러시아의 니콜라이 2세와 비밀리에 재보장조약Rückversicherungsvertrag을 맺는다. 두 나라 중 어느 한 나라가 제3국과 전쟁을 할 경우 다른 나라는 중립을 지킨다는 내용이었다.

이렇게 여러 가지 조약을 통해 비스마르크는 1890년 3월 20일 재상직에서 물러날 때까지 자신이 설정한 두 가지 전략적 목표를 대체로 달성했다고 볼 수 있다. 하나는 프랑스를 외교적으로 고립시키는 것이요, 또 하나는 유럽의 현상 유지다. 그는 외부의 상황과 내부의 자원을 고려하여 세운 이 두 목표를 철저히, 줄기차게, 흔들림 없이 추구했다.

그러나 1888년 6월 빌헬름 1세의 손자 <u>빌헬름 2세</u>가 독일제국의 새 황제가 되자 상황은 급변한다. 빌헬름 2세는 자신이 직접 독일의 외교정책을 관장하고 싶어했으며, 두 사람은 사회정책, 사회주의법의 시한 연장 등의 문제를 둘러싸고 충돌한다. 직선적인 성격인 빌헬름 2세는 감수성이 예민하고 인내심과 자제력이 부족한 리더였다. 비스마르크라는 거대한 인물의 영향에서 벗어나고 싶어했던 그는 마침내 오스트리아-헝가리 국경에 러시아 병력이 증강된 사실을 자신에게 즉각 알리지 않았다는 핑계로 비스마르크를 해임한다.

비스마르크가 물러나자마자 그의 전략적 사고를 이해하지 못하는 빌헬름 2세는 비스마르크가 그렇게 공을 들였던 러시아와의 관계를 파괴하는 조치를 취한다. 즉 독일 외무성의 근시안적인 조언을 들은 황제는 러시아가 갱신을 희망했던 재보장조약을 1890년 6

월 파기한다. 그러자 러시아와 프랑스는 가까워지기 시작했고, 마침내 두 나라 사이에는 동맹 체제가 구축되었다. 그 내용은 동맹국 중 어느 한 나라가 제3국과 전쟁을 할 경우 다른 나라는 동맹국을 위해 군사적인 지원을 한다는 것이었다. 만일 프랑스가 독일과 전쟁을 하게 되면 러시아가 프랑스를 군사적으로 돕는다는 것이었다. 비스마르크가 가장 걱정했던 최악의 시나리오가 벌써 현실로 나타나기 시작한 것이다. 이렇게 비스마르크가 떠나자마자 독일은 전략적으로 매우 불리한 상태에 놓이게 되며, 끝내 제1차 세계대전 발발과 독일의 패배라는 엄청난 재앙으로까지 이어진다.

6. 비스마르크 리더십의 한계

앞에서 나는 "비스마르크가 국내외의 숱한 걸림돌에도 불구하고 끈질기게 자신이 설정한 목표를 추구했고, 또 그것을 대체로 달성했다."고 말한 바 있다.

하지만 목표를 관철하는 과정에서 그는 이해당사자를 설득하려는 노력은 충분히 하지 않았다. 비스마르크는 소통의 리더는 아니었던 것이다. 그는 오로지 순수한 국가이성reine Staatsräson에 따라 행동했다. 정의가 아니라 국가의 이익이 그의 판단 기준이었다. 그래서 그는 마음 내키는 대로 친구와 적을 바꿀 수 있었다. 기본적으로 그에게 반대파는 있었지만, 적은 없었다. 이렇게 그는 철두철미한 현실정치가였다.

그러나 비스마르크의 이러한 행태는 그의 정책에 불만을 품은 세력을 결집시키는 원인이 되기도 했다. 그와 대립한 의회의 정당은 말할 것도 없고 나중에는 대중도 그에게 등을 돌렸다. 그의 계속적인 탄압정책 때문이었다.

관료들도 그에게 싫증을 냈다. 비스마르크라는 거인 밑에서 그의 비위를 맞추어가며 28년이나 전전긍긍하며 지내다 보니 그런 생활에 염증이 난 것이다.

대표적인 예가 외무성의 프리드리히 폰 홀슈타인Friedrich von Holstein이다. 홀슈타인은 비스마르크의 외교 전략에서 결정적인 중요성을 갖는 러시아와의 재보장조약이 연장되는 것을 원하지 않았다. 그는 이 비밀조약이 러시아에게는 많은 이득을 주지만 독일은 얻는 것이 별로 없다고 확신했고, 또 만일 비스마르크의 작품인 이 밀약이 갱신되면 비스마르크가 다시 일어설지도 모른다고 생각했다. 그래서 그는 다른 외무성 관리들과 함께 전력을 다해 황제 빌헬름 2세를 설득했다. 그리하여 처음에는 이 조약을 갱신하려고 했던 황제의 마음을 돌리는 데 성공한다. 이 조약은 프랑스의 보복전쟁을 피해야 하는 독일로서는 안보를 위해 꼭 필요한 것이었다. 전략적 사고가 부족한 직업관료들의 편협한 생각은 결과적으로 조국에 엄청난 피해를 끼치고 만다.

내부의 자원과 외부의 기회 및 위협 요인을 냉철하게 분석한 끝에 선택한 비스마르크의 외교노선은 신생국 독일의 관점에서는 가장 바람직한 대안이었다. 그 노선을 이탈하면서 독일이 겪게 되는 참담한 고통은 우리에게 지도자의 전략적 사고가 얼마나 중요한지를 새삼 일깨워준다.

어떻게 보면 이 모든 것이 커뮤니케이션이 부족했던 비스마르크의 리더로서의 한계가 낳은 비극일지도 모른다. 커뮤니케이션 및 커뮤니케이션 능력이 무엇보다 중시되는 오늘날의 기업세계에서 비스마르크 리더십의 부정적인 면은 맞지 않을 것이다. 역사적 관점에서 보면, 관용과 소통이 부족한 정치지도자가 오랫동안 독일의 정치무대를 거의 독차지하는 바람에 "신흥강국 독일의 정치문화의 낙후"라는 치명적인 결과가 빚어졌다.

1945년 5월 제2차 세계대전이 독일의 완전한 패망으로 끝나자 독일의 많은 역사학자들은 조국의 파멸의 원인을 찾으려고 노력한다. 이와 관련하여 어떤 학자들은 비스마르크를 비판하기도 하고, 또 다른 학자들은 그를 옹호하였다. 이런 논쟁의 와중에서 독일을 대표하는 역사학자 프리드리히 마이네케Friedrich Meinecke는 대체로 다음과 같은 취지의 발언을 한 바 있다.

비스마르크의 업적에는 밝은 면도 있고 어두운 면도 있다. 정신보다는 힘을 강조한 독일제국의 문화는 독일국민들의 가치관을 타락시켰으며, 정치적인 성장을 가로막았다. 그리하여 독일국민은 빌헬름 2세의 무책임한 행동과 나치즘의 범죄마저 용인하는 지경까지 되었다.[5]

5
Craig(1978), pp. 762-763

또 뛰어난 통찰력을 가졌던 사회학자 막스 베버Max Weber도 독일제국이 이미 파국을 향해 달리고 있던 1917년, 그러니까 1차 세계

대전이 일어난 지 4년째 되는 해에 비스마르크에 대해 다음과 같이
말했다.

> 비스마르크는 정치교육을 전혀 못 받은 국민들을 우리에게 물려주
> 었다. 그 결과 정치 분야에서 국민들의 수준은 이미 20년 전에 도달
> 했던 것보다 훨씬 낮은 상태가 되고 말았다.[6]

소통과 관용을 중시하지 않는 한 거물 지도자의 리더십 스타일이
그의 조국, 나아가서는 유럽 아니 전세계에 적지 않은 악영향을 끼
친 것이다. 그럼에도 불구하고 나는 오늘날 기업을 이끌어가는 리
더들이 비스마르크에게서 배울 것이 무척 많다고 생각한다. 그의
리더십의 한계를 인지하면서 긍정적인 면을 잘 소화하여 경영에 활
용하는 것이 현대의 경영지도자들에게 주어진 과제가 아닐까 한다.

[6]
Ulrich(2008), p. 133.

"함께 일할 각료를 선임하는 것은 군주
에게 있어서 매우 중요한 일이다. 얼마나
좋은 사람들을 고르느냐는 바로 군주의
안목에 달려있다. 군주의 주변 사람들이
무능하면 백성들은 군주를 낮게 평가할
수밖에 없다."

Part 2

인간 신뢰의 리더십

제갈공명

"상(賞)과 벌은 공정하고
엄중하게 하라."

제갈공명

諸葛孔明

중국 삼국시대 촉한蜀漢의 정치가 겸 전략가. 유비劉備를 도와 오吳나라의 손권孫權과 연합하여 남하하는 조조曹操의 대군을 적벽赤壁의 싸움에서 대파하고, 형주荊州와 익주益州를 점령하였다. 221년 한나라의 멸망을 계기로 유비가 제위에 오르자 승상이 되었다.

호족豪族 출신이었으나 어릴 때 아버지를 여의고 형주荊州에서 숙부 제갈현諸葛玄의 손에서 자랐다. 후한後漢 말의 전란을 피하여 출사出仕하지 않았으나 명성이 높아 와룡선생이라 일컬어졌다.

207년(건안 12) 조조曹操에게 쫓겨 형주에 와 있던 유비로부터 '삼고초려三顧草廬'의 예로써 초빙되어 '천하삼분지계天下三分之計'를 진언進言하였다. 유비는 제갈량을 얻은 것을 물고기가 물을 만난 것水魚之交에 비유하였다.

214년(건안 16) 유비는 성도成都를 평정하고 나서 그를 군사장군軍師將軍으로 삼아 자신이 출병한 뒤 군량과 병사를 대도록 하였고, 촉한의 황제에 오른 뒤에는 그를 승상丞相으로 삼았으며, 죽음을 앞두고는 자신이 이루지 못한 대업을 이루도록 당부하였다.

유비는 제갈량에게 자신의 아들 유선劉禪을 보좌하되, 아들이 무능하면 몰아내고 황제의 자리를 취하여도 좋다고 유언하였으나 제갈량은 끝까지 후주後主 유선을 보필하였다. 재차 오나라와 연합하여 위나라와 항쟁하였으며, 생산을 장려하여 민치民治를 꾀하고, 운난雲南으로 진출하여 개발을 도모하는 등 촉한의 경영에 힘썼다.

그러나 상승하는 위나라에 비하여 국력의 열세가 뚜렷한 가운데 오장원五丈原에서 위나라의 사마의司馬懿와 대치하다가 병이 들어 사망하였다. 위나라와 싸우기 위하여 출진할 때 올린 '전출사표前出師表'와 '후출사표後出師表'는 이를 읽고 눈물을 흘리지 않는 자는 사람이 아니라고 할 정도로 충정으로 가득한 천고의 명문으로 꼽힌다.

1. 통솔력의 비결, 신상필벌과 공평무사

삼국지를 통해 우리에게도 널리 알려진 제갈공명諸葛孔明(181~234)은 중국역사에 등장하는 수많은 인물 중에서도 아주 높은 인기를 누리는 스타이다. 그의 이름은 량亮이고, 공명은 자字이다. 그는 스물일곱 살 때 한漢 왕조의 정통을 이어받았다고 자부하는 유비劉備의 군사軍師로 초빙되어 촉蜀의 건국(서기 221년)을 도왔고, 신생국 촉의 정승으로 국정 전반을 관장했다.

유비가 세상을 떠난 다음에는 그의 유지遺志를 받들어 2대 황제 유선劉禪을 잘 모시면서 전권을 쥐고, 8년 동안 모두 다섯 차례에 걸쳐 위魏 나라를 타도하기 위한 원정에 나선다. 그러나 제갈공명은 다섯 번째 원정지인 오장원五丈原에서 병으로 쓰러져 목표를 달성하지 못한 채 서기 234년에 53세를 일기로 사망하고 만다. 결국 뜻을 이루지 못했다는 점에서 그의 원정은 실패했다고 볼 수 있다. 그래서 삼국지를 지은 진수陳壽는 이렇게 말하고 있다.

매년 백성들을 동원하여 원정에 나섰지만 결국 성공하지 못했다. 생각하건대 임기응변의 전략은 그의 특기가 아니었지 않았나 한다.

그러나 우리는 먼저 촉과 위라는 두 나라의 엄청난 국력의 차이에 주목할 필요가 있다. 총군사력 면에서 보면 촉과 위는 1:7이었다. 또 공명은 촉의 전군을 동원했는데, 위는 지방의 방면군方面軍만으로 맞서고 있다. 그럼에도 불구하고 양쪽의 병력 수는 비슷했다.

그 정도로 기본적인 국력의 차이가 있었다. 더구나 공명은 이 밖에도 몇 가지 불리한 조건을 안고 원정을 감행할 수밖에 없었다.

첫째, 원래는 촉과 형주荊州 두 지역에서 출격하여 협공작전을 펴는 것이 공명의 구상이었다. 그런데 관우의 실수로 말미암아 형주를 잃는 바람에 공명의 계획은 절름발이가 되고 말았다.

둘째, 촉이 위를 치기 위해서는 '촉의 벼랑길'이라 불리는 험하기로 유명한 길을 통과하지 않으면 안 된다. 한 사람이 간신히 다닐 수 있는 길이므로 식량과 물자를 나르기가 매우 힘들 수밖에 없다. 물론 보급이 어려울 것임은 싸움이 시작되기 전에도 알고 있었기 때문에 공명은 이 문제를 해결하려고 지혜를 쥐어짰다. 그러나 끝내 마지막 순간까지 해결책을 찾지 못했다. 촉나라 군대가 원정 때마다 결국 철수하지 않을 수 없었던 것은 식량 보급이 원활하지 않았기 때문이다.

그 밖에도 불리한 조건뿐이다. 다시 말해 처음부터 승산이 아주 적은 싸움이었다. 이 사실을 누구보다도 잘 아는 제갈공명이 이 싸움을 하고 싶었을 리 없다. 그럼에도 불구하고 구태여 이 원정을 시작한 것은 선대 황제 유비의 유언이었기 때문이다. 이러한 곤경 속에서 공명이 채택한 전략은 한마디로 말해 "쉽게 이길 수 없으니 최악의 경우에도 지지 않는 싸움을 하자"는 것이었다. 패배하면 촉나라의 전군이 궤멸하고, 나아가서는 나라까지 멸망한다. 이러한 최악의 사태만은 어떻게든 막아보자는 것이 공명의 생각이었다. 이렇게 지지 않는 전쟁을 하려고 하니 공명은 모험을 극력 피했다.

한 예를 들어보자. 1차 원정 때 작전회의를 할 때 이야기다. 위연

魏延이라는 혈기왕성한 부하 장군이 직선 경로로 적의 본거지를 공격하자고 제안한다. 1941년 12월 일본의 진주만공격 같은 기습작전을 펴자는 것이다. 그러나 공명은 너무나 위험하다고 하여 이 진언을 뿌리치고, 일부러 적의 저항이 적은 우회로를 통해 진공한다. 지지 않는 싸움을 목표로 하다 보니 공명은 그렇게 하지 않을 수 없었다.

어쨌든 이런 악조건을 안고 싸운 것을 생각하면 제갈공명은 정말로 선전善戰했다고 할 수 있다. 물론 이기지는 못했지만, 그렇다고 해서 진 것도 아니다. 양쪽 군대가 끝내는 상처를 안은 채 철수했기 때문이다.

이렇게 무리하지 않고 신중히 지휘하는 것이 공명식 용병의 특징이다. 그는 돌다리도 두드리고 건너는 지휘관이었다.

제갈공명은 이와 같이 유비의 유지를 받들기 위해 10년 가까이 힘겨운 싸움을 벌이면서도 국내에서는 털끝만큼의 동요도 일어나지 않도록 하였다. 이런 정황을 삼국지에서는 "백성들이 (공명을) 두려워하면서 동시에 사랑하였다."라고 표현하고 있다.

그만큼 그는 뛰어난 지도력의 소유자였다.

그러면 그의 통솔력의 비결은 무엇인가? 먼저 삼국지의 저자 진수가 제갈공명의 정치의 특징을 요약한 말을 들어보자.

충성을 다하고 시대에 이로움을 주는 자는 원수라 할지라도 반드시 상을 준다. 법을 어기고 태만한 자는 부모라 할지라도 반드시 벌을 준다. 죄를 뉘우치고 개전改悛의 정을 보이는 자는 죄가 무겁다고 하더라도 반드시 풀어준다. 용서받은 뜻을 잊고 잔재주를 부리는 자는 죄가 가볍다고 하더라도 반드시 처형한다. 착한 일에 대해서는 아무리 하찮은 것이라고 할지라도 상을 주지 않는 적이 없고, 악한 일은 그것이 아무리 대수롭지 않은 것이라 하더라도 무시하지 않았다.

신상필벌의 원칙

공명의 지도력의 첫째 특징은 신상필벌의 원칙에 입각한 공평무사公平無私의 태도였다. 작은 나라가 큰 나라를 상대로 전쟁을 하려면 세금도 많이 거두어야 하고 많은 병력을 지속적으로 충원해야 한다. 이런 상황에서 보통의 경우라면 국민들이 불평불만을 토로하게 된다. 그러나 제갈공명은 모든 일을 사사로운 마음 없이 공평하게 처리했기 때문에 불만의 소리가 전혀 나오지 않았다. 그래서 진수는 다음과 같이 평하기도 한다. "형정刑政은 준엄했지만 원망하는 이가 없었다."

이 말에서 공명이 죄를 뉘우친 사람이나 과거에 문제가 있었더라도 현재 나라에 충성을 다하는 사람이라면 상당히 너그럽게 대하고 있는 것을 알 수 있다. 엄정한 가운데서도 따뜻한 배려가 묻어 나오고 있는 것이다.

준엄과 온정의 균형

공명은 엄격함과 온후함을 겸비한 지도자였다. 그의 이러한 면을

공평무사(公平無私)
공평하여 사사로움이 없음

가장 극적으로 보여주는 사례가 바로 저 유명한 "울면서 마속馬謖을 베다"라는 이야기다.

제갈공명은 촉나라의 국력을 총동원하여 위나라를 침공할 준비를 마친 다음 2대 황제 유선에게 아래와 같은 문장으로 시작하는 출사표出師表를 제출한다.

"선제先帝께서는 창업의 뜻을 반半도 이루시기 전에 붕어하시고, 지금 천하는 셋으로 나누어져 있습니다. 거기다가 우리 익주益州는 싸움으로 피폐해 있으니 이는 실로 나라가 흥하느냐 망하느냐가 걸린 위급한 때라 할 수 있을 것입니다."

이것은 이번 원정에 임하는 제갈공명의 남다른 결의를 잘 보여주는 명문名文 중의 명문이며, 예로부터 이 글을 읽고 울지 않는 사람은 충신이 아니라고 하는 말까지 있을 정도이다.

그러나 이 원정은 실패로 끝나고 말았다. 선봉부대의 지휘관으로 기용된 마속이 큰 실수를 했기 때문이다. 마속은 싸움터로 나갈 때 공명으로부터 면밀한 지시를 받는다. 그러나 정작 적군과 마주칠 때 마속은 산 위에 진을 치는 졸렬한 작전을 전개한다. 위군魏軍의 총사령관 장합은 상대방의 조그마한 허점도 놓치지 않는 백전노장이다. 그는 즉시 그 산을 포위하여 물과 식량의 보급이 끊기게 한 다음 지구전에 들어간다. 이대로 가만있다간 전멸할 것이라고 판단한 마속은 전군에게 산 아래로 돌진할 것을 명령한다. 그러나 이것이야말로 장합이 기다리던 순간. 기다리고 있던 위군은 마속의 군대를 철저하게 박살낸다.

참패의 책임은 오로지 마속에게 있으므로 공명은 울면서 자신이 아끼던 장수 마속의 목을 베게 한다. 뿐만 아니라 마속을 발탁한 사람은 바로 자기 자신이니 자신을 처벌해달라고 황제에게 탄원한다.

여기까지만 보면 제갈공명은 피도 눈물도 없는 냉철한 무장武將처럼 보인다. 그러나 공명은 마속을 처형하면서도 한편으로는 유족에게 종래와 똑같이 후한 대우를 해줄 것을 약속한다. 나는 이러한 준엄과 온정의 균형이 제갈공명이라는 사람의 매력이자 통솔력의 비결이라고 생각한다.

솔선수범하는 부지런함

세 번째 큰 특징은 솔선수범하는 부지런함이다. 옛날부터 중국인들이 그린 이상적인 재상의 집무 스타일은 "세세한 일에는 관여하지 말고"이다. 상세한 실무는 담당자에게 맡기고 재상은 대국적인 견지에서 세상을 보면 된다는 생각이다. 그러나 공명의 일하는 방식은 그와는 대조적이다. 그야말로 침식을 잊고 업무에 몰두하며, 세세한 장부까지 자세히 검토했다.

오장원에서 위나라의 사마중달司馬仲達과 대치하고 있을 때 공명의 심부름꾼이 중달의 진영을 방문했을 때의 이야기다. 중달이 공명의 생활방식에 대해 묻자 심부름꾼이 대답한다.

"재상님께서는 아침 일찍 일어나셔서 밤 늦게까지 업무를 보십니다. 태형笞刑 스무 대 이상의 형벌은 모두 직접 결재하십니다. 그리고 식사는 아주 조금밖에 안 하십니다."

태형 스무 대 이상의 형쩨은 기껏해야 대대장 레벨의 일이다. 총사령관인 공명이 그 정도 일까지 스스로 한다는 것은 사실 매우 특

사마의
(司馬懿, 사마 중달, 179~251)
중국 삼국시대 위(魏) 나라의 정치가이자 군략가로, 서진(西晉) 건국의 기초를 세웠다.

태형[笞刑]
중국의 《대명률(大明律)》에서 비롯된 옛 5형(五刑) 가운데 하나. 작은 곤장으로 볼기를 치며 5형 가운데 가장 가벼운 형벌로 편형(鞭刑)이라고도 한다. 죄의 경중에 따라 10대·20대·30대·40대·50대까지 5등급으로 나누어 집행하였다.

이하다. 그러나 공명은 실무는 모두 아랫사람들에게 맡기고 자신은 큰일만 챙겨도 되는 여유 있는 상황에 놓여 있지 않았다. 왜냐하면 촉이라는 나라는 작은 나라이기 때문에 인재 층이 얇아 한가로이 업무에 임할 수 없었다. 많은 일을 재상이 직접 처리해야만 했다. 또한 선대 황제 유비가 자신을 전폭적으로 신뢰하고 뒷일을 모두 맡겼다는 데서 오는 무거운 책임감이 늘 어깨를 짓눌렀다. 이러한 비상 상황에 처해 있었기 때문에 공명은 글자 그대로 침식을 잊고 분골쇄신한 것이다. 이처럼 정진하는 태도는 부하들과 백성들의 마음을 움직였고, 그들이 한층 더 분발하게 되었음은 말할 것도 없다.

청렴결백함

공명의 지도력의 또 한 가지 특징은 한 나라의 재상으로서는 드물다고 할 만큼 소박한 사생활이다. 공명은 원정에 나서기 전에 황제에게 다음과 같이 자신의 재산 상태를 보고한다.

"저는 수도에 뽕나무 800그루, 밭 4만 5000평을 갖고 있습니다. 이 정도만 있으면 자녀들이 먹고 사는 데 부족함이 없을 것입니다. 이것 외에 재산을 더 모아 폐하에게 누를 끼치는 일은 하고 있지 않습니다."

실제로 공명이 죽은 다음 조사를 해보니 과연 공개했던 재산 이외에는 아무것도 없었다고 한다. 재상 자신이 이렇게 청렴결백한 생활을 하니 그의 말이 부하들과 백성들에게 강한 설득력을 갖는 것은 지극히 당연한 일이었다.

2. 지도자론 : 장수의 유형과 책무

지금까지 뛰어난 지도력을 발휘한 제갈공명의 지도자로서의 특징을 살펴보았다. 이제부터는 그가 남긴 문집 《제갈량집諸葛亮集》에 나타난 공명 자신의 지도자론과 조직관리론을 알아보자.

공명은 먼저 장수에는 아홉 가지 유형이 있다고 말한다.

첫째는 인장仁將이다. 덕德과 예禮를 갖추고 부하들과 노고를 같이 하는 유형이다.

둘째는 의장義將이다. 왕성한 책임감을 갖고 장수로서의 의무를 다하고 자신의 이익을 돌아보지 않는 유형이다. 명예를 위해서는 죽음도 불사하고, 살아서 모욕 당하는 것을 떳떳하게 여기지 않는 인물이다.

셋째는 예장禮將이다. 예장은 높은 자리에 있어도 뽐내지 않고, 적에게 이겨도 의기양양한 표정을 짓지 않는다. 현명하면서 겸손하고, 강직하면서 참아야 할 때는 잘 참는 장수이다.

넷째는 지장智將이다. 지장은 기묘한 계략이 무궁무진한 장수이며, 어떠한 사태를 만나도 잘 대응한다. 재난을 복으로 바꾸는 능력이 있고, 위기에 처해도 곧잘 승리를 거둔다.

다섯째는 신장信將이다. 신상필벌의 원칙으로 부하들을 대하는 유형이다. 한번 약속한 것은 반드시 지키는 인물을 가리킨다.

여섯째는 보장步將이다. 보장은 군마보다 빨리 뛰고 투지로 가득차 있다. 흔히 국경의 방비를 단단히 하고 칼싸움을 잘한다.

일곱 번째는 기장騎將이다. 기장은 높은 산이나 험한 길을 아무렇

지도 않게 여기며, 말 위에서 쏘는 화살은 글자 그대로 쏜살같이 날아간다. 진격할 때는 앞장서고 후퇴할 때는 후위後衛를 맡는다.

여덟 번째는 맹장猛將이다. 맹장은 선두에 서서 전군을 호령하고 어떠한 강적을 만나도 질리지 않는다. 상대방이 강할수록 투지를 불태우는 인물이다.

마지막으로 아홉 번째가 대장大將이다. 대장은 상대방이 현명하다고 생각하면 말을 정중히 하며 공대한다. 기꺼이 충언忠言에 귀를 기울이며 너그러우면서도 강직함을 잃지 않는다. 또한 용감하고 계략도 풍부하다.

공명은 더 나아가서 장수의 그릇을 여섯 등급으로 나누고 있다.

속이 엉큼한 사람을 알아보고, 위기를 미리 알아차리고, 부하를 잘 통솔할 수 있다. 이 정도라면 십 인의 장수에 지나지 않는다.

아침 일찍부터 밤 늦게까지 군무軍務에 열중하며, 말도 매우 신중히 한다. 이 정도라면 아직 백 인의 장수에 지나지 않는다.

도리에 어긋난 일은 딱 질색이고 사려가 깊다. 또한 용감하면서 전투 의욕이 왕성하다. 이런 사람은 천 인의 장수이다.

보기만 해도 위엄이 넘치고 속은 투지로 가득 차 있다. 게다가 부하 장병들의 노고를 헤아리고 배려하는 마음씨도 갖고 있다. 이런 사람은 만 인의 장수라고 말할 수 있다.

유능한 인재를 등용함과 더불어 자신은 매일 게으름 피우지 않고 수양에 힘쓴다. 신의가 두텁고 너그러우며, 어떤 사태가 일어나도 마음이 흔들리지 않는다. 이런 사람은 10만 인의 장수라고 일컬을 수 있다.

백성을 사랑하고 신의로써 이웃나라들을 감복시킨다. 천문, 지리, 인사 등에 두루 정통하며 모든 백성이 존경하고 사모한다. 이런 인물은 천하만민의 장수다운 그릇이라고 할 수 있다.

사실 보통사람이 '십 인의 장수' '백 인의 장수' 정도의 지도력을 발휘하기도 쉬운 일이 아니다. 현실적으로는 각자가 처한 상황 및 자신의 성향에 따라 공명이 언급하고 있는 장수의 덕목 가운데 필요하다고 생각되는 것을 갖추려고 노력해야 할 것이다.

공명은 장수 또는 장수가 되려는 사람이라면 구체적으로 어떤 점에 힘을 기울여야 하는가에 대해서도 논의하고 있다. 그는 먼저 '장수의 책무'를 다음과 같이 말하고 있다.

"무릇 장수는 다섯 가지를 알고, 네 가지를 할 수 있어야 한다. 알아야 하는 것은 적의 형세, 나아갈 때와 물러날 때, 국가의 허실, 천시天時 및 사람의 일, 산천의 험준함이다. 할 수 있어야 하는 네 가지는 상대방의 의표 찌르기, 비밀을 잘 지키기, 병사들의 통제에 마음 쓰기, 전군의 마음을 하나로 모으기이다."

이 말을 현대 용어로 풀어 쓰면 다음과 같다.

알아야 하는 것:

• 적의 정황

- 진퇴의 정확한 타이밍
- 국력의 한계
- 자연현상 및 부하들의 마음
- 지형 및 지리

제갈공명은 먼저 경쟁사와 우리 회사를 정확히 파악하라고 권한다.(적의 정황, 국력의 한계, 부하들의 마음) "적을 알고 나를 알면 백 번 싸워도 위태하지 않다"라는 손자의 사상을 이어받고 있음은 물론이다. 또한 신제품 시판이나 새로운 사업 진출 또는 기존 사업의 철수 등 주요 의사결정을 할 때 타이밍의 중요성은 더 언급할 필요도 없다. 그리고 공명이 말한 자연현상과 지형 및 지리를 오늘날의 기업경영에 적용하면 시장조사의 필요성을 강조한 것이라 볼 수 있다. 재미있는 것은 공명보다 약 1300년이나 늦게 이탈리아에서 태어난 마키아벨리(1469~1527)도 그의 유명한 《군주론》 제14장에서 다음과 같이 지형·지리에 대한 지식, 즉 시장조사의 중요성을 역설하고 있다는 사실이다.

군주는 수시로 사냥하러 나감으로써 몸을 단련하고, 나라의 지형을 익혀야 한다. 즉 전국의 산, 골짜기, 평야, 강, 늪의 형세, 특성 등을 자세히 연구하고 숙지해야 한다. 그리고 이러한 일을 최대한 신중하게 해야 한다. 이렇게 해서 얻은 지식은 크게 두 가지 효용이 있다. 하나는 국토를 잘 알게 됨으로써 그것을 지키는 방도를 더 잘 세울 수 있다. 더 나아가서 자국 영토에 관한 실용적인 지식 덕분에 다른 나라의 지형을 더 잘 이해할 수 있다.

할 수 있어야 하는 것:

- 경쟁사의 허점 공격하기
- 철저한 보안관리
- 직원들과의 활발한 소통
- 비전을 제시하고 설득력 있게 전달하기

공명은 이렇게 장수의 책무를 정의하고 나서 장수가 갖추어야 할 다섯 가지 필요조건과 결격사유 여덟 가지를 열거하고 있다.

필요조건:

- 높은 절개節槪: 옳은 일을 지키어 뜻을 굽히지 않는 굳건한 마음이나 태도를 말한다. 장수가 높은 절개를 갖고 있어야만 부하들의 분발을 이끌어낼 수 있다고 본다.
- 부모에게 효도하고 형제들과 사이가 좋음
- 신의를 중시함
- 깊이 생각함
- 온 힘을 다함

결격사유:

- 옳고 그름을 판단하는 힘이 없다.
- 예의가 없다.

- 정치 능력이 없다.
- 경제력이 있어도 가난한 사람들을 구제하려고 하지 않는다.
- 지혜가 없어 만약의 사태에 대비할 능력이 없다.
- 사려 깊지 못해 극비사항이 바깥으로 새나가는 것을 방지하지 못한다.
- 본인이 영달榮達해도 옛 친구들을 천거하려고 하지 않는다.
- 싸움에 졌을 때 백성들의 비난을 받는다.

끝으로 공명은 다음과 같은 15가지 행동지침을 장수들 또는 장수가 되려고 하는 사람들에게 권하고 있다.

1) 스파이를 활용하라
2) 적의 정세를 파악하라
3) 강적이라고 하더라도 기 죽지 말아라
4) 눈앞의 이익에 흔들리지 말아라
5) 상벌을 공평하게 하라
6) 치욕을 견디어라
7) 두둑한 배짱을 가져라
8) 거짓말을 하지 말아라
9) 인재를 등용하라
10) 중상 모략에 귀를 기울이지 말아라
11) 겸손하게 행동하라
12) 병사들의 노고를 위로하라

13) 일신을 바쳐 나라를 위해 진력하라

14) 한도를 알아라

15) 자기를 알고 적을 알아라

지금까지 훌륭한 지도자였던 제갈공명의 지도자론을 훑어보았다. 그의 인품을 반영하듯 그의 글은 매우 친절하고 자상하며, 세세한 데까지 언급하고 있다. 그 중에는 물론 오늘의 관점에서 보면 적합하지 않은 부분도 없지는 않다. 하지만 그보다는 현재에도 참고로 할 만한 점이 훨씬 많지 않은가 한다.

3. 장수가 조직을 장악하려면?

장수가 조직을 장악하려면 어떻게 해야 하나? 또 조직을 활성화하려면 어떻게 해야 하나? 이에 대한 공명의 철학을 들어보자.

"무릇 장수는 반드시 심복, 이목, 그리고 수족이 있어야 한다."

지도자는 마음 놓고 믿을 수 있는 부하, 자신의 눈과 귀가 되어주는 부하, 손발처럼 움직일 수 있는 부하가 있어야 한다는 말이다. 뛰어난 부하는 뛰어난 지도자의 필수요건이라는 말인데, 다음과 같은 기준으로 사람을 뽑아야 한다고 한다.

• 심복: 두루 학문에 정통하고 우수한 두뇌를 가진 인물

• 이목: 침착하고 냉철하며 입이 무거운 인물

• 수족: 용맹하고 과감하며 적을 두려워하지 않는 인물

공명은 또 조직을 편성할 때는 꼭 참모를 두라고 권하며, 참모에는 고급, 중급, 하급의 등급이 있다고 하면서 다음과 같이 말하고 있다.

말이 막히지 않고, 변설이 뛰어나며, 지모智謀가 넘치고 모르는 것이 없는 인물이 있다. 이런 인물은 만인이 동경하는 표적이니 초빙하여 고급참모로 쓰는 것이 좋다.

그리고 곰이나 범처럼 몹시 거칠고, 암벽을 뛰어오르는 원숭이 같은 기민함이 있으며, 무쇠나 돌처럼 강하고 훌륭한 칼처럼 날카로운 인물이 있다. 이런 인물은 초빙하여 중급참모로 하는 것이 좋다.

끝으로 입이 가볍고 어쩌다가 괜찮은 말을 하기는 하지만 특별한 기능技能도 재능도 없는 평범한 인물이 있다. 이런 사람은 초빙하여 하급참모로 쓰는 것이 좋다.

또 장수가 실전부대를 편성하는 요령으로 다음과 같은 항목을 들고 있다.

1) 싸우는 것을 밥 먹는 것처럼 좋아하고 싸움터에 있는 것을 즐기며, 어떠한 강적을 만나도 침착하게 맞서는 병사들을 골라 보국부대報國部隊를 편성한다.

2) 사기가 높고 체력도 있으며 행동도 민첩하다. 이런 병사들을 골

라 돌격대를 만든다.

3) 다리가 튼튼하여 웬만한 말보다 빨리 달릴 수 있다. 이런 병사들을 골라 특별공격부대를 만든다.

4) 말 위에서 활을 잘 쏘고 백발백중의 솜씨를 자랑한다. 이런 병사들을 골라 기습부대를 편성한다.

5) 활쏘기의 명수이고, 한 발로 적의 숨통을 끊어 놓는다. 이런 병사들을 골라 사격부대를 편성한다.

6) 튼튼한 활시위를 잔뜩 당길 수 있을 만큼 힘이 세며, 더구나 멀리서 쏘아도 반드시 명중시킨다. 이런 병사들을 골라 포격부대를 편성한다.

공명은 이렇게 자세히 기술하고 나서 마지막으로 "각자의 능력에 따라 이 지침을 활용하라"는 말로 마무리하고 있다. 어느 시대에나 들어맞는 "능력본위의 적재적소 원칙"이라는 철칙을 여기서도 명시하고 있는 것이다.

공명은 이어서 이렇게 편성한 부대가 제 기능을 발휘하도록 하려면 교육과 훈련이 필요하다고 하며 이렇게 말한다.

교육과 훈련이 없으면 백을 갖고도 하나를 못 당하며, 교육·훈련을 잘 시키면 하나를 갖고 백을 당할 수 있다.

먼저 교육을 실시하면서 병사들에게 예의와 의리, 충성과 신의禮, 義, 忠, 信를 철저히 가르쳐야 한다. 그리고 군령軍令을 포고하여 상벌의 기준을 명확히 하면, 백성들은 자진해서 싸움터로 나아갈 것이다. 그런 다음에 군사훈련을 하면 명령하는 것만으로 그들을 자유자재로 움직일 수 있게 된다. 일 인이 십 인을 교육하고, 십 인이 백 인을, 백 인이 천 인을, 천 인이 일만 인을 가르친다. 그리하여 전군에 교육 내용이 전파된다. 이렇게 하면 적을 무찌를 수 있다.

해석 ——

여기서 우리는 부하의 관리 및 육성에 관한 의미 있는 시사점을 얻을 수 있다. 기술훈련을 하기 전에 먼저 일반적인 정신교육을 하라. 또 교육과 훈련은 모든 사람을 한꺼번에 모아 동시에 하기보다는 전달교육을 통한 조직 내 확산이 낫다 하는 것이다. 이 말을 현대의 사원교육에 적용하면, 전문교육을 하기 전에 사회인이자 회사의 일원으로서의 기본 교육을 반드시 실시해야 한다는 말이 된다.

장수, 즉 조직의 리더에게 있어서 부하들의 능력을 개발하고 조직의 활성화를 꾀하는 것만큼 중요한 일은 없을 것이다. 이 점에 관해 공명은 이렇게 말하고 있다.

옛날의 장수는 인재를 기르는 것을 자신의 자녀를 키우듯 했다.

즉, 부하 대하기를 나의 자식을 대하듯이 하라고 한다. 또 공명의 말은 이어진다.

옛날의 뛰어난 장수는 힘든 상황이 닥치면 스스로 선두에 서서 난국을 타개했고, 설사 공적을 세워도 그것을 부하들에게 돌렸다. 부상자는 진심으로 위로했고, 전사자는 정성을 다해 애도했다. 굶주린 병사에게는 자신의 밥을 나누어주고, 추위에 떠는 병사에게는 자신의 옷을 벗어주었다. 지혜 있는 자는 예의로써 부하로 썼고, 용맹스러운 자는 포상으로 그 공에 보답했다.

앞에서 보았다시피 제갈공명은 신상필벌의 원칙을 매우 중시했다. 그러나 그는 엄격함만으로는 부하들의 마음을 사로잡을 수 없다는 것도 잘 아는 슬기로운 사람이다. 그래서 예로부터 명장이라고 하는 인물들은 한결같이 엄격함과 온후함을 겸비한 장수들이었다는 것을 강조하고 있는 것이다. 나는 앞에서 공명 자신이 그러한 지도자였다는 사실을 언급한 바 있다. 즉 그는 부하들이 "두려워하면서도 사랑한" 지도자였다. 이것은 오로지 그의 따뜻한 배려가 부하들에게 잘 전달되었기 때문일 것이다. 여기서 공명이 말하는 "자애로운 리더십"은 손자가

손자병법에서 말하는 내용과 놀라울 정도로 닮았다.

> 병사 보기를 아이들 보듯이 하라. 그러면 그들은 기꺼이 아주 깊은 골짜기까지 따라올 것이다. 그들 보기를 사랑하는 너의 아들 보듯이 하라. 그러면 그들은 죽을 때까지 너의 편을 들 것이다. (《손자병법》 제10장 지형편)

끝으로 부하의 (잠재) 능력 및 하고 싶은 마음을 이끌어내는 공명 나름의 방법에 대해서 알아보자. 부하 장병을 다루는 노하우로 공명은 다섯 가지를 들고 있다.

1) 충분한 대우를 보장한다.

　이렇게 하면 유능한 인재들이 몰릴 것이다.

2) 예의와 신뢰로써 대접한다.

　이렇게 하면 부하들은 죽음도 불사한다.

3) 은혜를 베풀고 공평하게 법을 집행한다.

　이렇게 하면 부하들은 기꺼이 복종한다.

4) 솔선하여 일에 부딪친다.

　이렇게 하면 꽁무니를 빼는 자가 없어진다.

5) 착한 일은 아무리 하찮은 것이라 하더라도 반드시 기록으로 남기고, 공적이 있으면 아무리 작은 것이라 하더라도 상을 준다.

　이렇게 하면 부하들은 스스로 자진해서 문제 해결을 위해 나선다.

이상적인 관리 시스템이란 원래 사람을 관리하는 것이 아니라 사람이 자진해서 일을 하는 분위기 또는 정황context을 만들어내는 것이 아닌가 한다. 여기서 제갈공명이 열거한 다섯 개 항목은 관리자의 책무란 바로 그러한 정황, 즉 부하가 하고 싶은 마음을 일으키는 조직문화를 만드는 것임을 가르쳐주고 있다.

4. 용병술과 인재 판단의 기준

어느 회사가 지금까지 논의한 방법을 써서 마침내 강력한 조직을 만들었다고 하자. 그러면 이제 그런 조직을 실전에서 어떻게 움직일 것인가, 즉 병법에 있어서 용병 문제가 다음 과제가 된다. 공명은 용병술을 세 등급으로 나누어서 토의하고 있다.

1) 최선의 용병은 어려움을 미연에 방지하고, 사태가 커지기 전에 해결함을 일컫는다. 앞을 미리 내다보고 손을 써서 형벌의 규정은 있어도 그것을 실제로 적용할 필요가 없도록 일을 진척시켜 놓는 것이다.

2) 적과 맞서서 포진한 다음, 군마를 몰고 강력한 화살을 쏘며 한 발 한 발 적진에 다가간다. 이 단계에서 적은 아군의 세력에 겁을 먹고 갑자기 안절부절못한다. 이것이 중간 정도의 용병이다.

3) 가장 낮은 수준의 용병은 장수가 선두에 서서 적의 화살을 맞으며 눈앞의 승부에 혈안이 되는 것이다. 적과 아군 모두 많은

사상자를 내면서도 승패의 귀추가 명확하지 않다. 이러한 용병이 가장 어리석은 것이다.

주지하다시피 중국의 병법서는 예로부터 "싸우지 않고 이기는 것"을 최선의 방책으로 여기고 있는데, 공명의 용병론도 이 노선에서 벗어나지 않고 있다. 그러나 현실적으로는 싸우지 않을 수 없는 경우도 적지 않다. 그럴 때 조직에 있어서 가장 필요한 것은 무엇일까? 공명은 '조직의 통제'라고 말한다. 그러면서 조직이 통제되고 있는 상태를 다음과 같이 표현하고 있다.

- 평상시에는 규율이 유지되고, 전시가 되면 기대했던 대로의 전력戰力을 발휘한다.
- 진격시키면 파죽지세로 전진하며, 후퇴를 명령해도 적에게 허점을 보이지 않는다.
- 각 부대가 긴밀히 협력하고 일치단결하여 난국을 타개한다.
- 전군이 일체가 되어 행동하고 적의 분열 공작에 말려들지 않는다.
- 전의가 왕성하고 적이 맹공격해도 기세가 꺾이지 않는다.

반면 조직이 통제되지 않는 상황은 다음과 같다.

- 간부들이 서로 반목한다.
- 병사들이 명령을 듣지 않는다.

- 훌륭한 작전계획을 세워도 채택되지 않는다.
- 부하가 간부를 비난한다.
- 중상과 비방, 남의 발목을 잡는 일이 횡행한다.

이러한 사례는 오늘날 회사조직에서도 자주 눈에 띈다. 이런 현상이 심해지면 조직이 활력을 잃고 조직으로서의 기능을 발휘하지 못하게 된다. 그러면 조직을 잘 통제하는 비결은 무엇인가? 공명은 인화人和라고 단언한다.

"병사들을 쓰는 길은 사람의 화합이다. 인화가 이루어지면 그들은 권유가 없어도 스스로 싸운다."

조직 구성원들끼리 서로 화합하도록 하는 것이야말로 리더의 큰 임무이다. 그러나 어떠한 조직에도 화합을 해치는 사람은 나오기 마련이다. 공명은 다음 다섯 가지 유형의 사람을 조직의 화합을 깨는 자로 보고, 그런 사람을 조심하라고 당부하고 있다.

1) 동료들을 꾀어 파벌을 만들고, 능력 있는 사람을 비방한다.
2) 유난히 눈에 띄는 화려한 옷을 입고 다닌다.
3) 불가능한 이상론을 펴서 주위의 판단을 흐리게 한다.
4) 공적인 규율을 무시하고, 제멋대로 판단해 주위를 선동한다.
5) 득실을 계산하여 몰래 적과 내통한다.

이런 사람에 대해서는 일찍 대책을 강구하라고 공명은 충고하고 있다. 그렇다면 사람을 알아보는 능력도 지도자의 중요한 자격요건이라고 아니 할 수 없다. 그러나 공명 자신도 "사람의 성품을 알아 보는 것만큼 어려운 것은 없다"고 할 정도로 인물 감정이라는 것은 참으로 어렵다. 그래서 공명은 판단의 기준이 되는 핵심 요점으로 일곱 항목을 들고 있다.

1) 어떤 사항에 대해서 선악의 판단을 구하고, 상대방의 뜻이 어디에 있는가를 관찰한다.

2) 말로 상대방을 꼼짝 못하게 하고, 그의 태도가 어떻게 달라지는가를 관찰한다.

3) 계략에 대해서 상대방의 의견을 물어보고, 그가 어느 정도 지식을 갖고 있는가 관찰한다.

4) 힘든 사태에 부딪혀보게 하고, 상대방의 용기를 관찰한다.

5) 술에 취하게 하고, 상대방의 본성을 관찰한다.

6) 이익으로 유혹한 다음 상대방이 얼마나 청렴한가를 관찰한다.

7) 일을 맡겨보고, 지시한 대로 해내는가의 여부에 따라 상대방을 얼마만큼 믿을 수 있는지 판단한다.

이만하면 꽤 꼼꼼한 관찰법이라 하지 않을 수 없다. '말로 꼼짝 못하게 하고 반응을 본다', '술에 취하게 하고 그 본성을 본다', '일을 포기하는가 안 하는가를 본다' 등은 얄미울 정도이다. 이런 상사 밑에서 일하는 부하는 속임수가 통하지 않아 힘들겠지만, 평소 겉과 속이 다르지 않은 신실하고 청렴한 사람은 겁먹거나 주눅들 이유가 전혀 없을 것이다.

율리우스 카이사르[1]

"지나친 관대는 오히려 조직에 해롭다."

1
이 장(章)에 나오는 로마시대 인물들의 발언은 2004년에 출간된 Caesar(2004)의 《The Gallic War》와 일본작가
鹽野七生(시오노 나나미)의 《ローマ人の物語(로마인 이야기)》 II, III, IV, V권에서 뽑았음.

율리우스 카이사르
Julius Caesar

고대 로마의 정치가, 장군, 작가이다. 그는 로마 공화정이 제정으로 변화하는 데 중요한 역할을 하였다.

정치적으로 카이사르는 민중파의 노선에 섰다. 기원전 60년대 말에서 50년대에 이르기까지 그는 마르쿠스 리키니우스 크라수스, 그나이우스 폼페이우스 마그누스와 소위 제1차 삼두 정치라는 초법적 정치 연대를 이루어 수년간 로마 정계를 장악하였다. 이들 파벌은 자신들끼리 권력을 분점하고자 하여, 원로원 내에서 마르쿠스 포르키우스 카토(小 카토), 마르쿠스 칼푸르니우스 비불루스 등 벌족파의 반대를 받았으며, 마르쿠스 툴리우스 키케로도 이에 가세하기도 하였다. 카이사르는 갈리아를 정복하여 로마 제국의 영토를 북해까지 넓혔으며, 기원전 55년에는 로마인 처음으로 브리타니아 침공을 감행하였다. 이러한 공훈 덕분에 카이사르는 강력한 세력가로 입지를 굳혀 폼페이우스를 위협하게 되었으며, 카라이 전투에서 크라수스가 전사하면서 삼두정의 두 정치가 사이에 긴장이 높아졌다. 이렇듯 로마 정계가 재편되면서 카이사르와 폼페이우스는 서로 대치하게 되었으며, 폼페이우스는 원로원의 대의를 내세웠다. 카이사르는 자신의 군단으로 하여금 루비콘 강을 건너게 하는 결단을 내려 기원전 49년에 내전이 일어났으며, 그 결과 카이사르는 로마 세계에서 무소불위의 권력자로 등극하였다.

정권을 장악한 뒤 그는 로마의 사회와 정치에 광범위한 개혁을 실시하였다. 그는 공화정의 귀족 정치를 고도로 중앙집권화하였으며, 급기야 종신 독재관으로 선언하였다. 기원전 44년 3월의 열닷새에 마르쿠스 유니우스 브루투스가 이끄는 일군의 원로원 의원들이 공화정을 복고하고자 카이사르를 살해하였다. 카이사르가 죽고 난 후 기원전 42년에 원로원은 카이사르를 공식적으로 로마의 신으로 축성하였다.

1. 결단의 리더십, 주사위는 던져졌다

기원전 49년 1월 12일 아침. 8년 동안이나 계속된 갈리아 전쟁에서 갈리아를 평정하고 게르만족을 몰아내 지대한 공훈을 세운 로마의 영웅 율리우스 카이사르Julius Caesar(기원전 100~기원전 44)는 로마 본국과 키살피나 속주의 경계인 루비콘 강 앞에 도착한다. 그는 흐르는 강물을 내려다보면서 한동안 말없이 강가에 우뚝 서 있었다. 그를 따르는 병사들도 말없이 총사령관의 등을 바라보았다. 카이사르와 7년간 갈리아 전쟁을 함께 치른 제13군단 병사들이었다. 드디어 뒤를 돌아본 카이사르는 가까이에 있는 참모들에게 말한다.

"이미 엎질러진 물이다. 이 강을 건너면 인간 세계가 비참해지고, 건너지 않으면 내가 파멸한다."

그러고는 자신을 쳐다보는 병사들에게 망설임을 떨쳐버리듯 큰 소리로 외친다.

"나아가자! 신들이 기다리는 곳으로, 우리의 명예를 더럽힌 적이 기다리는 곳으로! 주사위는 던져졌다."

"장군의 뒤를 따르자!"

병사들도 일제히 우렁찬 함성으로 응답한다. 그러고는 앞장서서 말을 달리는 카이사르를 따라 한 덩어리가 되어 루비콘 강을 건넌다.

이렇게 해서 율리우스 카이사르는 삶의 가장 결정적인 전기轉機인 '루비콘 도강'을 결행한다. 일생일대의 중대한 결단의 직접적인 계기는 닷새 전에 있었던 원로원의 최종 권고였다. 기원전 49년 1월

7일 로마의 원로원은 '갈리아 총독 카이사르의 로마 소환'을 골자로 하는 '원로원 최종 권고'를 결의한 것이다. 말하자면 카이사르에 대한 최후통첩이었으며, 만일 이 결정에 따르지 않으면 그는 반역자로 규정되어 재판도 받지 못하고 사형당하는 운명이 되고 마는 것이다.

카이사르와 원로원은 왜 이렇게까지 대립하게 되었을까? 원로원과 카이사르가 지향하는 바가 크게 달랐기 때문이다.

원로원파: 원로원 주도의 소수 지도체제인 공화정을 견지하는 것이 목표다. 따라서 현 체제를 타도하고 새로운 질서를 수립하겠다는 의도를 명확히 한 카이사르를 무슨 수를 써서라도 실각시키기로 결심한 것이다.

카이사르: 기원전 6세기 이후 계속된 공화정 체제는 초강대국이 된 기원전 1세기의 로마 현실에는 적합하지 않으므로, 그것을 대신할 새로운 질서를 수립해야 할 필요성을 통감했다. 그래서 그는 갈리아 전쟁에서 얻은 명성을 바탕으로 집정관에 당선되어 현 체제 안에서 개혁을 추진하는 길을 택한 것이다.

양쪽 사이에 이렇게 근본적인 차이점이 있었으므로 카이사르와 원로원의 충돌은 그야말로 '통치체제를 건 투쟁'이었던 것이다. 그럼에도 불구하고 카이사르가 루비콘 강을 건너는 결정을 내리기는 쉽지 않았다. 우선 루비콘 강을 건너 로마 본국에까지 쳐들어가는 것은 완전한 국법 위반이 된다. 카이사르는 그때까지 국법을 어긴 적이 없었으며 합법적으로 개혁을 추진할 수 있는 희망이 조금이라도 있으면 어느 정도 희생이 있더라도 그 길을 택할 생각이었다.

또한 국법을 어기면서까지 루비콘 강을 건넜을 때 일어날 결과나 여파를 생각하면 망설이지 않을 수 없었다. 강을 건너면 내전이 일어날 건 뻔한 일이고, 카이사르는 청소년 시절에 두 번이나 로마인끼리 싸우는 내전의 비극을 경험한 바 있다.

한 번은 그가 열세 살 되던 해인 기원전 87년에 일어난 일로 민중파의 거두 마리우스Marius에 의한 대대적인 살육이었다. 이때 현직 집정관을 비롯한 원로원 의원 50명과 경제인 약 1천 명이 닷새 동안에 살해되었다고 한다.

두 번째는 18세 때였던 기원전 82년에 있었던 일로 술라Sulla에 의한 철저한 민중파 숙청이었다. 술라가 직접 작성한 '살생부'에는 무려 4,700명의 이름이 올라 있었다. 이들 대다수가 재판도 받지 못한 채 살해되고 재산을 몰수당했다. 겨우 목숨을 건진 자들도 재산 몰수는 면치 못했다. 그리고 자손에 이르기까지 공직에서 추방당했다. 살해된 자들의 목이 시내 광장 연단에 넘쳐흘렀다.

카이사르는 피비린내 나는 내전의 결과 생겨나는 앙심과 원한, 증오가 공동체에 얼마나 큰 불이익이 되는지, 따라서 그런 사태를 되도록 피해야 한다는 것을 누구보다도 잘 알고 있었다.

그러나 카이사르는 평생 동안 자신의 신념에 충실하게 사는 것을 지향한 사나이이기도 했다. 그의 신념은 로마 국가체제의 개조이고, 로마에 새로운 질서를 수립하는 것이었다. 루비콘 강을 건너지 않으면, 즉 '원로원 최종 권고'에 굴복하면 내전은 피할 수 있겠지만, 새로운 질서 수립은 꿈으로 끝나게 된다. 그래서는 지금까지 50년을 살아온 보람이 없다. 보람 없는 인생을 살았다고 인정하는 것은 그의 자존심이 용납하지 않았다. 게다가 명예는 이미 더럽혀졌다. 갈리아 전쟁 따위는 아예 없었던 것처럼, '원로원 최종 권고'에 복종하지 않으면 역적으로 규정하겠다는 원로원의 선언으로 그의 명예는 이미 충분히 더럽혀졌다. 오랜 고민 끝에 카이사르는 결국 신념과 명예를 택하기로 마음을 굳히고 루비콘 강을 건넌 것이다.

카이사르의 이 결단이 그 후 그의 삶은 말할 것도 없고 로마사에 결정적인 영향을 미친 것은 우리가 이미 잘 알고 있는 바다. 여기서 카이사르가 이 결정을 내릴 때의 배경을 자세히 이야기한 까닭은 리더의 큰 결단이 갖는 공통점을 부각시키기 위해서다.

리더가 내리는 결단의 결과는 그 자신과 그가 이끄는 집단에 크나큰 위험을 수반하기 때문에 리더 개인으로서는 무척 어려운 결단일 수밖에 없다.

실제로 크나큰 결단의 순간 앞에서 결국은 결정을 포기하는 리더가 적지 않다. 즉 결단의 어려움은 리더의 그릇의 크기 또는 한계를 드러내주는 구실도 한다.

리더가 어떤 결단을 내리느냐는 그 이후 그의 삶 및 그가 이끄는 집단의 운명에 결정적인 영향을 미친다. 따라서 현명한 결단을 내릴 수 있는 능력은 훌륭한 리더가 갖추어야 하는 아주 중요한 덕목이다.

그러면 힘들지만 현명한 결단을 내린 지도자를 더 살펴보자.

호암 이병철과 삼성의 반도체사업

1980년부터 반도체에 관심을 갖기 시작한 삼성그룹 창업자 호암 <u>이병철</u>은 미국과 일본의 반도체 전문가들을 수도 없이 만났다. 국내 전자산업 전문가들을 초청해 그들의 의견도 경청했다. 또한 일본과 미국에서 나온 관련자료를 닥치는 대로 구해서 읽었으며, 1982년에는 반도체산업의 본고장인 미국을 방문하여 미국 유수 기업들의 생산현장을 돌아보았다. 그곳에서 그는 '반도체 진출은 늦을수록 뒤진다'는 생각을 굳힌다. 결단의 순간이 가까워진 것이다.

1983년 2월 6일 밤, 도쿄의 오쿠라 호텔 505호. 호암은 밤새도록 반도체사업에 대해 생각에 생각을 거듭한다. 이윽고 새벽이 되자 중앙일보 홍진기 회장에게 전화를 건다. 그에게 3월 15일을 기하여 삼성이 반도체 및 컴퓨터 산업에 뛰어든다는 것을 대내외에 공식적으로 알리라고 지시한다.

그 후 삼성은 각고의 노력 끝에 이듬해인 1984년에 64KD램을 내놓는다. 그러나 그 해부터 적자가 늘기 시작하더니 1987년까지 적자경영이 계속되어 1984년 이래 누적적자가 무려 1천159억 원에 이르렀다. 당시 1천억 원은 보통 큰돈이 아니다. 그러나 호암은 삼성반도체통신이 천문학적인 개발 투자를 계속할 수 있도록 모든 지원을 아끼지 않았다.

그러던 어느 날 호암은 반도체관련 직원들에게 점심을 같이하자고 연락했다. 식사 중에 반도체 얘기가 자연스럽게 나왔다. 누적적자가 1천200억 원에 가깝다는 것과 1메가D램의 공장 착공을 당장하지 않으면 출하 경쟁에서 뒤질 것이라는 이야기 등등. 그러자 호암이 단호하게 말했다.

"64K, 256KD램을 시장에 늦게 도입해 큰 고생을 했는데 1메가D램 공장 착공이 늦어지면 어떻게 하나? 내일 아침에 착공식을 합시다. 내가 기흥공장으로 가겠네."

이렇게 해서 1메가D램의 시장 출하는 선진국보다 조금 늦기는 했지만 큰 차이는 없게 되었다.

그 후 삼성반도체통신은 1988년에 1천649억 원의 이익을 내고 꾸준히 성장하여, 1995년에는 무려 2조5천억 원의 이익을 올리기에 이르렀다.

이렇게 호암은 스스로가 내린 결정을 시행하는 과정에서 회사가 어려움에 처해 있어도 의지를 꿋꿋이 관철시켜 나갔다.

트루먼 대통령과 원자폭탄, 한국전쟁, 맥아더

1945년 4월 12일 나치 독일의 패망을 눈앞에 두고 미국의 프랭클린 루스벨트Franklin D. Roosevelt 대통령이 갑자기 사망한다. 그리하여 당시 부통령이던 해리 트루먼Harry S. Truman이 졸지에 미국의 제33대 대통령으로 취임하게 된다. 취임 후 한 달도 채 지나지 않은 5월 8일 나치 독일이 무조건 항복함으로써 1939년 9월 1일에 시작된 끔찍한 전쟁이 드디어 막을 내린다.

이제 남은 일은 일본의 항복을 받는 것이다. 사실 이 단계에서 일

해리 트루먼
(Harry Shippe Truman, 1884~1972)
미국 제33대 대통령. 각종 위원회 위원과 국방계획조사 특별위원회 위원장을 지내고 부통령을 거쳐 대통령이 되었다. 반소·반공을 내세운 트루먼독트린으로 2차 세계대전 후의 국제정치의 방향을 결정하였고 6·25전쟁으로 인한 한국 파병에 이르기까지 내정·외교를 지도하였다.

본이 항복하는 것은 이미 시간문제였다. 그러나 괌, 사이판, 이오지마, 오키나와 등에서 보여준 일본군의 결사항전은 미군에게 엄청난 인명 피해를 입히고 있었다. 따라서 미군이 일본 본토에 상륙하여 본토 점령작전을 벌인다면 막대한 희생을 치러야 할 것임은 불을 보듯 명확하였다. 그러던 중 트루먼은 포츠담회담이 시작되기 직전인 7월 16일 원자폭탄 실험 성공 소식을 듣는다. 이제 트루먼은 원폭을 일본에 투하할 수 있다는 대안을 하나 더 갖게 된 것이다.

트루먼과 각료들은 원자폭탄의 성능을 완전히 이해하지 못한 상태에서 수많은 무고한 민간인을 죽이게 될 이 폭탄의 사용여부를 결정해야 했다. 트루먼은 소련의 참전 가능성, 종전 후의 세계질서, 국내 여론 등 여러 요소를 고려해야 했다. 그러나 근본적으로는 두 대안 중 하나를 고르는 것이었다. 단 한 번 사용으로 수십만의 죄 없는 생명을 빼앗으면서까지 이것을 써야 하느냐, 아니면 더 큰 희생을 각오하고 본토 상륙을 감행할 것이냐?

트루먼은 미군의 희생을 줄이고 종전을 앞당기기 위해[2] 전자를 택한다. 그 결과 8월 6일에 히로시마, 8월 9일에는 나가사키에 원자폭탄이 떨어졌고, 이어서 일본은 8월 15일에 항복했다. 이로써 트루먼이 기대했던 대로 (원폭 덕분에) 태평양 전쟁은 일찍 끝나게 된다.

1950년 6월 25일 북한군이 38선 전역에 걸쳐 신생 대한민국을 공격함으로써 비극적인 한국전쟁이 시작된다. 병력과 장비 면에서 절대 열세였던 국군은 처음부터 밀릴 수밖에 없었다. 트루먼은 북

---

[2] 미국은 특히 원폭을 써서 소련이 참전하기 전에 전쟁을 끝내고자 했다. 즉 소련의 팽창을 막고 그들에게 주도권을 빼앗기지 않으려는 것이 원폭 투하의 주요 동기였다.

한군의 남한 공격을 공산진영의 공산주의 확산 계획으로 보고, 즉각 한국전쟁에 개입하는 결정을 내린다. 그는 6월 27일 자신의 이러한 뜻이 담긴 성명을 발표하고 유엔의 이름으로 미군을 파병하기로 하였으며, 더글러스 맥아더Douglas MacArthur 장군을 유엔군 총사령관으로 임명한다(그의 신속한 결단으로 대한민국은 국가로서 생존할 수 있었으며, 그 후 한국은 세계 15위권의 경제대국으로 성장하게 된다).

인기 없는 한국전쟁이 한창이던 1951년 4월 9일, 낮은 지지도로 고전하고 있던 트루먼 대통령은 또 하나의 인기 없는 결정을 내림으로써 미국인들을 경악하게 만든다. 수많은 미국인이 영웅으로 추앙하는 더글러스 맥아더 장군을 전격적으로 해임한 것이다. 그러자 트루먼의 인기는 곤두박질쳤으며, 일부 야당의원들은 대통령 탄핵을 거론하기까지 했다. 이처럼 트루먼은 개인적으로 큰 위험을 무릅쓰고 힘든 결단을 내린 것이다. 그 까닭은 무엇인가? 한마디로 말해 힘 있고 존경받지만 대통령의 명령에 복종하지 않는 장군을 해임함으로써 '민간에 의한 군부의 통제'를 확실히 하기 위해서였다.

1950년 가을 유엔군 참전으로 전세가 뒤바뀌면서 유엔군이 압록강까지 북상하자, 중국은 북한을 구하기 위해 한국전쟁에 개입한다. 트루먼은 공산군의 침략으로부터 남한을 보호하려는 의지는 강했으나, 전쟁이 확대되는 것은 원하지 않았다. 그러나 유엔군 총사령관 맥아더는 중국과 본격적으로 싸워야 한다고 확신했고, 그러한 자신의 생각을 공공연히 발표하곤 했다. 트루먼은 맥아더의 이러한 행동을 도저히 묵과할 수 없었던 것이다. 영웅 맥아더의 갑작스런 해임은 트루먼에게 정치적으로 적지 않은 타격을 주었다. 하지만 그의 결단 덕분에 한국전쟁은 더 큰 국제전쟁으로 이어지지 않았다. 또 군부가 민간에 도전하는 일도 더 이상 일어나지 않았다.

헬무트 콜과 독일의 재통일

1989년 11월 9일 저녁 독일 분단의 상징이었던 베를린 장벽이 드디어 무너진다. 그것은 자유를 갈망하는 동독 시민들의 민주화 운동의 소중한 결실이었다. 그러나 이 시점에서 독일이 통일될 것이라는 보장은 전혀 없었다. 독일 통일은 절대로 독일 스스로의 힘만으로는 이룩할 수 없고, 이해 당사국 특히 미국과 소련이 동의해야만 가능한 것이었다. 더구나 당시의 동독 수상 한스 모드로우 Hans Modrow는 조약공동체 treaty community라는 괴상한 개념으로 통일을 회피하려 하였다. 그리고 영국과 프랑스는 결코 독일의 재통일을 원하지 않았다.

이런 상황에서 서독 수상 헬무트 콜 Helmut Kohl은 공세를 취함으로써 여론을 형성하고 통일의 불씨를 지피기로 결심한다. 그리하여 그는 11월 29일 과감하게 통일을 향한 로드맵을 담은 '10개 강령'을 발표한다. 이 강령은 독일이 너무 앞서나간다고 믿는 유럽 각국의 최고지도자들은 말할 것도 없고 소련의 고르바초프 Gorbatschow도 반대할 정도로 그 내용이 획기적이었다. 그러나 10개 강령은 곧 동독 시민들을 묶는 구심점이 되었고, 그 결과 동독의 붕괴 과정은 가속화되었다. 즉 이것으로 콜은 통일문제의 주도권을 잡게 된다.

헬무트 콜
(Helmut Kohl, 1930~)
독일의 정치가로 라인란트파르츠주의 주지사, 독일기독교민주동맹 총재 등을 지내고 중도우파 연립내각의 총리가 되어 독일통일을 이룩하였다.

미하일 고르바초프
(Mikhail Sergeyevich Gorbachyev, 1931~)
소련의 정치가·초대 대통령(재임 1990.3~1991.12). 페레스트로이카(개혁)를 추진하여 소련 국내에서의 개혁과 개방뿐만 아니라, 동유럽의 민주화 개혁 등 세계질서에도 큰 변혁을 가져왔다. 공산당을 해체, 소련의 공산 통치사에 종막을 고했다.

미국의 조지 부시George Bush 대통령은 처음부터 독일인들의 민족 자결권을 인정했고, 이듬해 2월 10일 드디어 고르바초프도 모스크바에 온 헬무트 콜 수상과 서독 외상 한스 디트리히 겐셔Hans-Dietrich Genscher에게 독일 통일을 용인한다는 뜻을 전달한다.

그 후 여러 과정을 거쳐 드디어 1990년 10월 3일 독일은 45년 만에 다시 하나가 된다. 이 힘들고 복잡한 과정에서 콜 수상의 결단이 결정적인 동력을 제공한 것이다.

상징적인 행동에 의한 결단의 리더십

뛰어난 리더는 지금까지 살펴본 바와 같은 명시적인 결단 외에 상징적인 행동으로 결단의 리더십을 보여주기도 한다. 또한 이러한 행동은 대체로 리더로서의 진면목을 보여주는 때가 많다. 다음 사례를 보자.

명장 스키피오와 미녀

기원전 210년 로마는 카르타고의 명장 한니발Hannibal의 군대와 한창 제2차 포에니 전쟁을 치르고 있었다. 로마는 당시 한니발 군대의 배후지背後地이자 로마군이 고전하고 있던 에스파냐 전선에 25세의 젊고 유능한 스키피오Scipio를 사령관으로 파견한다. 스키피오가 에스파냐에 도착하자마자 한 일은 패배감에 젖어 있던 병사들의 사기를 북돋우는 것이었다. 스키피오는 병사들을 모아놓고, 이제까지의 일은 이미 지나간 과거이고 모든 것은 오늘부터 새로 시작된다고 선언한다. 또 비록 나이는 젊지만 자기는 바다의 신 포세이돈의 후원을 받고 있다고도 말한다. 그리고 나서 에스파냐의 모든 지방에서 정보를 수집한다.

이러한 준비 과정을 거친 다음 스키피오는 이듬해인 기원전 209년 3월 행동을 개시한다. 첫 목표는 적의 본거지인 카르타헤나. 삼면이 바다로 둘러싸인 이 요새를 스키피오는 멋진 기습작전으로 단 하루 만에 함락해버린다. 카르타헤나를 점령한 스키피오는 에스파냐의 카르타고인이 취한 방식과는 반대로 온정주의 노선을 택한다. 그래서 그는 주민들을 모두 모이게 한 다음, 여자와 아이들은 즉시 집으로 돌려보낸다. 몸값도 요구하지 않고 노예로 삼지도 않자 사람들은 모두 감격한다. 또한 남자들 가운데서도 노약자한테는 즉시 귀가를 허락한다. 이러한 스키피오의 관대한 조치에 고마움을 느낀 현지의 원로들이 유난히 아름다운 아가씨를 하나 바치고 싶다고 제의한다. 이미 약혼자가 있는 처녀였다. 그러자 젊고 잘생긴 이 승리자는 웃으면서 이렇게 대답한다.

"개인적으로는 이렇게 기쁜 선물이 없지만, 전쟁을 하고 있는 사령관으로서는 이렇게 곤란한 선물도 없소이다."

이렇게 말한 뒤, 그는 아가씨를 약혼자에게 돌려보낸다.

60세 노인이 그렇게 말했다면 별문제지만, 팔팔한 20대 장군의 말이었기 때문에 그의 말과 행동의 효과는 더욱 컸을 것임에 틀림없다. 스키피오의 이와 같은 상징적 행동에서 우리는 다음과 같은 사실을 알 수 있다.

• 그는 자제할 줄 아는 지도자이다.

- 그는 작은 것을 탐내다가 큰 것을 잃는 사람이 아니다.
- 그는 민심을 잃는 어떠한 행위도 하지 않는다.
- 그는 일의 경중을 가릴 수 있는 지도자이다.

아데나워의 대담한 행동

1949년 9월 21일 신생 독일연방공화국, 즉 서독의 초대 수상 콘라트 아데나워Konrad Adenauer는 그의 첫 내각 각료들을 데리고 연합군 최고위원회가 있는 본Bonn 근교의 페테스베르크Petersberg를 방문한다. 각료들을 세 명의 최고위원들에게 소개하기 위해서다. 이 자리에서 그는 보라는 듯이 당당하게 최고위원들만 밟게 되어 있는 양탄자를 밟고 입장하였다. 아데나워는 이러한 상징적인 결단을 통해 신생국 서독이 이제는 연합국 세 나라(미국, 영국, 프랑스)와 동등한 지위에 있다는 것을 과시한 것이다.

1952년 3월 10일 소련의 스탈린은 당시 외상 직무대행이었던 안드레이 그로미코Andrej Gromyko를 통해 모스크바 주재 미국, 영국, 프랑스 대사들에게 획기적인 내용이 담긴 각서를 보낸다. 그것은 독일 통일을 위한 협상을 하자는 것이었다. 스탈린이 내세운 조건 가운데 가장 중요한 것은 통일된 독일이 어느 진영과도 동맹을 맺지 않는 것이었다. 그 후 이 제안과 관련하여 서방진영과 소련은 몇 차례 각서를 주고 받았으나 결국 아무런 진전이 없었다. 그것은 스탈린의 제안이 서독을 서방진영에 묶어놓으려는 미국·영국·프랑스의 기본 정책과 정면으로 충돌하는 것이었기 때문이다.

아데나워 서독 수상은 스탈린 각서가 서독의 서방 편입을 막으려는 소련의 술책에 지나지 않는다고 처음부터 결론을 내리고, 추호도 동요하지 않았다. 만일 서독이 소련의 이와 같은 거짓 제스처에 조금이라도 관심을 보이면, 그 동안 애써 쌓아놓은 서방과의 신뢰 관계가 흔들릴 것이라고 그는 확신했다. 그는 "아무도 서방과 서독 사이를 갈라놓을 수 없다."고 여러 차례 공언했다. 서독은 이 문제에 관한 한 당사국이 아니었으므로, 아데나워의 이런 발언은 상징적인 의미밖에 없었다고 볼 수 있다. 그럼에도 불구하고 아데나워의 상징적이지만 단호한 태도는 서방국가들이 소련의 평화공세에 적절히 대응하는 데 적지 않은 도움을 주었다. 뿐만 아니라 아데나워는 서방국가들에게 더욱더 믿음직한 동반자로 비추어졌으며, 서독의 서방편입은 한층 더 확실한 것으로 되었다.

지금까지 리더의 현명한 결단이 얼마나 중요한가를 몇 개의 사례를 통해 살펴보았다. 반면에 결단의 순간에 리더가 잘못 판단하거나 아예 결정을 포기함으로써 그가 이끄는 집단이 파국을 맞이한 예도 적지 않다. 결정적인 순간에 함량 미달의 지도자를 갖고 있는 집단은 비극적인 종말을 맞이하게 마련이다. 다음 사례를 보자.

파울루스 장군과 스탈린그라드 공방전

제2차 세계대전이 한창이던 1942년 8월 23일 나치 독일의 <u>프리드리히 파울루스</u>Friedrich Paulus 장군이 이끄는 독일 제6군은 소련 남부 볼가Volga 강 유역에 있는 스탈린그라드Stalingrad를 공격하기

<u>프리드리히 빌헬름 에른스트 파울루스</u>
(Friedrich Wilhelm Ernst Paulus, 1890~1957년)
제2차 세계대전에 활약한 독일의 군인. 바르바로사 작전 이후 발터 폰 라이헤나우 지휘의 제6군의 참모장으로 일했다. 스탈린그라드 전투에서 소련군의 완강한 저항으로 시가전을 벌이던 중 소련군에 역포위되어 2개월간 추위와 기아 속에서 농성하다가 결국 항복하였다. 항복하기 직전 히틀러에 의해 원수로 승진하였다. 이는 자살하라는 무언의 암시였다. 후에 비겁하게 포로가 되느니 자결해야 했다는 히틀러의 말을 전해듣고, 그는 "보헤미아의 상병(히틀러의 최종 군계급이 상병이었다)을 위해서 죽을 수는 없지"라고 응수했다고 한다.

시작한다. 10월 말까지 독일군은 이 도시의 약 2/3를 점령했지만 소련군은 여전히 완강한 저항을 계속한다. 이렇게 치열한 시가전이 여전히 전개되고 있던 어느 날, 11월 19일에 소련군은 스탈린그라드의 북쪽에서, 그 이튿날은 남쪽에서 대대적인 공세를 취한다. 이 작전은 대성공이었으며 사흘 만에 독일군은 완전 포위되고 만다.

히틀러는 호트Hoth 장군에게 파울루스의 군대를 구하라고 명령한다. 호트의 군대는 용감하게 진격하여 스탈린그라드와 약 30km 떨어진 지점까지 도달한다. 이 시점에서 파울루스는 과감하게 포위망을 돌파하여 호트의 군대와 합류하라는 명령을 내릴 수 있었고, 또 많은 사람들이 그것을 권했다. 그러나 그는 스탈린그라드를 사수하라는 히틀러의 명령을 끝내 거스르지 못하고 결단을 포기함으로써 부하들을 파멸로 몰아넣고 만다. 유약한 지도자의 잘못된 결정으로 말미암아 포위망에 갇혔던 25만 병사들은 살아남을 수 있는 마지막 기회를 놓친 것이다. 이들 가운데 약 3만 명만 비행기로 빠져나올 수 있었고, 약 10만 명이 포로로 잡혔으며, 나머지는 모두 전사했다.

지금까지 살펴본 여러 사례를 통해 우리는 리더가 i)적절한 시점에 ii)단호하게 iii)지혜로운 결단을 내리는 것이 얼마나 힘들고, 또 얼마나 그 자신과 그가 이끄는 집단에 크나큰 영향을 미치는지 새삼 깨닫게 되었다. 그렇기 때문에 결단력 있는 지도자 카이사르의 모습이 더욱 돋보이는 것이다.

2. 관대함은 깊은 감동을 준다

카이사르의 행적을 읽다보면 가장 감동적으로 다가오는 부분이 바로 그의 관대함이다.

카이사르의 관대함이 가장 극적으로 부각되는 때는 그가 로마 세계의 최고 실력자가 된 기원전 46년이다. 기원전 49년 1월 12일 루비콘 강을 건넘으로써 시작된 원로원파 및 폼페이우스와의 내전은 아프리카의 탑수스에서 승리하면서 기원전 46년 4월에 끝난다. 카이사르는 이 싸움을 끝내고 아직 한번도 가보지 못한 사르데냐 섬과 코르시카 섬을 둘러본 다음 7월 25일에 로마에 돌아온다. 그는 귀국한 지 불과 열흘 만에 네 차례로 나누어 아주 멋지고 화려한 개선식을 거행한다. 이제 절대권력을 손에 넣은 카이사르는 자신의 생각을 마음껏 펼칠 수 있게 된 것이다. 이 시점에서 카이사르는 그가 수립하고자 하는 새 질서의 표어로 '관용'을 내걸었다. 개선식 때 배포된 기념 은화의 한쪽 면에는 '관용'이라는 글자가 새겨져 있다. 카이사르는 기회 있을 때마다 "나는 술라와는 다르다."고 공언하곤 했다.

반대파를 처단하기 위한 '살생부' 작성을 거부하고, 망명한 사람도 원하면 귀국을 허락하고, 그의 의중을 헤아리지 못하고 폼페이우스파 사람들의 재산을 몰수한 안토니우스에게는 그 재산을 반환하도록 시켰다. 포로 로마노의 연단에 폼페이우스파 사람들의 목이 효수되는 일도 없었다. 귀국과 복직을 원한 사람 가운데 카이사르의 허락을 받지 못한 사람은 하나도 없었다. '원로원 최종 권고'를 발동하여 카이사르를 반역자로 규정한 전직 집정관 마르켈루스의 귀국도 허락했다. 카이사르가 원한 것은 적도 동지도 없이 일치단결하여 국가 로마의 재생을 위해 애쓰는 것이었다.

카이사르는 또한 원로원의 정원을 600명에서 900명으로 늘리고, 속주 출신의 로마 시민 및 갈리아의 부족장들한테도 원로원 의석을 제공했다. 이런 조치는 패배자를 동화시키는 오랜 전통을 갖고 있는 로마인조차 놀라게 했다. 인도를 비롯한 영국 식민지 대표가 대영제국 의회의 의원이 되고, 베트남이나 알제리아 같은 프랑스 식민지의 대표가 프랑스 의회에 진출하는 일은 상상할 수 없었다는 것을 생각하면, 이것은 그야말로 개방성의 극치라고 할 수 있다.

또한 카이사르가 폼페이우스파와의 내전 기간 중에 보여준 너그러운 태도는 참으로 인상적이다. 그는 우선 점령지에서 잡힌 폼페이우스파 요인들과 그 가족들을 그대로 풀어준다. 이런 사실은 많은 사람들에게 강한 인상을 준다. 그래서 심지어는 카이사르의 정적政敵인 키케로Cicero조차 카이사르에게 편지를 보내 그 관대한 조치를 칭찬한다. 카이사르는 행군 중인데도 키케로에게 답장을 보냈는데, 그 내용의 일부를 소개하면 다음과 같다.

"내가 석방한 사람들이 다시 나한테 칼을 들이댄다 해도, 그런 일로 마음을 어지럽히고 싶지는 않소. 내가 무엇보다도 나 자신에게 요구하는 것은 내 생각에 충실하게 사는 것이오. 따라서 남들도 자기 생각에 충실하게 사는 것이 당연하다고 생각하오."

카이사르의 깊고 너그러운 마음씨가 구구절절이 느껴진다. 뿐만 아니라 그는 원로원파의 거두인 키케로를 넉넉한 마음으로 포용했으며, 반대파에 대한 보복을 엄격히 금지했다. 구체적으로 카이사르는 전쟁포로를 비롯한 폼페이우스파 사람들에게 거취를 선택할 수 있는 자유를 주었고 그들의 재산을 몰수하지 않았으며, 공직에서 추방하지도 않았다. 또한 카이사르파 사람들과 마찬가지로 공직에 앉을 기회까지 평등하게 보장했다. 다만 공직에 앉고자 하는 옛 폼페이우스파 사람들에게는 카이사르에 대한 복종을 요구했다. 그리고 북아프리카의 우티카에서 정적인 카토가 항복을 거부하고 자살했을 때도, 카이사르는 그곳에 있던 카토의 아들과 딸, 그리고 폼페이우스의 딸과 손자들의 안전을 보장했다. 이런 성격의 카이사르인 만큼 그가 부하 병사들의 약탈을 허용하지 않았음은 두말할 나위도 없다.[3]

카이사르가 보여준 너그러움은 얼마든지 더 나열할 수 있다. 그만큼 그는 넉넉한 마음의 소유자였다. 그래서 그는 많은 사람들에게 깊은 감명을 주었고 큰 존경심을 불러일으켰다. 그러나 관대는 이중성이 있는 양날의 칼two-edged sword이기도 하다. 다음을 보자.

[3] 그러나 그는 상대방이 약속을 어겼을 때는 철저히 응징했다.

3. 관대라는 덕목의 두 얼굴

지금까지 카이사르의 '너그러움'을 살펴보았다. 그런데 여기서 꼭 짚고 넘어가야 할 것이 있다. 카이사르가 관대했기 때문에 살아

남은 원로원파에 의해 기원전 44년 3월 15일 암살되었다는 사실이
다. 반면에 앞에서 민중파 마리우스와 원로원파 술라가 반대파를
철저히 제거했다고 언급한 바 있다. 그 결과 마리우스는 71세까지
살았고, 술라도 평화로운 은둔 생활을 즐기다 60세를 일기로 세상
을 떠났다. 관대하지 않았던 그들은 카이사르처럼 비참한 최후를
맞이하지 않았다. 다음 사례를 보자.

> 1918년 9월 28일 웰링턴 공작 연대의 영국인 보병 헨리 탠디는 마
> 르코닝이라는 프랑스의 작은 도시 근처에서 독일군을 공격했고 그
> 의 부대는 승리를 거둔다. 천천히 전진하던 탠디는 참호에서 피를
> 흘리며 누워 있는 적군 병사를 발견한다. 그는 부상당한 사람에게
> 총격을 가하는 것은 잘못된 일이라고 생각하고, 그 병사의 생명을
> 구했다. 그때 살아남은 독일군 병사가 훗날 전세계에 재앙을 가져
> 온 아돌프 히틀러Adolf Hitler였다.[4]

4
이 사례는 마이클 레인
(1999)에서 뽑았음.

그때 탠디가 그 적군 병사를 사살했으면 세계 역사가 크게 달라
졌을 것임은 말할 것도 없다. 그러면 정작 그렇게 해서 살아남은 히
틀러는 나중에 어떤 행위를 하였는가? 다음 이야기를 보자.

> 1944년 7월 20일 슈타우펜베르크Stauffenberg 대령을 비롯한 일단
> 의 애국적인 독일군 장교들은 동프로이센의 라스텐부르크
> Rastenburg에 있는 군사령부에서 히틀러가 보고를 받고 있을 때 가
> 방에 든 폭탄으로 그를 살해하려 한다. 이 기도는 실패하였으며 관

대를 모르는 히틀러는 이 음모에 가담한 장교·민간인들에게 무서운 보복을 가한다. 숙청 과정에서 히틀러는 한때 총애했던 '사막의 여우' 에르빈 롬멜Erwin Rommel 원수도 이 사건에 연루된 것을 알게 된다. 그러나 히틀러조차 독일 국민들의 열렬한 사랑을 받고 있는 롬멜 원수를 처형하는 것은 망설이지 않을 수 없었다. 그래서 히틀러는 10월 14일 두 명의 장군을 롬멜에게 보내 두 대안을 제시하게 한다. 하나는 국민법정Volksgerichtshof에서 재판을 받는 것이고, 또 하나는 스스로 독약을 먹는 것이다. 롬멜은 후자를 택한다. 히틀러는 이렇게 국민 영웅까지 죽일 정도로 무자비하게 정적을 제거한 것이다. 그 결과 베를린이 소련군에 의해 함락되기 직전인 1945년 4월 30일 스스로 목숨을 끊을 때까지 더 이상 그를 암살하려는 시도는 없었다.

이상의 이야기를 보면 적에게 관대했던 사람들에게는 그것이 칼이 되어 돌아오고, 반면에 무자비했던 사람들은 그 덕분에 죽을 때까지 암살의 위험에서 벗어난 사례가 적지 않은 듯하다. 그러면 리더는 관대하지 말아야 하는가? 이 어려운 질문에 대답하기 전에 먼저 법구경法句經에 나오는 다음 구절을 상기하고자 한다.

원한을 원한으로써 갚으려 하면
원한은 결코 풀리지 않는다.
그 원한을 버릴 때만 풀리나니
이것은 변치 않을 영원한 진리.

누가 뭐라 해도 나는 관대가 리더의 훌륭한 덕목임에는 틀림없다고 본다. 남에게 너그러움으로써 리더는 아랫사람들을 열광시키고 그들의 엄청난 에너지를 끌어낼 수 있다. 문제는 지도자의 너그러움을 받아들이지 않는 반대파가 얼마든지 있을 수 있고, 그들의 존재는 큰 위험이 될 수 있다는 사실이다. 그러면 이 딜레마의 해법은 무엇인가?

나는 너그러움을 베풀되 반대파를 무력화하는 조치는 꼭 취해야 한다고 본다. 예를 들어, 카이사르가 원로원의 핵심 세력을 처벌하지 않되 멀리 추방함으로써 그들이 다시 일어서지 못하도록 했으면 그는 천수를 누렸을지도 모른다. 또한 지나친 관대는 오히려 조직에 해롭다고 생각한다. 자신과 함께 고생한 동료들이 오히려 서운하게 생각할 염려가 있을 뿐만 아니라, 반대파로 하여금 그들의 전과前過를 쉽게 잊도록 하기 때문이다.

결국 나는 관대의 이중성에 관한 한, 공자가 논어에서 이야기한 다음 개념이 가장 적절한 해법이 아닌가 한다.

"과유불급過猶不及(지나침은 오히려 모자람만 못하다)."

4. 일을 대할 때는 엄격하고 냉철하게

앞에서 카이사르가 넓고 깊은 마음씨를 가진 지도자임을 보았다. 그러나 그는 동시에 매우 엄격하고 냉철한 지도자이기도 했다. 유능한 지휘관이기도 했던 그는 특히 병사들의 군기軍紀 문제에 대해서는 아주 민감하게 반응했다.

폼페이우스파와의 내전이 한창 진행 중이던 기원전 49년 카이사르는 정말로 뜻밖의 난관에 부딪힌다. 갈리아 원정 첫 해부터 그와 함께 싸워 온, 그래서 그의 심복으로 자타가 공인해온 제9군단 병사들이 종군을 거부하며 파업을 일으킨 것이다. 카이사르는 즉각 그들이 있는 피아첸차에 가서 병사들에게 여느 때처럼 단도직입적으로 입을 연다.

"전우 여러분! 나는 여러분에게 사랑받는 사령관이기를 원한다. 나만큼 여러분의 안전을 걱정하는 사람도 없을 것이며, 또 여러분이 경제적으로 풍족해지고 전사로서의 명예가 높아지기를 바라는 사람도 없을 것이다. 하지만 그렇다고 해서 병사들이 무엇이든 제멋대로 하게 내버려둔다는 뜻은 아니다. ………중략………….

여러분은 로마 시민이다. 로마 시민인 이상, 올바른 처신을 망각하는 것은 결코 용납되지 않을 것이다."

이어서 카이사르는 침묵하고 있는 병사들에게 "여러분의 요구는 받아들일 수 없다."고 분명히 밝힌다. 뿐만 아니라 로마 군단의 군율에서는 최고 중벌인 '10분의 1형'까지 언도한다. '10분의 1형'은 추첨으로 열 명당 한 명씩 뽑아, 그 한 사람을 나머지 아홉 사람이 몽둥이로 때려죽이는 형벌이다. 군율이 엄하기로 이름난 로마 군단에서도 상당한 중죄에만 적용되는 형벌이었다.

이때 참모들이 나선다. 참모들은 오랫동안 고생을 함께해온 전우들이니까 한때의 얕은 소견으로 생각하여 용서해달라고 저마다 간청한다. 그러나 카이사르는 꿈쩍도 하지 않는다. 그러자 군단장도 대대장도 용서해달라고 거듭해서 빈다. 드디어 카이사르가 입을 연다. 하지만 '10분의 1형'을 취소하겠다고 말하지는 않는다.

"형집행은 당분간 연기하겠다. 여러분의 얼굴을 다음 집결지인 브린디시에서 다시 볼 수 있느냐 없느냐는 여러분 자신에게 달려 있다."

이런 말을 남기고 카이사르는 수도로 떠났다. 그 후 9군단 병사들은 모두 브린디시로 떠났으며, '10분의 1형'은 흐지부지 되었다.

이 일화를 통해 우리는 카이사르가 군대의 기강을 얼마나 중시하는 지 잘 알 수 있다.

그런데 2년 뒤에 카이사르는 또다시 종군 거부를 당하게 되는데, 이때 파업에 참가한 사람들은 카이사르가 다른 어느 군단보다도 깊 이 신뢰하고 있던 제10군단 병사들이었다.

카이사르가 로마에 없는 동안 그를 대신하여 로마를 다스리고 있 던 안토니우스Antonius한테서 어느 날 긴급 보고가 들어온다. 고참 병 가운데 일부가 종군을 거부하고 있다는 것. 특히 주동자 격인 제 10군단 병사들은 무기를 들고 수도까지 쳐들어와 성벽 밖의 마르 스 광장에서 기세를 올리고 있다는 것. 이 소식을 들은 카이사르는 신변을 걱정하는 측근들의 만류도 뿌리치고 곧장 부하들 앞에 모 습을 나타낸다. 연단에 선 카이사르는 거두절미하고 다짜고짜 묻 는다.

"무엇을 바라는가?"

병사들은 저마다 제대시켜 달라고 외친다. 그들은 카이사르가 전 쟁을 계속하려면 자신들을 필요로 한다는 것을 잘 알고 있었다. 따 라서 제대를 요구하면 카이사르가 타협안을 제시할 것이라고 생각 한 것이다. 그들은 물론 제대할 마음은 추호도 없었다. 그러나 카이 사르의 대답은 천만뜻밖이었다.

"제대를 허락한다. 시민 여러분, 여러분의 급료도 그 밖의 보수 도 모두 약속대로 지불하겠다. 다만 나를 따라와주는 다른 병사들 과 함께 전투를 끝내고 개선식까지 함께 끝낸 뒤에 지불하겠다. 여러분은 그 동안 어디든 안전한 곳에서 기다리고 있으면 된다."

카이사르의 심복 중의 심복이라고 자부하는 제10군단 병사들은 카이사르가 자신들을 '시민 여러분'이라고 부른 것에 큰 충격을 받는다. 이제까지 카이사르는 늘 '전우 여러분'이라고 불렀다. 그런데 지금은 이미 제대하여 카이사르와의 인연이 끊어진 보통 시민을 부르듯 '시민 여러분'이라고 부른 것이다. 카이사르가 자신들을 벌써 남으로 여기고 있다고 생각한 병사들은 종군 거부도 급료 인상도 다 필요 없다는 심정이 된다. 울음을 터뜨리며 병사들이 저마다 외친다.

"병사로 돌아가게 해주십시오!"

"사령관님 밑에서 싸우게 해주십시오!"

이에 대해 카이사르는 아무 대꾸도 하지 않는다. 카이사르가 그들에게 참전을 허락한 것은 마르스 광장에서 '단체교섭'이 있던 날부터 두 달 가까이 지난 뒤였다. 이렇게 해서 카이사르는 보너스도 주지 않고 급료도 올려주지 않고 제10군단을 참전시키는 데 성공한다.

이 이야기에 대한 역사가들의 논평은 대체로 다음과 같다.

"카이사르는 인간희극human comedy을 능숙하게 연기한 희극배우였다."

"카이사르는 단 한마디로 병사들의 기분을 역전시켰다."

너그러운 마음을 가진 카이사르였지만 한편으로는 이렇게 엄격하게 부하들을 다스려 군대의 기강을 유지했던 것이다.

또 카이사르가 일을 진행할 때의 태도는 '냉철' 그 자체였다. 그는 우선 모든 계획의 수립은 정확한 정보로부터 시작되어야 한다고 믿고 정보 수집을 게을리 하지 않았다. 항상 냉철하게 정세를 파악하려고 한 것이다. 카이사르는 현지인과 적군 포로를 직접 심문했다고 한다. 또 곳곳에 배치해놓은 측근들로부터 수시로 보고를 받았다. 그래서 그는 항상 적군의 상황과 동태를 정확히 파악한 상태에서 가장 알맞은 작전 계획을 세우곤 했다. 뿐만 아니라 전투 중에 로마에서 멀리 떨어진 속주에 머무르고 있을 때도 권력의 중심지인 수도의 정세 변화를 훤히 알고 있었고, 그것에 적절히 대처하곤 했다.

냉철한 카이사르가 또 힘을 기울인 것은 병사들의 훈련이었다. 적을 알고 아군의 실력을 키우는 것이 병법의 기본임을 냉철한 지도자 카이사르는 잘 알고 있었던 것이다. 《아프리카 전쟁기》라는 책의 저자는 카이사르가 병사들을 가르치는 모습을 다음과 같이 묘사하고 있다.

카이사르는 이민족인 아프리카 병사가 많은 적군과의 본격적인 전투를 앞두고 병사들을 훈련하기 시작했다. 그 방식은 실전 경험도 풍부하고 수많은 승리에 빛나는 고참병에 대한 총사령관의 훈련 방식은 아니었다. 그것은 마치 검술 사범이 새로 들어온 제자들을 가르치는 방식과 비슷했다.

적과는 어느 정도 거리를 두어야 하는가. 적병에게 돌격할 때는 어디까지 나아가야 좋은가. 어떤 자세로 적병을 대하면 자기는 안전하면서 적을 쓰러뜨릴 수 있는가. 전진 방식. 후퇴 방식. 효과적인 투석 방식. 이런 것들을 모두 자세히 가르쳤다.

이렇게 카이사르는 시종 냉철한 자세로 정세를 파악하고 전투에 대비하고 변화에 대처했지만, 그는 결코 냉혹한 사람은 아니었다. 다음 두 일화는 그것을 증명하는 자료로 보아도 좋을 것이다.

기원전 48년 8월 9일 그리스 중부에 있는 파르살로스 평원에서는 카이사르의 군대와 폼페이우스의 군대가 운명을 건 결전을 벌인다. 이 전투에서 크게 패한 폼페이우스는 가는 곳마다 문전박대를 당한다. 그래서 그는 이집트로 가기로 결정한다. 당시의 이집트왕 프톨레마이오스 13세의 아버지 프톨레마이오스 12세는 폼페이우스의 도움으로 왕위에 복귀한 적이 있었다. 그래서 폼페이우스는 그의 아들인 현재의 왕이 자신을 환대할 것이라고 생각한 것이다. 그러나 이집트의 관점에서 보면 이미 패자가 된 폼페이우스는 매우 부담스러운 존재일 뿐이었다. 그래서 이집트 정부는 그를 알렉산드리아 앞바다로 유인하여 죽여버린다. 기원전 48년 9월 28일의 일이었다. 이 사건이 있은 지 나흘 뒤에 카이사르가 알렉산드리아에 도착한다. 이집트 정부는 카이사르에게 폼페이우스의 목과 금반지를 전달한다. 이것을 본 카이사르의 뺨에 눈물이 흘러내렸다고 한다.

기원전 46년 여름 로마에서는 카이사르를 위한 개선식이 무려 나흘이나 거행된다. 그 동안 카이사르가 싸워서 이긴 나라가 넷이었기 때문에 하루에 한 나라씩 해당국가에게 이긴 것을 축하한 것이다. 그러나 폼페이우스 군대에게 거둔 승리를 축하하는 행사는 없었다. 같은 로마인을 상대로 거둔 승리였을 뿐만 아니라, 융화노선을 채택한 마당에 폼페이우스파 사람들의 신경을 거스르는 행위는 할 필요가 없었던 것이다. 그러나 무엇보다도 카이사르 자신이 폼페이우스에 대한 승리만은 축하할 마음이 나지 않았을 것이다. 누가 무어라 해도 폼페이우스는 로마의 훌륭한 무인武人이었고, 한때 로마의 정계를 함께 이끈 동료였으며, 이미 세상을 떠난 자신의 딸 율리아의 남편이기도 했다. 그런 폼페이우스가 나중에 정적이 되었다고 해서 그의 패배를 축하하는 것은 냉혹을 모르는 카이사르에게는 있을 수 없는 일이었다.

5. 혁신적인 아이디어와 두 가지 비밀병기

리더로서의 카이사르는 어려운 상황과 맞부딪칠 때마다 혁신적인 아이디어로 난관을 극복하는 혁신형 지도자의 모습을 보여준다. 여기서는 그러한 실례를 세 개만 들어보기로 한다.

기원전 55년 갈리아 북동부 지역에서 게르만 기병대가 로마 기병대를 기습하여 로마군이 기병을 74기나 잃는 사고가 일어난다. 이 소식을 들은 카이사르는 즉각 휘하 군대를 이끌고 게르만 부족의 숙영지를 공격하여 대승을 거둔다. 그리고는 쉴 틈도 없이 라인

강 도하 작전에 들어간다. 군인이든 민간인이든 로마인이 라인 강을 건너는 것은 그때가 처음이었다. 게르만인이 라인 강을 건너 갈리아로 쳐들어올 때면 언제나 배나 뗏목을 이용했는데, 카이사르는 획기적인 방법으로 강을 건너 게르만족과 갈리아족 모두를 위압하기로 결정한다. 그래서 카이사르는 그때까지 아무도 생각지 않았던 도하 방법을 생각해낸다. 폭이 넓고 흐름도 빠른 라인 강에 다리를 놓아, 그 다리를 건너는 것이었다. 카이사르는 자재가 도착한 지 열흘 만에 오늘날 독일의 본과 쾰른 사이에 다리를 완성한다. 이어서 다리 양쪽에 경비대를 배치한 다음 군대를 이끌고 강을 건너 게르만인 영토로 쳐들어간다. 카이사르가 예상했던 대로 게르만인들은 로마의 기술력에 압도당해 숲속으로 도망쳐 들어가서 나오지도 않았다. 그리고 얼마 지나지 않아 게르만 부족의 대다수는 카이사르에게 사절을 보내 우호와 평화를 요청한다.

기원전 57년 카이사르는 갈리아 북동부 일대에 사는 벨기에인들과 싸우게 된다. 벨기에인은 갈리아인 중에서도 가장 호전적인 민족이었는데 카이사르는 그들의 본거지라고 할 수 있는 '노비오두눔'이란 곳을 공격하게 되었다. 성 안에 들어가버린 벨기에 전사들과의 싸움을 빨리 끝내기 위해 카이사르는 로마의 기술력을 활용하기로 하고, 바퀴 달린 이동식 전차인 '이동회랑'과 '이동탑'을 만든다(그림 II-1참조). 이동탑은 성벽과 거의 같은 높이에 이르는 것으로, 병사들이 충충대를 타고 위로 올라가도록 되어 있었다. 벨기에인들은 난생 처음 보는 무시무시한 병기를 순식간에 만들어내는 로

그림 II-1 이동회랑과 이동탑

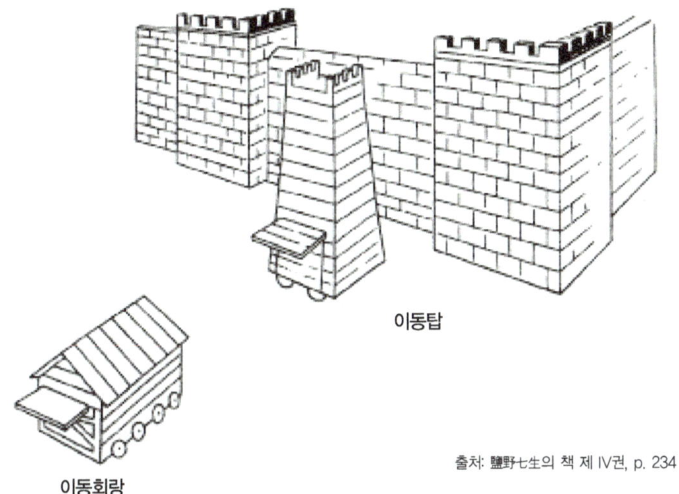

출처: 鹽野七生의 책 제 IV권, p. 234

마인의 기술력에 압도되고 만다. 그래서 그들은 병기가 완성되기도 전에 항복 사절을 카이사르에게 보낸다.

카이사르는 이어서 최강으로 알려진 네르비족의 영토로 들어간다. 이곳에서 용맹스러운 네르비족과 격전 끝에 그들을 궤멸시키고 카이사르는 계속 북동쪽으로 진군한다. 목표는 천혜의 요새를 갖고 있는 아투아투키족. 그들이 틀어박혀 있는 요새는 막강한 방비를 자랑하고 있었다. 주위는 절벽으로 둘러싸이고, 단 한 곳에만 300미터 너비의 완만한 비탈이 있을 뿐이었다. 이곳이 요새의 출입구로 쓰이고 있었다. 적은 이러한 요충지에 틀어박혀 나오지 않았다.

교착상태를 깨뜨리려면 로마군의 기술력을 활용할 수밖에 없었다. 이동회랑과 이동탑이 만들어지고, '아리에스'라 불리는 성문을 부수는 망치(그림 II-2 참조)도 만들어졌다. 갈리아인들은 처음에는

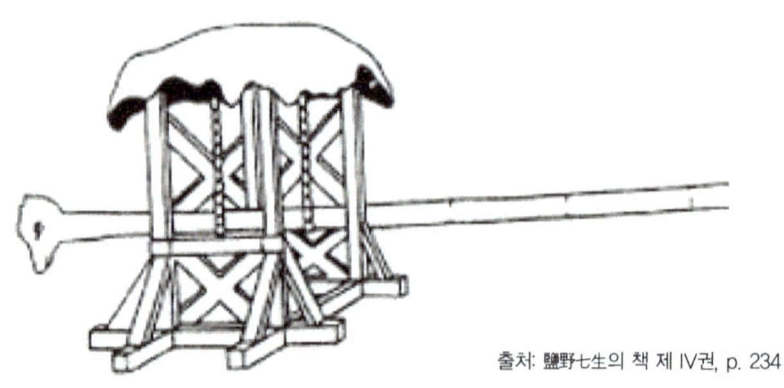

로마군이 병기 만드는 것을 비웃다가, 병기가 요새를 향해 접근하기 시작하자 얼굴이 새파래진다. 그들은 서둘러서 카이사르에게 강화를 요청하는 사절을 보낸다.

기원전 48년 여름 카이사르와 폼페이우스는 그리스의 파르살로스 평원에서 내전의 향방을 결정 지을 일대 회전會戰을 치르게 된다. 이 싸움에 임하는 양군의 전력戰力은 다음과 같았다.

폼페이우스 진영

110개 대대의 중무장 보병 4만 5천

폼페이우스의 옛 부하 2천

기병 7천

합계 5만 4천

카이사르 진영

> 80개 대대의 중무장 보병 2만 2천
>
> 기병 1천
>
> 합계 2만 3천

카이사르는 병력 면에서 절대 열세였기 때문에 고전적인 방법으로는 이길 수 없다고 판단하고, 현재 있는 자원을 활용한 두 가지 '비밀병기'를 생각해낸다. 하나는 경무장 보병 400명을 1천 기의 기병과 합하여 만든 보병과 기병의 혼성부대이다. 이 보병들은 기병과 행동을 같이 할 수 있는 체력과 민첩함을 갖고 있다. 또 하나는 노련한 병사들만 뽑아 만든 별동대이다. 그들의 임무는 적군 기병 앞을 가로막는 것이다. 그러기 위해서는 기병 앞에서도 꼼짝하지 않는 배짱이 필요하다. 이 두 가지 '비밀병기'의 목적은 모두 적군 기병의 기동성을 죽이는 것이었는데, 실제로 전투가 벌어지자 이 특수부대는 적군 기병 7천 기를 '인간 울타리' 속에 몰아넣어 그들을 무력화하는 데 성공한다. 카이사르의 혁신적인 작전은 이 운명의 전투에서 대승을 거두는 데 결정적인 도움을 주었다.

6. 게임의 방식을 자신에게 유리하게

현대의 경영학 특히 마케팅에서는 "기존 게임의 방식rule of the game을 그대로 따르지 말고, 게임의 방식을 스스로 만들어서 남이 따라오게 하라"는 말을 많이 한다. 현재의 시장 구도가 워낙 탄탄해서 그것을 깨기 위해서는 아주 획기적인 접근법이 요구될 때 듣게 되는 조언이다. 오랫동안 오비맥주가 지배하고 있던 맥주시장에서 90년대 중반 당시의 조선맥주가[5] "100% 지하 암반수로 만든 깨끗한 맥주"라고 주장하며 하이트맥주를 내놓은 것이 좋은 사례이다. 조선맥주는 기존의 경쟁구도 아래서는 게임의 방식을 바꾸지 않는 한 승산이 없다고 생각하고, 새로운 게임의 방식을 만들기로 한 것이다. 지하 암반수로 만들어야만 좋은 맥주라는 인상을 심어주면서 경쟁의 주도권을 잡는 것이 목표였으며, 이 전략은 큰 성공을 거두었다. 그런데 율리우스 카이사르는 이미 2천여 년 전에 자신에게 유리하도록 게임의 방식을 만들어가는 리더십을 능수능란하게 발휘하고 있다. 아래의 사례를 보자.

기원전 48년 4월 카이사르는 그리스 서북부에 있는 마을이자 폼페이우스군의 보급기지인 디라키움과 폼페이우스의 진영을 차단하는 작전에 착수한다. '디라키움 공방전'이라 불리는 중요한 싸움이 시작된 것이다. 그러나 카이사르는 7월 6일 치러진 가장 크고 치열한 전투에서 패배하고 만다. 두 명의 갈리아인 탈영병이 귀중한 군사정보를 적군에게 넘겨주었기 때문이다. 카이사르군은 할 수 없이 디라키움에서 남쪽으로 5킬로미터 떨어진 아폴로니아로 철수한다(그림 II-3 참조). 아폴로니아에는 카이사르가 방어를 위해 남겨둔 부대가 있었다.

이 시점에서 카이사르는 게임의 방식을 바꿔야 할 필요성을 절실

그림 II-3 디라키움 공방전 뒤에 옮겨진 전쟁터

출처: 鹽野七生의 책 제 V권, p. 137

히 느낀다. 제해권을 갖고 있는 폼페이우스군이 보급기지인 디라키움에 머무르는 한, 싸움이 장기화할수록 모든 것이 부족한 카이사르군이 모든 것이 풍족한 폼페이우스군을 이길 확률은 떨어지기 때문이다.

카이사르는 단기간 내에 결판을 낼 필요가 있었다. 평원에 진을 치고 정면으로 맞붙는 형태인 회전會戰은 단 한번의 승부로 모든 것의 운명을 결정할 수 있다는 이점이 있다. 카이사르로서는 이번이야말로 이런 형태의 전투에 모든 것을 걸어야 하는 상황이었다. 그래서 그는 폼페이우스를 본거지에서 끌어내 회전을 벌이도록 유인하기로 결정한다.

카이사르는 그리스 중부로 이동하여 7월 24일 테살리아 지방 북쪽 끝에 있는 아이기니움에서 그의 명령을 받고 남하한 도미티우스와 합류한다. 카이사르와 도미티우스가 합류한다면, 폼페이우스는 테살리아에 있는 자신의 장인 메텔루스 스키피오의 군대가 공격받을 것이라고 생각할 것이다. 그러면 폼페이우스는 스키피오의 군대를 도우러 그리스 중부로 움직일 것이다. 이것이 카이사르의 예상이었다.

그의 예상은 적중했다. 폼페이우스가 중부로 행군하기 시작한 것이다. 카이사르는 폼페이우스를 디라키움에서 멀리 떼어놓기 위해 계속 남동쪽으로 이동한다. 행군하면서 가는 길목에 있는 '곤피스'와 '메트로폴리스'를 협조하도록 만든 카이사르는 7월 29일 드디어 회전을 벌이기에 적합한 파르살로스 평원에 도착한다. 폼페이우스도 8월 1일 '라리사'에서 메텔루스와 합류한 뒤 그곳에서 남쪽으로

40킬로미터 떨어진 파르살로스 평원에 도착한다. 이로써 카이사르의 폼페이우스 유인 작전은 완전히 성공한다.

카이사르는 게임의 방식을 어느 정도 승산이 있는 회전으로 바꾼 다음, 혁신적인 작전으로 폼페이우스군을 격파한다. 그런데 카이사르는 이와 비슷한 방식을 북아프리카에서 폼페이우스 잔당과 싸울 때 또 활용한다. 이번에는 그 이야기를 들어보자.

카이사르도 실수는 하지만, 그는 같은 실수를 두 번 다시 되풀이하지 않는 지도자였다. 그는 폼페이우스와 대결할 때 적군의 보급기지인 디라키움 근처에서 싸우다가 패한 적이 있다. 그래서 카이사르는 아프리카에서 싸울 때는 처음부터 적의 보급기지인 우티카에서 적군을 끌어내는 것을 목표로 하였다. 그래서 카이사르는 우티카에서 남쪽으로 200킬로미터나 떨어진 튀니지 동부에 상륙한다. 적의 보급기지에서 되도록 먼 곳을 전쟁터로 삼기 위함이다. 또한 그 근방에 많이 있는 성채를 공격하면, 우티카에 틀어박혀 있는 적도 거기서 나오지 않을 수 없으리라고 그는 생각했다. 적을 안전하고 물자도 풍부한 곳에서 끌어내어 결전을 치른다는 카이사르의 전략을 폼페이우스군 수뇌진이 눈치챘는지는 알 수 없으나, 결국에는 그들도 움직이기 시작했다. 처음에는 일부만 출동했으나, 카이사르의 영향력이 튀니지 동부 일대에 미치기 시작하자 초조해진 적군 총사령관 메텔루스 스키피오는 마침내 군대 전체를 출동시키기로 결정한다. 이리하여 카이사르가 원했던 대로 전쟁터는 튀니지 동부가 되고, 이어서 전개된 탑수스 회전에서 카이사르는 또다시 큰 승리를 거둔다.

흥미롭게도 카이사르만큼 로마사의 흐름에 큰 영향을 미친 제2차 포에니 전쟁의 영웅 스키피오도 카이사르처럼 게임의 방식을 바꿈으로써 멋지게 국면을 전환한 적이 있다.

카이사르나 스키피오처럼 뛰어난 공적을 세우고 높은 자리에 올라간 사람들은 으레 시기의 대상이 되기 마련이다. 스키피오도 예외는 아니었다. 기원전 218년부터 기원전 202년까지 계속된 제2차 포에니 전쟁이 로마의 승리로 끝난 지 15년이 지난 기원전 187년, 스키피오를 실각시키고자 하는 일당은 두 호민관을 내세워 그를 고발한다. 그들은 과거의 아주 사소한 일을 들추면서 스키피오를 격렬하게 비난한다. 스키피오는 그 이튿날 변론을 하기로 되어 있었다. 다음날이 되자 스키피오의 변론을 들으려는 사람들이 잔뜩 원로원으로 모여들었다. 이윽고 스키피오가 말문을 연다.

"호민관, 그리고 로마 시민 여러분, 오늘은 내가 아프리카의 자마에서 한니발과 카르타고군을 상대로 싸워 다행히 승리를 얻은 날로부터 정확히 15년째가 되는 날입니다. 이런 기념할 만한 날에는 다툼이나 반발은 일단 잊어버리고, 신들에게 감사를 바침으로써 모두 한마음이 되자고 제안하고 싶습니다.

나는 이제 카피톨리노 언덕으로 가겠습니다. 거기에 모셔져 있는 최고신 유피테르와 유노 여신과 미네르바 여신을 비롯한 여러 신들께서 우리 모두에게 조국 로마의 자유와 안녕을 위해 헌신할 기회를 베풀어 주신 데 감사하고 싶습니다.

여러분도 원한다면 나와 함께 가지 않겠습니까? 그리고 나와 함께 신들에게 감사해 주십시오. 로마 시민인 여러분이야말로, 내가 열일곱 살 때부터 늙은 오늘에 이르기까지 능력을 충분히 발휘할 수 있도록 그 기회를 특례까지 만들어가면서 나에게 부여해준 사람들이기도 하니까 말입니다."

그리고 그는 대답도 기다리지 않고 원로원을 떠난다. 카피톨리노 언덕으로 가는 오르막길은 스키피오를 선두로 한 시민들의 행렬로 가득 찬다. 이날은 스키피오가 찬란하게 빛난 마지막 날이 되었다. 얼마 후에 스키피오에 대한 탄핵은 중단되고, 그는 4년 후 나폴리로 가는 도중의 바닷가에 있는 그의 별장에서 숨을 거둔다.

7. 깔끔한 성격의 현장형 리더 카이사르

카이사르에 관한 글을 읽다보면 참 깔끔한 사람이라는 생각이 든다. 우선 '글은 곧 사람'이라고 하는데 그가 남긴 명저 《갈리아 전쟁기》는 군더더기 없는 간결한 아름다움으로 정평이 나 있다. 이 책은 잡다한 머리말도 도입부도 없이 처음부터 본론으로 들어간다. 그가 인생의 중요한 순간에 했던 결정적인 말을 보면, 깔끔을 넘어서 '청아淸雅'한 느낌을 줄 정도이다.

루비콘 강을 건널 때 "주사위는 던져졌다!"라고 한 말은 앞에서 이미 언급한 바 있다. 또 기원전 48년 알렉산드리아에서 폼페이우스의 피살을 알게 되었을 때도 그는 이에 관해 단 한 줄밖에 쓰지 않았다.

"알렉산드리아에서 폼페이우스의 죽음을 알았다."

왕년에 로마의 영웅이었으며 7년 동안이나 그의 동지였던 폼페이우스다. 또 한때 그의 사위이기도 했다. 그런 폼페이우스가 최대 정적이 되었다가 이제 비참한 최후를 맞았으니 그의 죽음을 접한 카이사르의 가슴에는 만감이 교차했을 것이다. 그 숱한 느낌을 한 줄이 다 담고 있는 것이다. 아마 가장 유명한 카이사르의 말은 기원전 47년 카파도키아 지방의 젤라(오늘날 터키의 질레)에서 폰토스 왕 파르나케스의 군대를 격파한 후 로마 원로원에 보낸 보고서에 나오는 다음 구절일 것이다.

"왔다, 보았다, 이겼다.(VENI, VIDI, VICI)"

카이사르가 기원전 44년 3월 15일 14명이나 되는 암살범에 의해 무려 23군데나 찔려 숨을 거둘 때 외쳤다는 외마디 "브루투스, 너마저!"는 비창悲愴의 극치이다.

이처럼 깔끔한 성격이다 보니 카이사르는 리더로서 결코 조잡한 짓을 하지 않았다. 카이사르는 디라키움 전투에서처럼 졌을 때 가장 늦게 전쟁터를 떠났다. 반면에 폼페이우스는 파르살로스 회전에서 패색이 짙어지자마자 맨 먼저 진영지를 버리고 달아났다.

카이사르는 또한 현장형 경영자였다. 갈리아에서 전쟁을 할 때는 최전선에서 싸우는 병사들과 마찬가지로 최전선에 계속 머무르면서 병사들을 격려했다. 그는 말을 타고 전쟁터를 누비면서 부하 지휘관들의 이름을 부르며 독려하기도 하고, 수시로 변하는 상황에 맞춰 즉석에서 필요한 결정을 내렸다. 또 북아프리카의 탑수스 회전 때는 말도 타지 않고 총사령관의 붉은 망토를 아침 바람에 펄럭이며 병사들 사이를 누비면서 독려를 거듭했다. 이렇게 깔끔한 이미지의 지도자가 쾌활한 표정으로 솔선수범하며 지칠 줄 모르고 현장경영을 하니, 병사들이 그를 볼 때마다 희망과 자신감을 갖게 되는 것은 지극히 당연한 일이었다.

공자

"자신에게 엄격하고,
남에게 너그러워라."

공자

孔子

중국 고대의 사상가, 유교의 시조. 최고의 덕을 인仁이라고 보았다.

공자는 노나라 곡부에서 아버지 숙량흘과 어머니 안징재의 아들로 태어났다. 조상은 전왕조인 은의 자손이 봉함을 받은 송나라의 공족이었으며 공자의 3대 전에 노나라로 옮겨왔다. 그의 집안은 송나라 왕실에서 연유된 명문 가문이었으나 몰락하여 노나라에 와서 살게 되었으며, 아버지는 시골의 무사였다. 자는 중니仲尼, 이름은 구됴이다. 공자의 '자子'는 존칭이다. 춘추 말기 사람으로 주나라의 봉건질서가 쇠퇴하여 사회적 혼란이 심해지자, 주왕조 초의 제도로 복귀해야 한다고 생각했다. 그의 가장 대표적인 사상은 인仁이며, '극기복례克己復禮(자기 자신을 이기고 예에 따르는 삶이 곧 인仁이다)'를 그 핵심으로 여기고 있다. 그는 인을 단지 도덕규범이 아닌 사회질서 회복에 결정적 역할을 할 수 있는 정치사상으로 생각했다.

1. 저우언라이, 다나카 그리고 논어

1972년 9월 당시 일본 수상이었던 다나카 카구에이田中角榮가 중국을 방문하여 저우언라이周恩來 총리와 국교정상화를 위한 협상을 벌이고 있을 때의 이야기다. 이제 공동성명의 초안도 마무리되고 해서 양쪽 대표단이 안도의 숨을 내쉴 즈음이다. 저우언라이 총리가 메모지 한 장을 꺼내 다나카 수상에게 건네준다. 다나카가 보니 "언필신, 행필과言必信, 行必果"라고 쓰여 있다. "약속한 것은 반드시 지키고, 하기 시작한 일은 반드시 끝을 맺는다." 라는 뜻이다. 다나카 수상은 이것을 보더니 매우 기뻐하면서 "믿음은 만사의 근본"이라고 써서 저우언라이에게 주었다고 한다.

저우언라이가 다나카에게 보여준 글귀는 논어 제13장 자로편子路篇에 나오는 구절이다. 그런데 문제는 이 말이 반드시 좋은 뜻만은 아니라는 것이다. 다나카 수상이 만약 이 사실을 알았더라면 마냥 좋아하지만은 않았을 것이다.

이 구절은 다음과 같은 문맥 속에서 나온다.

어느 때 자공子貢이라는 제자가 공자에게 물었다.

"어떠하여야 선비라고 할 수 있습니까?"

여기서 선비士란 사회의 지도적 위치에 있는 사람을 가리키는 것으로 보아도 좋다. 즉 자공은 지도자의 조건에 대해서 묻고 있는 것이다. 공자는 이렇게 대답한다.

"자기 혼자의 행동에 대하여 부끄러워함이 있으며, 사방에 사신으로 가서 임금의 명을 욕되게 하지 않으면 선비라 이를 만하다."

몸을 지키는 것으로 근본을 삼고 또한 여러 다른 나라에 사신으로 나가 훌륭한 외교활동을 펼칠 수 있는 인물이라면 선비라고 할 만하다는 뜻이다. 그러자 자공이 또 말한다.

"감히 그 다음을 묻겠습니다."

공자가 대답한다.

"종족宗族들이 효성스럽다고 칭찬하고, 형제끼리 사이가 좋다고 마을에서 칭찬하는 인물이다."

자공은 계속해서 묻는다.

"감히 그 다음을 묻겠습니다."

이에 대해 공자는 이렇게 말한다.

"약속한 것은 반드시 지키고, 하기 시작한 일은 반드시 끝을 맺는 사람은 자잘한 소인이지만, 그래도 그 다음은 될 만하다."

약속한 일은 꼭 지키고 손댄 일은 끝까지 하는 유형의 사람은 융통성이 없는 인물이기는 하지만 선비의 범주에 들어올 정도는 된다는 것이다. 한마디로 말해 "언필신 행필과"는 지도자로서의 최소 요건을 가리키는 말이다.

자공은 이어서 당시의 정치가들에 대한 공자의 의견을 묻는다. 공자는 다음과 같이 대답한다.

"아! 한 말이나 한 말 두 되 정도의 사람들을 어찌 족히 헤아리오?"

해석 ——

공자는 그 시대의 정치인들을 그다지 신통치 않은 사람들로 보고 있었던 것이다. 따라서 이러한 문맥으로 미루어 볼 때 "언필신 행필과"라는 말은 신통치 않은 사람들보다는 조금 낮고, 선비로서는 최저 점수로 간신히 합격할 정도라는 뜻으로 쓰이고 있다. 적어도 100퍼센트 칭찬하는 말은 아니다. 저우언라이는 분명히 이러한 미묘한 뉘앙스까지 포함해서 다나카 수상에게 선물한 것이다. 즉, "당신도 약속을 지키지 않으면 시시한 정치인들과 똑같이 간주할 것이다." 라고 못을 박은 것이다. 그것을 알았더라면 다나카 수상도 순진하게 웃지만은 않았을지도 모른다.

이 이야기는 외교협상의 무대 뒤에 논어가 등장하고, 또 그것이 중요한 용도로 쓰여지고 있음을 보여주는 한 사례이다. 저우언라이라고 하는 전형적인 공산주의 지도자도 열심히 논어를 읽고 그것을 사생활이나 정치활동에 활용하고 있음을 알게 해주는 일화이다.

2. 인(二)이란 자신과 남에 대해서 성실을 다하는 것

서양의 성서, 동양의 논어라는 말이 있다. 그 정도로 논어는 중국의 고전이라기보다는 세계의 고전으로 인정받고 있으며, 예로부터 가장 기본적인 교양서적으로 널리 읽혀져 왔다.

논어는 지금부터 약 2,500년 전 중국 춘추시대 말기에 활약했던 사상가 공자孔子(기원전 551-479)의 언행을 기록한 책이다. 논어는 학이편學而篇부터 요왈편堯曰篇에 이르는 20개 장으로 구성되어 있으며, 500개 정도의 짧은 문장으로 이루어져 있다. 한 사람의 인간으로서 현실 사회를 어떻게 살아갈 것인가? 공자의 관심은 오로지 이 문제에 쏠려 있었다. 공자의 철학은 논어 제7장 술이편과 제11장 선진편에 다음과 같이 아주 명쾌하게 표현되어 있다.

계로가 귀신을 섬기는 것에 대해 묻자, 공자께서 말씀하셨다.
"아직 사람도 섬기지 못하는데 어떻게 귀신을 섬길 수 있겠는가?"
"그러면 감히 죽음에 대해서 여쭈어보겠습니다."
"아직 삶도 알지 못하는데 어떻게 죽음을 알겠느냐?"(제11장 선진편)

자 불어괴력난신 子 不語怪力亂神
공자는 괴이한 것, 힘센 것, 어지러운 것, 귀신에 관한 것을
말씀하시지 않았다." (제7장 술이편)

오늘날까지 논어가 인간학의 훌륭한 교과서로 존재하는 까닭은 바로 이것이다. 그래서 예로부터 현대에 이르기까지 인간사회에서 잘 살아가기 위한 지침을 얻으려는 많은 이들이 논어를 애독했다. 오늘날에도 논어는 그 가치를 전혀 잃지 않고 있다. 현대사회의 지도적 위치에 있는 경영자들, 관리자들에게 논어는 아직도 필독서가 되어야 하지 않을까 한다.

논어에 담긴 공자 사상의 핵심은 인仁이다. 논어에서 인에 대해

논의하고 있는 부분은 전체의 10퍼센트가 넘으며, 인의 사상을 바탕으로 인간론, 인생론, 정치론, 지도자론 등이 전개되고 있다.

그러면 과연 인이란 무엇인가? '인'의 개념은 공자가 생각하는 이상적인 인간상과 깊은 관계가 있다. 왜냐하면 공자에게 있어서 이상적인 인물이란 바로 인을 체현體現한 사람이기 때문이다. 그러나 공자 자신은 인이란 무엇인가에 대해 명쾌한 대답을 주고 있지는 않다. 다만 상대방에 따라 또는 계제에 따라 그것을 여러 가지로 표현하고 있을 뿐이다. 먼저 잘 알려진 것으로는 제1장 학이편學而篇에 나오는 "교언영색 선의인巧言令色 鮮矣仁"이란 말이 있다. 이것을 번역하면 다음과 같다.

"말을 교묘하게 하고 얼굴빛을 꾸미는 사람 가운데 인한 사람이 드물다."

또 유명한 "강의목눌 근인剛毅木訥 近仁"이란 표현이 제13장 자로편子路篇에 나온다. 이 말의 뜻은 다음과 같다.

"굳세고 꿋꿋하며 질박하고 어눌함이 인에 가깝다."

14장 헌문편憲問篇에 다음과 같은 구절도 나온다.

"인자 필유용 용자 불필유인仁者必有勇 勇者 不必有仁
인한 사람은 반드시 용기가 있지만, 용기가 있는 자가 반드시 인이 있는 것은 아니다."

그러나 이런 풀이만으로는 이해하기 어려우므로 공자의 말에 좀 더 귀를 기울여보자. 공자의 제자 가운데 '번지'라는 인물이 있었다. 그는 이해력이 약간 떨어지는지 공자에게 인에 대해 묻는 장면이 논어에 세 번이나 나온다. 이에 대한 공자의 대답은 세 번 모두 다르다. 먼저 첫 번째 대답의 요지는 다음과 같다.

어려운 일을 남에게 의지하지 않고 내가 먼저 하며, 그로 말미암아 얻어지는 소득을 내가 먼저 차지하려고 하지 않는다면 참으로 인한 사람이라 할 수 있다. (제6장 옹야편)

이어서 두 번째는 "인이란 사람을 사랑하는 것"이라고 대답한다. 끝으로 세 번째는 조금 더 구체적으로 다음과 같이 대답한다.

거처할 때 공손히 하며, 일을 집행할 적에 경건히 하며, 남을 대할 때 진심으로 하는 것이다.(제3장 자로편)

결국 인이란 자신에 대해서나 남에 대해서나 성실을 다하는 것이라고 말해도 되지 않을까 한다. 인의 핵심이 그렇다는 것은 공자가 어떤 유형의 사람을 싫어하는가를 보면 조금 더 분명해질 것이다. 논어의 제17장 양화편陽貨篇을 보면, 자공이라는 제자가 공자에게 "군자도 미워하는 사람이 있습니까?" 하고 묻는 장면이 나온다. 이에 대해 공자는 다음과 같이 대답한다.

"남의 나쁜 점을 말하는 자를 미워하며, 아래에 있으면서 윗사람을 비방하는 자를 미워하며, 용맹만 있고 예禮가 없는 자를 미워하며, 과감하기만 하고 융통성이 없는 자를 미워한다."

공자는 또 다음과 같은 무리는 손을 쓸 길이 없다고 체념하다시피 한다.

- 정열적이지만 겉과 속이 다르다.
- 순정파이지만 온갖 농간을 부린다.
- 우직하지만 교활하다.

또 제3장 팔일편에는 다음과 같은 표현도 나온다.

윗자리에 있으면서 너그럽지 않으며, 의례를 실천하는 데 경건하지 않으며, 초상에 임하여 슬퍼하지 않는다면, 내가 어떻게 그런 사람을 사람으로 인정할 수 있겠는가?

제5장 공야장편에 나오는 다음 구절에서도 공자의 인간관을 엿볼 수 있다.

말을 교묘하게 하고 얼굴빛을 꾸미며 공손함을 지나치게 하는 것을 좌구명左丘明이 부끄럽게 여겼는데, 나 또한 이를 부끄럽게 여긴다. 원한을 감추고 그 사람과 벗하는 것을 좌구명이 부끄럽게 여겼는

데, 나 또한 이를 부끄럽게 여긴다.

이상과 같은 공자의 어록을 종합해보면 공자가 싫어했던 인간은 자신에 대해서나 남에 대해서나 성실함이 없는 사람이라는 것을 알 수 있다.

이러한 인간관을 가졌던 공자 자신은 어떤 평가를 받았는가 알아보자. 논어에는 공자의 사람 됨됨이를 알 수 있게 해주는 구절이 세 번 나온다.

공자께서는 온화하면서도 엄숙했고, 위엄이 있으면서도 사납지 않았으며, 공손하면서도 편안한 느낌을 주셨다.(제7장 술이편)

멀리서 바라보면 근엄하고, 가까이 다가가면 따뜻하며, 그 말을 들어보면 엄격하다.(제19장 자장편)

공자께는 네 가지가 없었다. 사사로운 의견이 없었고, 자신의 생각을 무리하게 관철시키려 함이 없었고, 고집이 없었으며, 내가 아니면 안 된다는 생각이 없었다.(제9장 자한편)

이러한 표현을 보면 공자는 한 개인으로서 또 한 사회인으로서 참으로 균형이 잘 잡힌 큰 인물이었음을 알 수 있다.

3. 지도자의 조건 : 입은 무겁게, 몸은 가볍게

군 자 란 ?

공자는 꽤 일찍부터 제자들을 가르쳤는데, 특히 만년에 정치활동을 단념하고 나서는 제자교육에 온 힘을 쏟았다. 교육내용은 단순한 읽기, 쓰기, 수리가 아니라 교육과목 전반을 망라했고, 국정을 담당할 수 있는 엘리트, 즉 지도자 양성을 목표로 했다. 당시에 엘리트 또는 지도자의 뜻으로 쓰인 낱말은 군자君子였는데, 공자는 제1장 학이편에서 "군자는 일하는 데는 민첩하고 말하는 데는 조심하며, 도道 있는 사람에게 나아가서 바로잡는다."라고 군자를 정의했다.

이와 비슷한 말이 제4장 이인편에도 나온다.

"군자는 말에 어눌하고, 행동은 민첩하게 하려고 노력한다."

앞에서 보았다시피 공자는 말만 번드르르하게 하는 사람을 무척 경계했다. 그래서 제14장 헌문편에서는 "군자는 말을 조심하고 행실을 말보다 앞서게 한다."라고 표현하고 있다.

공자는 말은 조심하되 행동은 민첩하게 하는 것을 지도자의 중요한 요건으로 꼽고 있다. 한마디로 "입은 무겁게, 몸은 가볍게"이다. 그러나 그렇다고 해서 변설 그 자체를 경멸한 것은 결코 아니다. 필요한 때에 필요한 말을 잘 전달할 수 있으면 그것으로 됐다는 것이 공자의 견해다. 그의 말을 들어보자.

군자는 자긍심이 있지만 다투지 아니하고,

무리를 짓지만 당파를 형성하지 아니한다. (제15장 위령공편)

군자는 태연하고 교만하지 않으며,

소인은 교만하고 느긋하지 못하다.(제13장 자로편)

리더는 자신감이 있고 그래서 당당하게 할 말은 하지만 남을 내려다보지 않는다. 여럿이 모여 있어도 자신의 직분에 충실하여 조화를 이루며, 조직의 화합을 해치는 파벌을 만들지 않는다. 리더는 또한 안달하지 않고 느긋하며, 작은 일로 끙끙거리지 않는다는 표현이 제7장 술이편에 나온다. 이와 같이 공자는 "입은 무겁게, 몸은 가볍게"에 못지않게 리더의 느긋한 처신과 조직의 화합을 중시한다. 아래 구절을 보면 더욱 명백해진다.

군자는 조화를 이루고 뇌동하지 않으며,

소인은 뇌동하고 조화를 이루지 못한다.

君子 和而不同 小人 同而不和 (제3장 자로편)

공자는 또 다른 각도에서 말과 군자의 바람직한 관계를 언급하고 있다. 그만큼 공자는 말이 군자에게 중요한 의미를 갖는다고 본 것이다.

군자는 말을 잘한다고 해서 그 사람을 쓰지 아니하며,

사람이 나쁘다 하여 그의 좋은 말까지 버리지는 않는다.(제15장 위령공편)

사람을 등용하고 좋은 말을 받아들임에 있어 지도자의 지극히 공정한 마음이 필요함을 역설하고 있다.

이번에는 아랫사람이 윗사람에게 말할 때의 시각을 보자.

군자를 모시는 데 세 가지 허물이 있으니, 아직 말하지 말아야 하는 데 말하는 것을 조급한 것이라 하고, 말할 만한데 말하지 않는 것을 숨기는 것이라 하고, 안색을 보지 않고 말하는 것을 장님이라 한다.(제16장 계씨편)

좋은 지도자leader는 언제나 좋은 추종자follower이기도 하다. 물론 그 역은 성립하지 않는다. 그래서 계씨편에 나오는 이 구절은 군자가 갖추어야 하는 또 하나의 덕목으로 보아도 좋을 것이다. 여기서 공자가 말하고자 하는 요지는 간단하다. 군자는 말을 해야 할 때와 하지 말아야 할 때를 잘 구분하되, 해야 할 때는 과감하게 해야 한다는 것이다.

공자는 현실정치에서는 그다지 빛을 못 보고 은퇴했지만 정치개혁에 지대한 관심을 갖고 있었고, 나름대로 이상적인 정치를 실현하려고 무던히도 애를 썼다. 그래서인지 논어에는 정치에 관한 문답이 많이 나오며, 그중 상당수가 정치인의 몸가짐에 관한 것이다. 공자가 권장했던 정치인의 바람직한 자세도 지도자론을 통해 알아볼 수 있을 것이다. 전형적인 예는 다음과 같다.

(정치란) 먼저 모범을 보인 다음 (백성들을) 위로하는 것이다.

자로가 더 말씀해주시기를 청하자 말씀하셨다.

게을리 하지 말아야 한다.(제13장 자로편)

속히 하려고 하지 말고, 조그만 이익을 보지 말아야 한다.

속히 하려고 하면 잘 되지 않고,

조그만 이익을 보면 큰 일이 이루어지지 않는다.(제13장 자로편)

사람이 멀리 생각하는 것이 없으면

반드시 가까운 근심이 있다.(제15장 위령공편)

자신을 책망하기를 두텁게 하고,

남을 책망하기를 가볍게 한다면

원한을 멀리할 수 있을 것이다.(제15장 위령공편)

진실로 자신을 바르게 하면 정치를 하는 데 무슨 어려움이 있겠으며,

자신을 바르게 하지 못한다면 어떻게 남을 바르게 할 수 있겠는가?

(제13장 자로편)

이러한 말을 종합하면 공자는 다음과 같은 덕목을 리더 특히 정치인에게 기대하는 듯하다.

• 자신에게 엄격하고 남에게 너그러움

- 앞을 내다보는 선견지명 또는 비전
- 느긋한 자세와 대국적인 안목

이와 더불어 공자는 교육자답게 부하들의 능력을 길러주고 인재를 발굴하는 것도 정치인의 주요 책무로 보고 있다.

부하들이 능력을 발휘할 수 있게 해주고 작은 허물을 용서해주며, 어진 이와 유능한 이를 등용해야 한다.(제13장 자로편)

이 모든 것들 가운데 공자가 가장 강조하고 있는 것은 말할 것도 없이 리더의 모범적인 처신이다. 그래서 나는 제13장 자로편에 나오는 다음 구절이 공자의 지도자론을 잘 요약하고 있다고 본다.

자기 몸의 처신이 바르면 명령하지 않아도 행해지고,

자기 몸의 처신이 바르지 않으면 비록 명령한다 하더라도 따르지 않는다. (제13장 자로편)

4. 인간관계에 관한 두 가지 조언

신 信

앞에서 말했듯이 공자는 일관되게 현실의 삶을 어떻게 살아갈까, 눈앞의 현실에 어떻게 대처할까 등등 사회생활 문제에만 관심을 쏟았다. 사회생활의 여러 측면 가운데 사람들이 가장 골치 아파하는 것은 아마도 인간관계일 것이다. 그래서 공자는 이 문제에 관해 여러 각도에서 조언을 주고 있다.

그러면 먼저 공자 자신은 어떠한 삶의 방식을 원했는가 알아보자. 그 대답은 제11장 공야장편에 나온다.

"나이 드신 분들은 편안하게 해드리고, 벗들에게는 신뢰받고, 젊은이들은 품어주고 싶다."

이것이 공자가 그린 인간관계의 이상이라고 볼 수 있다. 이러한 인간관계를 가능하게 하는 가장 기본적인 요건으로 공자가 꼽은 것이 바로 신信이라는 개념이다. '신'이란 거짓말하지 않는다, 약속을 지킨다 등의 뜻을 포함하는 말이며, 구태여 번역을 한다면 신실信實이라는 말이 적합할 것이다. 공자는 논어에서 "사람이 신이 없으면 더 이상 인간으로서 평가할 가치조차 없다."라고 잘라 말하고 있다. 이 점에 관해 다음의 문답도 잘 알려져 있다.

어느 때 자공이 정치의 가장 중요한 과제에 대해 묻자 공자는 이렇게 대답한다.

"먹을 것을 풍족히 하고, 군비를 충실히 하고, 백성들의 믿음을 얻는 것이다."

"만일 셋 중 하나를 꼭 버려야 한다면 무엇을 먼저 버려야 합니까?"

"병력이다."

"나머지 둘 중 하나를 꼭 버려야 한다면 무엇을 먼저 버려야 합니까?"

"먹을 것이다. 사람은 언젠가 다 죽기 마련이다. 하지만 백성의 신뢰를 잃으면 정부 자체가 성립되지 않는다."(제12장 안연편)

이 문답 하나만 보더라도 공자가 인간관계의 기본으로 신信, 즉 신실에 바탕을 둔 신뢰관계를 얼마나 중시했는가를 잘 알 수 있다.

교우관계는 인간관계에서 아주 큰 비중을 차지한다. 한 사람이 어떤 벗과 사귀느냐는 그 사람의 많은 부분을 말해주고, 또 그 사람의 삶 자체에 지대한 영향을 준다. 그래서 영어에도 "친구를 보면 그 사람을 알 수 있다."라는 격언이 있다. 공자도 당연히 이 문제에 관심이 많았고, 이와 관련하여 다음과 같이 조언하고 있다.

유익한 벗도 세 종류고 해로운 벗도 세 종류다. 유익한 벗은 강직한 이, 성실한 이, 보고 들은 것이 많은 이다. 그리고 해로운 벗은 비위 맞추는 이, 유순하기만 하여 잘 꺾이는 이, 말만 잘하는 이다.(제16장 계씨편)

겸 양 謙讓

공자가 원활한 인간관계의 요건으로 매우 중시했던 또 하나의 덕목은 겸양이다.

남이 나를 알아주지 않음을 걱정하지 말고, 자신의 능력이 부족함을 걱정해야 한다.(제14장 헌문편)

남이 나를 알아주지 않음을 걱정하지 말고, 내가 남을 알지 못함을 걱정해야 한다.(제1장 학이편)

내가 아는 것이 있는가? 나는 아는 것이 없다. 비천한 사람이 나에게 묻더라도, 그가 아무리 무지하더라도 나는 최선을 다해 상담에 임할 뿐이다.(제9장 자한편)

군자는 자신의 무능을 병으로 여기고, 남이 자신을 알아주지 않는 것을 병으로 여기지 않는다.(제15장 위령공편)

이렇게 겸손한 태도로 남을 대하면 어디 가나 환영받는다. 사람의 마음을 얻는 데 있어서 겸양과 깊은 관계가 있는 것이 바로 관용, 즉 너그러움이다. 왜냐하면 사람들이 가장 존경하고 따르는 유형은 "자신에게 엄격하고 남에게 너그러운 사람"이기 때문이다. 제15장 위령공편에는 그런 사람은 원한을 사지 않는다는 표현이 나오고, 제17장 양화편에는 다음과 같은 말이 나온다.

"관즉득중寬則得衆이다(너그러우면 여러 사람들을 얻게 된다)."

공자는 이와 같이 원만한 인간관계를 위해 여러 각도에서 통찰력 있는 조언을 주고 있다. 나는 이 모든 내용이 다음 문답에 집약되어 있다고 생각한다.

자공이 물었다.
"평생토록 행할 만한 것을 한마디로 말씀해주실 수 있겠습니까?"
공자께서 말씀하셨다.
"아마도 서恕일 것이다. 자기가 하고 싶지 않은 것은 남에게도 베풀지 않는 것이다." (제15장 위령공편)

이렇게 다른 사람의 마음을 헤아려서 자기가 하기 싫은 일은 남에게도 베풀지 않는 것이 공자가 가르친 인간관계의 요체 가운데서도 가장 핵심이 아닐까 한다.

Part 3

의지의 리더십

"다만 피와 노력과
눈물과 땀뿐이다."

윈스턴 처칠
Winston Churchill

영국의 정치가. 1874년 11월 30일 옥스퍼드셔에서 출생하였다. 1895년 샌드허스트 육군 사관학교를 졸업하고 제4경기병 연대에 입대, 인도로 배속되었는데 특별허가를 얻어 쿠바반란 진압작전에 참가하였다. 1898년 수단원정, 1899년 보어전쟁에 참가하여 종군기사를 신문에 발표하였다. 보어전쟁에서는 포로가 되었으나 탈출에 성공하여 국민적 영웅이 되었다. 1900년 보수당의 후보로 하원의원에 당선되었으나, 보수당의 보호관세정책에 반대하여 1904년 당적을 자유당으로 옮겼다.

1906년 이후 자유당 내각의 통상장관·식민장관·해군장관 등을 역임하였는데, 제1차 세계대전 중 다르다넬스작전 실패의 책임을 지고 1915년 해군장관 자리를 물러났다. 1917년 군수장관으로 다시 입각, 1919년 육군장관 겸 공군장관, 1921년 식민장관이 되었다. 그러나 당시의 자유당은 분열하여 쇠퇴의 길을 걸었고, 또 소련에 대한 강한 반감과 점점 열기를 더해가는 노동운동에 대한 위구심에서 보수당에 복귀하였다.

1924년 보수당 S.볼드윈 내각의 재무장관이 되어 자유무역주의를 주장하고, 영국의 파운드화貨를 금본위제로 복귀시켰다. 처칠은 나치 독일의 군사력이 영국의 안전에 위협이 된다고 하여 영국의 군비 낙후를 규탄하고, 영국·프랑스·소련의 동맹을 제창하였다.

1945년 총선거에 패한 후에는 야당 당수로서 집권 노동당에 대한 공격을 늦추지 않았고, 반소反蘇 진영의 선두에 섰으며, 1946년 미국 미주리주州 풀턴에서의 연설에서 '철의 장막iron curtain' 이라는 신조어를 만들어 내기도 하였다. 1951년 다시 총리에 취임하였고, 그 해 '경卿(Sir)' 의 칭호를 받았다.

1. 용기의 상징이자 걸어다니는 희망, 처칠

1940년 5월 10일 막강한 나치 독일 군대가 프랑스, 네덜란드, 벨기에를 공격하기 시작한 날, 바다 건너 영국에서는 제2차 세계대전의 향방에 엄청난 영향을 미칠 큰 사건이 일어난다. 그동안 독일과의 유화정책을 추구해온 네빌 챔벌린Neville Chamberlain 수상이 물러나고 당시 66세의 윈스턴 처칠Winston Churchill(1874~1965)이 대영제국의 새 수상이 된 것이다. 1936년 12월에 취임한 챔벌린 수상의 유화정책은 히틀러를 더욱 대담하게 만들었을 뿐이었다.

챔벌린의 가장 치명적인 실패작은 1938년 9월 30일 독일 뮌헨에서 열린 뮌헨회담이었다. 이탈리아의 무솔리니와 프랑스의 달라디에Daladier 수상도 참석한 이 회담에서 챔벌린은 체코슬로바키아의 주데텐란트Sudetenland를 독일에 떼어 달라는 히틀러의 요구에 동의하였다. 챔벌린은 히틀러의 요구를 들어주면 유럽의 평화를 유지할 수 있다고 믿은 것이다. 그러나 1년도 채 지나지 않은 1939년 9월 1일 독일이 폴란드를 침공함으로써 2차 대전이 일어나게 되고, 이로써 챔벌린의 유화정책은 완전히 수포로 돌아갔다.

처칠은 일찍이 히틀러의 야욕을 간파하고 줄곧 영국정부의 유약함을 비판해왔다. 그가 취임할 당시의 상황은 참으로 암울하기 짝이 없었다. 폴란드와 덴마크, 노르웨이는 이미 독일군에 점령당했고, 곧 이어 네덜란드와 벨기에도 항복한다. 프랑스군과 프랑스에 파견된 영국군도 고전을 면치 못하고 있었다. 국민의 사기는 땅에 떨어질 대로 떨어졌다. 이러한 때 서둘러 조각組閣을 마친 처칠은 5

월 13일 영국하원 본회의에서 역사적인 연설을 하면서 다음과 같은 비장한 말을 남긴다.

"내가 바칠 수 있는 것은 다만 피와 노력과 눈물과 땀뿐입니다."
(I have nothing to offer but blood, toil, tears and sweat.)

잠시 천근 같은 침묵이 흐른 뒤 우레와 같은 박수가 터진다. 결의에 찬 이 한마디는 영국 국민들의 가슴속에 깊이 새겨진다. 장중한 그의 연설은 계속된다.

"여러분은 우리에게 묻습니다. 우리의 정책이 무엇이냐고. 나는 대답하겠습니다. 싸우는 것이 우리의 일이라고. 바다에서, 육지에서, 하늘에서 우리들이 가진 모든 힘과 신이 우리에게 주신 모든 정력을 바쳐 싸우는 일입니다. 여러분은 물을 것입니다. 우리의 목적은 무엇이냐고. 나는 한마디로 대답하겠습니다. 승리라고. 어떠한 희생도 마다하지 않는 승리, 어떠한 공포도 두려워하지 않는 승리, 아무리 그 길이 멀고 험난해도 개의치 않는 승리. 왜냐하면 승리 없이는 우리에게 생존이 없기 때문입니다. (중략) 자아 여러분! 우리는 일치단결하여 함께 싸웁시다."

처칠은 희망과 용기의 메시지를 전쟁기간 내내 끊임없이 전달했다. 취임 직후 프랑스의 덩케르크에 발이 묶였던 영국군과 프랑스군 약 33만 8,000명이 기적적으로 철수하는 데 성공한다. 6월 4일

처칠은 의회에 이 사실을 보고하면서 그의 가장 대표적인 연설을
한다.

"우리는 끝까지 싸울 것입니다. 프랑스에서 싸우고, 바다와 대양
에서 싸우고, 점점 더 커지는 자신감과 점점 더 커지는 공군력으로
싸울 것입니다. 우리는 어떤 대가를 치르더라도 영국을 지킬 것입
니다. 우리는 해안에서 싸우고, 상륙 지점에서 싸우고, 들판에서 싸
우고, 거리에서
싸울 것이며,
언덕에서도
싸울 것
입니다.
우리는 결코
항복하지 않을 것
입니다."

그러나 처칠이 이 연설을 한 지 3주도
지나지 않은 6월 22일에 프랑스도 독일에 무릎
을 꿇고 만다. 이제 영국은 홀로 독일과 맞서야
하는 것이다. 이듬해인 1941년 6월 독소전쟁이
일어날 때까지 처칠의 영도 하에 영국은 혼자서 꿋꿋이 버텼다. 사
실 이 기간 동안 히틀러는 영국과 협상하기를 원했다. 히틀러는 소
련과의 전쟁 준비에 전념하고 싶었던 것이다. 하지만 히틀러의 야

욕을 잘 아는 처칠은 독일과의 협상을 단호히 거부한다. 그러나 프랑스가 이미 떨어져나가고, 소련은 아직 독일과 협조하고 있고, 미국은 참전할 생각이 없었던 그 시점에 영국이 승리할 가능성은 전혀 없었다고 해도 과언이 아니다. 따라서 독일이 협상의 손을 내밀 때 일고의 가치도 없다고 무시하기는 쉽지 않았을 수도 있다. 그렇지만 히틀러의 과거 행태로 보아 단순히 시간을 벌기 위한 계략에 지나지 않음을 처칠은 처음부터 명확히 알고 있었을 것이다.

처칠은 앞에서 인용한 바와 같은 수준 높은 연설을 통해 국민들의 사기를 높이려고 애썼는데, 이것은 그가 뛰어난 연설가이기 때문에 가능했다. 처칠은 1898년에 지은 《수사학의 발판The Scaffolding of Rhetoric》이란 책에서 다음과 같이 말한 바 있다.

"인간에게 주어진 모든 재능 가운데서 웅변 능력만큼 소중한 것은 없다. 웅변을 즐기는 사람은 위대한 왕보다 더 오래 권력을 행사할 수 있다. 그는 세상에서 독립적인 세력이다. 자신의 정당에서 버려지고, 친구에게 배신당하고, 직책을 잃는다 해도 이 (웅변의) 힘을 지배할 수 있는 사람은 여전히 막강하다."

처칠은 젊은 시절부터 의사소통의 기술을 중시했기 때문에 커뮤니케이션 능력을 높이기 위해 많은 노력을 기울였다. 처칠은 21세 때 인도에서 소위로 근무하면서 무더위 속에서도 오후 내내 열심히 공부했다고 한다. 그는 에드워드 기번Edward Gibbon의 《로마제국 쇠망사》를 비롯해 숱한 서적을 탐독했으며, 연설문을 암기하는 등 뛰어난 대중연설가가 되기 위해 끊임없이 연구하고 또 연습했다. 이렇게 많은 독서와 노력으로 다져진 그의 연설 솜씨는 2차 대전 중 아주 큰 힘을 발휘하게 된다. 그는 전쟁 기간 내내 수많은 군인들을 대상으로 셀 수 없이 많은 연설을 했다. 또 위기 때마다 정기적으로 의회와 방송에서 연설을 했는데, 이는 국민들과 접촉하는 고전적인 방법이었다.

뿐만 아니라 공습이 끝나자마자 피폭 지역으로 달려가 사람들과 함께 울고, 상처 입은 이들을 다독이고 위로하며, 때로는 즐거운 농담으로 웃음을 주기도 하였다. 그가 거리의 돌무더기 사이를 조용히 거닐 때도, 몸소 많은 사람들과 함께 벙커에서 잠을 잘 때도 국민들은 위안을 받았다. 처칠은 그야말로 용기의 상징이며 걸어 다니는 희망이었다.

이렇게 처칠은 어려울 때 국민과 아픔을 같이하며, 희망과 용기라는 일관된 메시지를 몸과 마음과 말로 끊임없이 전달함으로써 사기를 높이고 자신감을 불어넣은 지도자였다.

2. 한순간도 현장에서 눈을 돌리지 마라

《전쟁론》이란 명저를 지은 프로이센 장교 <u>카를 폰 클라우제비츠</u>는 저서에서 다음과 같은 유명한 말을 한 바 있다.

카를 폰 클라우제비츠
(Carl von Clausewitz, 1780~1831)
프로이센의 군인. 프랑스 혁명에의 간섭전쟁의 예나의 패전 후 군제개혁자 서클에 가입했고 러시아군에 투항하여 나폴레옹으로부터의 해방전쟁에 진력했다. 그의 사후에 간행된 저서 《전쟁론 Vom Kriege》은 이 시대의 전쟁경험에 기초를 둔 고전적인 전쟁철학으로 불후(不朽)의 가치를 지니고 있다. '전쟁은 정치적 수단과는 다른 수단으로 계속되는 정치에 불과하다'고 한 유명한 말은 군사지도부에 대한 정치지도부의 우월성을 설파한 것이며, N.레닌 등에게도 깊은 영향을 주었다.

"전략은 함께 싸움터에 뛰어들어 현장에서 구체적인 내용을 지시하고 수시로 전체 계획을 수정해야 한다. 싸움터에서는 계획을 바꿔야 하는 상황이 끊임없이 일어나기 때문이다. 따라서 전략은 한 순간도 현장에서 눈을 돌리면 안 된다."

한마디로 클라우제비츠는 오늘날 경영학에서 얘기하는 현장경영의 중요성을 역설하고 있는 것이다. 그리고 처칠은 현장경영의 전범典範을 보여주고 있다. 그는 늘 일이 진행되는 현장에 있고 싶어했다. 예를 들어, 처칠은 제1차 세계대전이 일어나기 전 해군장관으로 있을 때 오늘날의 회사 전용기에 해당하는 해군본부 소속 요트 인채트리스 호를 타고 장교 및 선원들 약 200명과 함께 많은 시간을 보냈다. 그는 1911년 가을부터 2년 반 동안 그 기간의 약 1/4을 바다 위에서 보냈다고 한다. 그는 영국과 해외에 있는 전함, 잠수함 보관소, 구축함, 조선소 등을 순시했다. 이런 방문은 사기를 높일 뿐만 아니라 해군이 바다에서 무슨 일을 하는지 알고 있는 해군장관이라는 인상을 사람들에게 심어줬다. 선원들은 처칠을 좋아했고, 그를 마음이 열려 있고 쉽게 다가갈 수 있는 사람으로 여겼다.

직접 두 눈으로 현장을 보라

경영자는 보고서나 부하 직원의 의견에만 의존할 수 없다. 특히 부하 직원들의 견해는 개인적인 성향에 의해 변질되기 마련이다. 경영자는 직접 두 눈으로 현장을 보아야 한다. 많은 경우, 처칠은 현장방문을 통해 즉석에서 개선책을 찾아내 실행시킬 수 있었다.

1940년 7월 처칠은 버나드 로 몽고메리Bernard Law Montgomery 장군과 함께 영국의 해안 방어 시설을 방문했다. 몽고메리 장군은 오후에 수상을 모시고 해안선을 따라 50km를 순찰한 뒤에 수상과 함께 저녁식사를 하게 된다. 이 자리에서 장군은 '어디에서나 적과 싸울 수 있도록 훈련된' 유일한 사단인 자신의 사단이 왜 이동성을 지니지 못하는지 궁금하다고 말했다. 장군은 자신의 사단이 해안선을 따라 그냥 배치되어 있기를 원하지 않았다. 그는 부대가 내륙에 있더라도 이동할 수 있는 능력이 있어, 독일군이 침공할 경우 즉각 반격에 나설 수 있기를 바랐다. 그리고 어떻게 하면 그렇게 할 수 있는지 알고 있었다. 바로 민간인 버스를 활용하는 것이었다. 다음 날 아침 처칠은 몽고메리 사단장이 원하는 만큼 버스를 주라는 메모를 내보낸다. 몽고메리와 저녁식사를 한 시각부터 이 메모가 나오기까지는 12시간도 채 걸리지 않았다. 이렇게 처칠은 좋은 아이디어가 있으면 주저하지 않고 즉각 실천에 옮긴 것이다.

처칠이 얼마나 부지런히 움직였는가를 보기 위해 1944년 8월 11일부터 9월 5일까지 그의 일정을 보자.[1] 당시 그는 68세였다.

1
샌디스, 리트만(2004),
pp. 150-153.

- 8월 11일 — 오전 6시 30분 알제리의 수도 알제에 도착. 알제리 주재 영국공사 알프레드 더프 쿠퍼Alfred Duff Cooper와 논의. 이탈리아 나폴리로 비행. 지중해 지구 연합군 최고사령관 윌슨 육군장군과 빌라 리발타에 머묾. 밤늦게까지 윌슨과 지중해 지구 연합군 본부의 영국공사 해럴드 맥밀런Harold Macmillan과 토론. 12시 30분에 취침.

- 8월 12일 — 서류 작업. 유고슬라비아 지역의 미래에 대해 논의하기 위해 유고슬라비아의 티토Tito 장군과 만남. 티토 장군 초대로 점심 식사. 이탈리아 이치키아 섬에서 수영. 크로아티아의 통치자 슈바시치Subasic 박사를 만남. 티토에게 양해각서 승인. 12시 45분에 취침.

- 8월 13일 — 서류 작업. 배를 타고 야유회 겸 수영을 위해 카프리로 감. 오후에 나폴리로 돌아와 리비에라 공격 준비를 위한 해군 호송대 점검. 배 안에서 20분간 낮잠. 티토, 슈바시치와 다시 회의를 가짐. 12시 45분에 취침.

- 8월 14일 — 서류 작업. 수영. 코르시카 섬으로 비행. HMS 스코츠맨 호에 승선. HMS 라그스 호에서 윌슨 장군, 지중해지구 연합해군 사령관 커닝햄Cunningham 장군, 이커Eaker 미국 공군장군, 미국 전쟁차관Under-Secretary of War 로버트 패터슨Robert Patterson과 저녁식사 후 회의.

- 8월 15일 — 구축함 HMS 킴벌리 호 승선. 리비에라 침공 참관.

- 8월 16일 — 나폴리로 돌아옴. 슬레서Slessor 공군장군 및 갬멀Gammel 육군장군과 함께 그리스에서의 향후 작전 계획 토론. 수영. 맥밀런과 폴란드에서의 러시아 정책에 대해 논의

- 8월 17일 ― 이탈리아 지구 연합군 사령관 알렉산더Alexander 장군과 몬테카시노 방문. 이탈리아 시에나에 있는 알렉산더 장군의 본부로 비행. 알렉산더 장군 및 하딩Harding 장군과 함께 저녁식사.

- 8월 18일 ― 궂은 날씨 때문에 전방 방문 계획 취소.

- 8월 19일 ― 미 육군 제5군 사령관 마크 클라크Mark Clark 장군을 만나러 이탈리아 체치나에 감. 제5군 육군 부대 방문. 항구 복구 작업 진척 상황을 보기 위해 이탈리아 리보르노 방문. 나폴리로 비행. 알렉산더, 하딩, 커닝햄 장군과 저녁식사. 오전 3시 30분에 취침.

- 8월 20일 ― 이탈리아 중부 아르노 강에 있는 영국 최전선을 방문하기 위해 비행. 나폴리로 귀환.

- 8월 21일 ― 로마로 비행, 브루크 육군장군과 포털Portal 공군장군이 런던에서 도착. 영국대사 노엘 찰스 경Sir Noel Charles, 맥밀런, 윌슨, 브루크, 포털 등과 그리스에서의 향후 영국 작전과 이탈리아를 통치할 경우 연합군의 역할에 대해 논의.

- 8월 22일 ― 정치 문제 토론의 날로 '이곳에 얽혀 있는 문제들을 풀어보려 노력.' 이탈리아 총리 보노미Bonomi와 그의 선임자

바돌리오Badoglio와 점심식사. 논의가 새벽 1시까지 진행됨.

- 8월 23일 — 교황 알현. 이탈리아 내각과 만남. 시에나에 있는 알렉산더의 본부로 비행.

- 8월 24일 — 뉴질랜드 사단 방문.

- 8월 25일 — 본부에서 서류 작업. 몬테마조레에 있는 제8군 육군 본부로 비행.

- 8월 26일 — 새로운 공격 지켜봄. 진격하는 군대 바로 뒤를 따라 최전선 방문. 기관총탄이 날아오는 적진에서 460m 정도 떨어진 곳까지 접근. '제2차 세계대전 기간 동안에 들었던 총성의 대부분을 이곳에서 들음.'

- 8월 27일 — 나폴리로 비행. 포치다 섬에서 수영하기 위해 피에몬테 공작의 배를 타고 나감. 저녁식사 후 그리스에서의 향후 작전에 대해 논의. 오전 3시에 취침.

- 8월 28일 — 서류 작업. 나폴리 만에서 마지막으로 수영. 영국으로 비행. 폐렴 재발. 착륙시 체온 39.4°C까지 상승.

- 9월 5일 — 퀸 메리호를 타고 루스벨트 대통령과의 회담을 위

해 캐나다 퀘벡으로 감.

8월 말에 폐렴이 재발하여 체온이 39도까지 올라갔지만, 그 일주일 후에 루스벨트를 만나기 위해 다시 먼 여행을 떠나는 그의 모습은 참으로 인상적이다. 당시의 의학 수준을 생각하면 68세의 노인에게 폐렴 재발은 상당히 심각한 위험신호였을 것이다.

뿐만 아니라 처칠은 런던에 공습 경보 사이렌이 울리면 안전한 곳으로 서둘러 대피하지 않고 폭격 장면을 보기 위해 지붕으로 올라가곤 했다. 심지어는 현재 전투가 벌어지고 있는 지역에, 또는 포탄이 쏟아지는 곳에 있기를 좋아해 종종 장군들을 안절부절못하게 만들었다. 가장 극적인 이야기는 1944년 6월 6일에 감행된 노르망디 상륙작전에 직접 참여하려 했던 것이다. 처칠은 왕 조지 6세까지 나서서 만류하는 바람에 할 수 없이 이 계획을 접었다고 한다. 그러나 처칠은 실제로 현장에서 일이 잘되고 있는지 확인하고, 전쟁의 위험과 모험을 공유하고 싶어했다. 더불어 자신의 행동이 다른 사람들에게 용기를 북돋아준다는 사실을 알고 있었기 때문에 위험을 무릅쓴 것이다. 이러한 현장주의 덕분에 그는 현장감각을 잃지 않았으며, 현장에서 만나는 모든 사람들에게 자신감을 불어넣었다.

3. 목표의 우선순위를 명확히 하라

전시戰時의 영국을 이끄는 처칠에게 있어서 가장 중요한 전략적 목표는 나치 독일을 꺾는 것이었다. 다른 어떤 것도 이보다 더 중요할 수는 없고, 따라서 이를 위해서는 어떤 것도 희생할 수 있었다. 다음 두 일화는 처칠로 상징되는 영국의 목표가 무엇인지를 잘 보여주고 있다.

• 1940년 6월 22일 독일과 프랑스가 휴전협정을 맺자 처칠은 프랑스 선단이 독일군의 손에 들어갈 것을 우려했다. 그래서 그는 프랑스에게 선단을 독일군의 힘이 미치지 않는 지역으로 옮길 것을 요청한다. 또한 이 요구가 받아들여지지 않으면 알제리의 오랑에 있는 프랑스 선단을 공격하겠다고 위협한다. 2주 후인 7월 3일 프랑스는 처칠의 요청을 받아들이지 않았고, 처칠은 공격을 명령한다. 5분 동안 지속된 공격으로 프랑스의 군함 대부분이 가라앉거나 파괴되었다. 또 프랑스 수병 천 명 이상이 사망했다. 비록 몇 주 전만 해도 동맹국이었지만 적국 독일을 이기는 데 필요하다고 생각했기 때문에 과감하게 공격한 것이다.

• 처칠은 1917년 러시아 혁명으로 러시아에 볼셰비키 정권이 들어서게 된 다음부터 줄곧 소련의 위협을 경고했다. 그는 공산주의를 무척 싫어했으며 스탈린을 깊이 불신했다. 그러나 1941년 6월 나치가 1939년 8월에 체결된 독소불가침조약을 일방적으로 깨고

소련을 침공하자 처칠은 즉각 러시아를 지지하는 선동적인 방송을 한다. 스탈린의 나쁜 이미지를 잘 알고 있는 처칠은 다음과 같은 말로 국민을 설득한다.

"누구든 어느 나라든 나치에 대항하여 싸운다면 우리에게 도움이 되는 존재입니다. 누구든 어느 나라든 히틀러와 함께 행진한다면 우리의 적입니다."

또 의회에서는 자신이 계속 공산주의에 대해 적대감을 갖고 있었다고 말하면서 이렇게 말한다.

"나는 내가 공산주의에 대해 한 말을 번복하지 않을 것입니다. 하지만 지금 전개되고 있는 상황 앞에서는 그 모든 것이 의미가 없습니다."

한편 처칠은 영국 혼자만의 힘으로는 절대로 독일을 이길 수 없다는 사실도 잘 알고 있었다. 따라서 그는 동맹국이 필요했으며, 무엇보다도 미국의 참전을 간절히 바랐다. 그래서 그는 미국의 프랭클린 루스벨트 대통령과의 관계에 각별히 공을 들였다. 그는 중대한 문제에 관해서는 외무성을 통하지 않고 직접 대통령에게 편지를 냈다. 전쟁기간 중에 처칠이 루스벨트에게 보낸 문서는 950통, 대통령의 답장은 800통이었다고 한다.[2] 그러나 고립주의적인 정서가 팽배해 있던 미국을 전쟁에 끌어들이는 것은 결코 쉽지 않았다. 하

2
《세계의 인간상》 6권의 처칠편, 서울: 신구문화사, 1963, p. 475.

지만 처칠은 루스벨트와 지속적으로 연락을 취하면서 신뢰를 착실히 쌓아갔다. 이러한 정성의 결과 1941년 2월 8일 영국의 전쟁수행에 결정적인 도움을 주게 된 '무기대여법'이 미국하원에서 통과되었다.

1941년 8월 처칠은 루스벨트를 직접 만나기 위해 프린스 오브 웨일즈 호를 타고 대서양을 건넌다. 8월 14일 이 군함 위에서 처칠과 루스벨트는 여러 가지 중요한 사항을 결정하고, 전쟁에 대한 두 나라의 공동목표를 제시한 '대서양헌장'을 채택한다. 그럼에도 불구하고 처칠은 전쟁에 참여하겠다는 루스벨트의 약속을 얻어내지 못한다. 미국은 같은 해 12월 일본 공군에게 진주만 기습을 당하고 나서야 참전을 결정하게 된다. 일본의 진주만 기습, 이어서 미국의 참전 소식을 들은 처칠은 뛸 듯이 기뻐했다. 그는 태평양 전쟁 발발 소식을 듣고 이렇게 외쳤다고 한다.

"히틀러는 이제 끝났다. 무솔리니도 끝났다. 일본은 으스러질 것이다. 이제 남은 일은 압도적인 힘으로 밀어붙이는 것뿐이다."[3]

해석

다음 두 표를 보면 "미국이 참전함으로써 이제 전쟁은 이긴 것이나 다름없다."는 처칠의 통찰이 근본적으로는 옳았다는 것을 알 수 있다.

〈표 III-1〉에 따르면 미국은 참전한 이후 1942년부터 독일보다 항공기를 세 배 가량 많이 생산하고 있다. 또 〈표 III-2〉를 보면 이미

표 III-1 주요 교전국의 항공기 생산(1939~1945)[4]

(단위: 대)

4
3의 책 p. 354

	1939	1940	1941	1942	1943	1944	1945
미국	5,856	12,804	26,277	47,836	85,898	96,318	49,761
소련	10,382	10,565	15,735	25,436	34,900	40,300	20,900
영국	7,940	15,049	20,094	23,672	26,263	26,461	12,070
영국연방	250	1,100	2,600	4,575	4,700	4,575	2,075
연합국 전체	24,178	39,518	64,706	101,519	151,761	167,654	84,806
독일	8,295	10,247	11,776	15,409	24,807	39,807	7,540
일본	4,467	4,768	5,088	8,861	16,693	28,180	11,066
이탈리아	1,800	1,800	2,400	2,400	1,600	-	-
추축국 전체	14,562	16,815	19,264	26,670	43,100	67,987	18,606

표 III-2 주요 교전국의 군수 생산(1940~1943)[5]

(단위 : 10억 달러)

5
3의 책 p. 355

	1940	1941	1943
영국	3.5	6.5	11.1
소련	(5.0)	8.5	13.9
미국	(1.5)	4.5	37.5
연합국 총계	3.5	19.5	62.5
독일	6.0	6.0	13.8
일본	(1.0)	2.0	4.5
이탈리아	0.75	1.0	-
추축국 총계	6.75	9.0	18.3

1943년에 미국의 군수품 생산액은 독일을 압도하고 있다. 즉 경제력 면에서 독일은 미국의 상대가 못 되었다. 물론 경제력만으로 전쟁의 승패가 결정되는 것은 아니다. 그러나 제2차 세계대전처럼 장기적이고 전면적인 경우에는 전쟁을 지속할 수 있는 힘이 더 강한 나라가 궁극적으로는 이기게 마련이다. 따라서 일본의 진주만 공습이 있은 지 나흘 뒤인 1941년 12월 11일 히틀러가 미국에 선전포고

를 했을 때부터 이미 독일의 패망은 시간문제였던 것이다.

이러한 점을 미리 내다본 처칠이었기에 진주만 공습이 있은 직후 그는 벌써 전함 듀크 오브 뉴욕 호를 타고 대서양을 건넌다. 우리는 여기서 전략적 중요도에 따라 처칠이 얼마나 민첩하게 움직이고 능동적으로 대처하는가를 알 수 있다. 그는 미국과 캐나다에서 약 3주 반을 머물면서 전쟁수행을 위한 여러 합의를 이끌어낸다. 그는 1941년 12월 26일에는 미국의회에서 연설을 했고, 루스벨트와의 관계를 더욱 돈독히 했다. 그래서 루스벨트는 처칠과 헤어지는 자리에서 "끝까지 저를 믿으십시오."라고 말했다고 한다.

하지만 독일을 패배시키기 위해 처칠이 필요로 했던 또 하나의 동맹국 소련의 <u>스탈린</u>은 다루기가 쉽지 않은 상대였다. 그는 처칠이 어떤 원조를 해줄 수 있느냐에만 관심이 있었고, 영국이 소련에 보내준 무기에 대해 그다지 고마움의 뜻을 표하지도 않았다. 그러나 소련과의 동맹의 전략적 중요성을 잘 알고 있는 처칠은 꾸준히 스탈린과 소통하면서 관계를 공고히 하기 위해 노력했다. 그는 1943년 9월 21일 영국의회에서 연설할 때 다음과 같이 말했다고 한다.

"동맹관계의 단점을 살펴볼 때에는, 동맹관계의 장점이 얼마나 뛰어난지를 잊지 말아야 합니다."

이러한 생각을 갖고 있는 처칠이기에 1942년 8월 건강이 좋지 않음에도 불구하고 모스크바로 날아간다. 스탈린에게 제2전선 구축이 늦어질 것이라는 나쁜 소식을 직접 전달하기 위해서다. 회의 내내 스탈린은 제2전선 구축 연기에 대해 항의했고, 처칠을 모욕하기도 했다. 그러나 처칠은 꾹 참았을 뿐만 아니라, 연합군이 앞으로 제공할 군사지원과 그와 루스벨트가 공동으로 계획하고 있는 북아프리카 상륙작전에 대해 차분히 설명한다. 마침내 스탈린의 태도도 호의적으로 바뀌고 그는 다음과 같이 말한다.

"우선 이렇게 개인적으로 견해를 교환하는 것이 가장 중요한 일이라고 말하고 싶군요. 우리가 만났다는 사실 자체가 매우 큰 값어치가 있습니다. 우리는 서로에 대해 알게 됐고 서로를 이해하게 됐습니다."

처칠은 직접 대면의 힘을 잘 알고 있었기 때문에 육체적인 고단함을 무릅쓰고 악랄한 독재자이지만 협력해야 하는 스탈린을 만나러 간 것이다.

처칠은 독일을 이기기 위해서는 피곤함도, 개인적인 모욕도, 신변의 위험도, 그 어느 것도 전혀 개의치 않았다.

4. 네 번 쓰러지고 네 번 다시 일어난 사나이

윈스턴 처칠에 관해 잘 알려지지 않은 사실은 그가 무려 네 번이나 몰락했었고, 네 번이나 다시 일어섰다는 사실이다. 우리는 흔히 현대 중국의 비범한 지도자 덩샤오핑을 오뚜기에 비유한다. 그가 권좌에서 두 번이나 밀려났지만 다시 오뚜기처럼 일어났기 때문이

덩샤오핑[鄧小平(등소평
(1904~1997)
중국의 정치가, 마오쩌둥과 화궈펑 이후, 실권을 장악하고 엘리트 양성, 외국인투자 허용 등 실용주의노선에 입각한 과감한 개혁조치를 단행하여 중국경제를 크게 성장시켰다.

다. 덩샤오핑은 마오쩌둥의 사주로 1966년에 시작된 문화혁명 때 홍위병들에 의해 정치국에서 쫓겨났으나 1974년 정치국에 복귀한다. 하지만 1976년 4월에 마오쩌둥은 다시 그를 정치국에서 몰아낸다. 그러나 1977년에 당시 73세의 덩샤오핑은 세 번째로 정치국에 돌아온다. 그 후 그는 적극적인 개방정책을 표방함으로써 오늘날 중국이 세계의 강국으로 떠오르게 되는 기틀을 만든다.

그런데 처칠은 네 번이나 퇴진이라는 쓴잔을 마셨고, 또 네 번이나 재기했다. 지도자로서의 처칠은 무엇보다도 엄청나게 강한 의지의 소유자였다.

일찍이 로마의 대표적인 철학자이자 정치가, 그리고 문필가였던 루시우스 세네카Lucius Seneca(기원전 4~서기 65)는 의지의 중요성과 힘을 다음과 같이 갈파한 바 있다.

"내부적인 발전의 큰 부분은 발전하려는 의지에 의해 벌써 결정된다."

"어떤 일이 어려워서 우리가 과감히 시도하지 못하는 것이 아니라, 우리가 과감히 시도하지 않기 때문에 그것이 어려운 것이다."

"하고자 하는 의지가 없는 것이 진짜 이유이고, 할 수 없다는 것은 평계에 지나지 않는다."

처칠은 세네카가 말하는 의지의 힘과 중요성을 이해하고 있었음에 틀림없다. 그는 31세에 식민지 담당 국무차관이 되었고, 약관 35세에 이미 내무장관으로 임명되었으며, 36세 때인 1911년에는 해군장관에 취임한다. 1차 대전 중인 1915년 그는 당시 독일의 동맹국이었던 터키의 수도 이스탄불을 점령하려는 다다넬즈 작전을 시도하였으나 실패하고 해군장관직을 사임한다.

1917년 7월 처칠은 변함없는 그의 벗이었던 로이드 조지 수상에 의해 군수장관으로 기용된다. 그는 군수장관으로 있으면서 탱크 개발에 힘을 기울였고, 이 새로운 무기는 영국을 승리로 이끄는 데 크게 이바지하였다. 그러나 1922년 로이드 조지가 물러나면서 처칠도 함께 퇴진해야 했다.

1924년 11월 당시의 볼드윈 수상은 재정에 대해서는 문외한인 처칠을 재무장관으로 임명한다. 1929년 볼드윈이 실각하면서 함께 물러난 처칠은 이때부터 10년간 암울한 야인생활을 시작한다. 그는 재야에 있으면서 영국정부의 정책을 많이 공격하였는데, 특히 1933년 이후에는 히틀러에 대한 경각심을 불러일으키는 데 주력하였다.

1939년 9월 1일 독일이 폴란드를 침공하자, 9월 3일 영국은 독일에 선전포고를 하고 같은 날 처칠은 24년 만에 다시 해군장관으로 기용된다. 이어서 이듬해 5월 10일 영국 수상이 된 그는 불굴의 투지로 전쟁을 수행하여 마침내 1945년 5월 8일 독일의 무조건 항복이라는 영광의 순간을 맞는다. 그러나 이 역사적인 승리 직후에 있었던 선거에서 영국 국민들은 처칠이 속해 있던 보수당이 아닌 클레멘트 애틀리가 이끄는 노동당을 선택한다. 이로써 처칠은 네 번째 추락을 맛본다.

그러나 1951년 10월 77세의 처칠은 또다시 영국 수상으로 선출된다. 하지만 두 번째로 수상이 된 그는 더 이상 예전의 처칠이 아니었다. 그는 기억력 감퇴와 난청에 시달렸으며, 그 뛰어난 연설가가 횡설수설하기도 했다. 급기야는 1953년 6월 뇌졸중으로 말미암아 업무에서 한 달간 손을 떼기도 했다. 1955년 4월 6일 처칠은 마침내 여왕에게 사표를 제출하고 평민의 생활로 돌아간다. 그리고 나서 약 10년간 조용히 지내다가 1965년 1월 24일 90년에 걸친 그 웅장한 삶을 마감한다.

5. 창의적이고 혁신적인 부하를 옹호하다

"탐색적이며 동시에 차분한 눈으로 고려할 필요가 없을 정도의 낡은 아이디어는 존재하지 않습니다."

-처칠의 의회 연설, 1940년 5월 23일

처칠은 관습에 얽매이지 않는 천부적인 혁신가였다. 창의력이 풍부했던 그는 정부 조직에서부터 과학, 기술, 신무기에 이르기까지 다양한 분야에 대한 혁신적인 아이디어를 내고, 또 스스로 혁신작업을 돕거나 주도했다. 처칠이 주도한 혁신 사례를 보자.

• 1911년 해군장관으로 지명된 처칠은 해군참모학교를 세울 것을 주창하였다. 그는 해군의 군함, 무기, 운영 방식 등이 더욱 복잡해지고 있음을 깨달았고, 영국해군이 숲은 보지 못하고 나무만 보고 있다고 느꼈다. 그래서 그는 해군의 정책을 개발하

고 해군 전략에 대해 과학적이고 이론적인 연구를 하는 두뇌집
단을 육성해야 한다고 믿었던 것이다.

- 해군본부에서 일을 시작한 지 얼마 지나지 않아 그는 항구와
연료 창고 등을 보호하기 위한 해군항공대를 창설해야 한다고
생각했다.

- 1차 대전 중 서부전선이 교착상태에 빠지고 전투의 성격이 소
모적인 참호전으로 바뀌었을 때, 처칠은 과감하게 오늘날의 탱
크에 해당하는 병기를 개발하자고 제안했다. 즉 '증기 트랙터
에 사람과 무기가 들어갈 수 있으며 방탄이 되도록 장갑판을
설치한 작은 보호 공간을 만드는' 실험을 해보자고 한 것이다.

- 1935년에 이미 레이더radar의 잠재력을 알아본 처칠은 수상으
로 있던 1940년 가을 레이더 기술 향상에 최우선 순위를 부여
하라는 메모를 전시 내각에 보낸다.

해석 ——

혁신에는 늘 저항이 따른다. 왜냐하면 혁신이란 슘페터의 말대로
현재 있는 것을 창조적으로 파괴하는 것이기 때문이다. 기업도 마
찬가지다. 그래서 대부분의 기업에는 혁신으로 인한 변화를 달가워
하지 않는 사람들이 꽤 있다.

내가 여기서 말하는 혁신은 기술이나 제품의 혁신뿐만 아니라 전

략 및 경영관리 전반의 변혁을 포함하는 더 넓은 개념이다. 자기 영역을 직접 건드리지 않는 한 아무도 혁신 그 자체를 반대하지는 않는다. 그러나 많은 사람이 혁신으로 말미암아 자기 영역이 위협 받는다고 생각한다. 그래서 인류의 역사는 어떤 의미에서 변화를 추구하는 세력과 현 상태를 고수하려는 층의 끊임없는 투쟁의 기록이다. 다음 보기들을 보자.

- 고대 그리스의 수학자 아폴로니우스는 아르키메데스를 알렉산드리아 대학에서 쫓아내려고 했다고 한다.

  이유: 아르키메데스가 수학연구에 실험방법을 도입함으로써 순수 수학을 물질로 더럽혔기 때문에!

- 18세기 중반에 비엔나대학교 의과대학 교수 제멜바이스는 의사들에게 수술하기 전에 소독물로 손을 씻으라고 했다. 손을 통해 병균이 옮아 가니까. 그러나 그의 동료들은 이 말을 자기들이 깨끗하지 않다는 말로 받아들여 격분하였고, 결국 제멜바이스는 이 일로 인해 학교를 떠났다고 한다.

- 혁신적인 생각을 갖고 있던 갈릴레오는 교회와 충돌하기 훨씬 이전부터 정통파 아리스토텔레스 추종자들의 미움을 많이 받고 있었다.

- 1829년 미국의 뉴욕주지사는 당시 대통령 잭슨에게 "미국 국민을 철도의 해독으로부터 보호하라"고 건의했다고 한다! (철도는 그 후 미국의 경제발전에 엄청나게 이바지하였다.)

- 천문학자 사이몬 뉴쿰(1835~1909)은 라이트 형제가 시험 비행

을 처음 시도한 1900년 이후에도 공기보다 무거운 기계가 하늘을 나는 것은 불가능하다고 주장하고 있었다.

• 19세기 후반 어느 날 영국의회에서 당시 영국 체신부의 한 간부는 미국에서 온 '전화'라는 새로운 제품에 대해 질문을 받고 있었다.

질문: "이 발명품이 영국에 무언가 도움을 줄 수 있을까요?"

대답: "아뇨, 미국사람들은 아마 전화를 필요로 할지 모르지만 저희는 그렇지 않습니다. 왜냐하면 우리는 심부름꾼이 많으니까요."

• 1908년 영국의 특허청장은 특허청을 없앨 것을 건의했다.

이유: 웬만한 발명품은 이제 다 나왔으니까!

• 1943년 IBM의 설립자 토머스 왓슨은 전세계에 필요한 컴퓨터는 다섯 대 정도라고 말했다.

이런 이야기를 지금 들으면 한심하고 우스꽝스럽기 짝이 없다. 그러나 현재의 우리는 옛날과 얼마나 달라졌을까? 대답은 '전혀'이다. 1977년 미국의 컴퓨터회사 DEC의 설립자 켄 올센은 PC의 도입에 대해 다음과 같이 말했다고 한다.

"모든 사람이 집에 컴퓨터를 갖고 있어야 할 이유는 없다."

처칠도 물론 많은 저항에 부딪쳤다. 그가 해군참모 학교를 세우려고 하자 실질적인 해군 지휘관인 윌슨Wilson 장군이 이에 완강하게 반대했다. 처칠은 할 수 없이 그를 그만두게 했지만, 후임자하고도 일이 순조롭게 진행되지 않았다. 해군은 참모학교가 실제로 배 위에서 일하는 사람들과 호흡이 잘 안 맞는 장교들을 양성할지도 모른다고 생각한 것이다. 또 영국육군은 해군항공대의 창설을 반대했으며, 재무부는 해군본부 소속 공군부에 자금을 지원해 달라는 처칠의 요청을 세 번이나 거절했다. 그러나 처칠은 끈기 있게 이 프로젝트를 밀어붙여 마침내 성사시킬 수 있었다. 또 1차 대전 시 영국 육군부는 탱크를 개발하자는 처칠의 제안을 거절했으며, 그가 수상이 되기 전까지 영국정부는 레이더기술 연구를 지원하지 않았다.

혁신을 하려면 고정관념을 버리고 위험을 부담할 각오를 해야 한다. 혁신에는 불안과 불확실성이 따르게 마련이다. 따라서 처칠이 경험한 것처럼 혁신에 대해 저항이 있는 것은 어떤 면에서는 이해할 만하며, 또 당연한지도 모른다. 과거의 성공은 흔히 혁신의 가장 큰 적이다. 기업이 과거에 시장에서 잘 해왔을수록 이것저것 걸리는 것이 더 많으며, 새로운 것이 그만한 성공을 가져오지 못할 위험도 더 크다. 혁신을 하려면 기존의 관습과 성공법칙을 과감히 버려야 한다. 말이 쉽지, 실제로는 무척 어렵다. 그래서 어떤 이는 이렇게 말했다고 한다. "새로운 관습을 받아들이는 것은 쉽다. 그러나 기존의 관습을 버리는 것은 참으로 영웅적인 업적이다."

또한 처음 성공을 거두는 것보다 화려한 성공의 길을 계속 가기가 더 힘들다. 왜냐하면 그럴 때 특히 혁신에 대한 저항이 크기 때문이다. 빛나는 역사를 가진 미국의 철도회사들은 왜 항공회사와 경쟁하지 않았나? 왜 70년대 말에 필름회사들은 비디오사업에 진출하지 않았나? 왜 독일의 유명 제약회사들은 80년대에 유전공학

제품을 키우지 않았는가?

대답은 간단하다. 현재 잘되는 사업을 건드리고 싶지 않았기 때문이다. 그 잘되던 사업은 지금 다 어떻게 되었나? 고정관념을 깬 혁신에 의해 모두 밀리고 말았다. 끊임없이 현재의 자기에 대해 의문을 던지고 때에 따라서는 혁신적인 제품·전략·방식으로 공격하는 회사만이 장기적으로 살아 남는다. 끝없이 쫓고 쫓기는 것이 바로 자본주의 시장경제다. 현실에 안주하고 오늘의 성공에 만족하는 회사는 반드시 쇠퇴하게 마련이다. 시장을 경쟁사에 내주기보다는 스스로 혁신하여 그것을 차지하는 것이 훨씬 낫다.

그러면 처칠은 혁신에 대한 저항을 어떻게 극복하고, 또 어떻게 혁신을 촉진하였는가?

그는 우선 창의적이고 혁신적인 부하들을 적극 옹호했다. 1940년 8월 처칠은 평상시에 아주 재능이 있다고 생각해온 제퍼리스 Jefferis 소령을 진급시키기로 마음먹었다. 그러나 육군이 크게 반발했다. 제퍼리스 앞에 149명의 소령이 중령 진급을 기다리고 있었던 것이다. 군대에서는 연령과 복무기간이 재능보다 중요했다. 하지만 처칠은 "전시에는 나이든 사람에게 무조건 복종하는 것보다 능력 있는 사람을 앞에 세우는 것이 더 중요하다."라고 말했다. 처칠은 제퍼리스를 진급시켰을 뿐만 아니라 그가 필요로 하는 자원을 모두 지원했다. 나중에 소장으로까지 진급한 제퍼리스가 이끄는 팀은 그 후 중요한 신무기 몇 종을 개발하고, 대량생산으로 이어지게 하였다고 한다. 처칠의 이러한 행위는 IBM 회장이었던 토머스 왓슨

Thomas Watson이 했던 말을 생각나게 한다.

"나는 내가 좋아하지 않는 사람을 승진시키는 데 망설인 적이 없다. 오히려 나는 조금 반항기가 있고 약간 참기 어려운 유형의 사람들을 눈여겨보아왔다. 어떤 회사가 그런 사람들을 충분히 확보하고 그들을 끌어안을 만한 아량이 있으면, 그 회사의 장래는 무한히 밝다."

처칠은 또 관련자들과 식사를 함께 하는 등의 방법으로 격식을 없애고, 그렇게 함으로써 자발적인 의견 개진이 이루어지도록 했다. 그는 또한 지속적으로 내보낸 메모나 회의를 통해 개선사항이나 변화를 위한 아이디어가 여기저기 배포되도록 했다. 처칠은 그렇게 함으로써 무언가를 시도하고 시험하는 일이 중시되는 문화를 창조했다. 처칠이 내보낸 메모에는 수상 자신의 아이디어도 물론 있었지만 그가 여러 원천으로부터 수집한 다양한 아이디어도 담겨 있었다.

|시사점|

현대의 경영자도 처칠을 본떠서 '왜'라는 질문을 자주 그리고 스스럼없이 던질 수 있는 풍토를 만들 필요가 있다. 경영자는 스스로 회사경영의 여러 측면에 대해 질문을 해보고, 또 직원들에게도 그렇게 하도록 권하는 것이 좋다. 창의적인 사람들은 얼핏 당연한 듯이 보이는 것에 대해서도 항상 "왜 그럴까?"라는 의문을 갖는다. 경영자는 그러한 면을 북돋아 주어야 한다.

"죽기를 각오하고 싸우면 살고,
살려고 꾀를 내고 싸우면 죽는다."

이순신

李舜臣

본관은 덕수德水, 자는 여해汝諧, 시호는 충무忠武. 32세에 식년 무과에 병과로 급제한 뒤 권지훈련원봉사權知訓練院奉事로 첫 관직에 올랐다.

1586년(선조 19) 사복시주부司僕寺主簿를 거쳐 조산보만호造山堡萬戶가 되었다. 이때 호인胡人의 침입을 막지 못하여 백의종군하게 되었다. 그 뒤 전라도 관찰사 이광李洸에게 발탁되어 전라도의 조방장助防將이 되었다. 1591년(선조 24) 전라좌도수군절도사全羅左道水軍節度使로 승진한 뒤, 좌수영에 부임하여 군비 확충에 힘썼다.

이듬해 임진왜란이 일어나자 옥포에서 일본 수군과 첫 해전을 벌여 30여 척을 격파하였다(옥포대첩). 이어 사천에서는 거북선을 처음 사용하여 적선 13척을 격파하였다(사천포해전). 1597년(선조 30) 일본은 이중간첩으로 하여금 가토 기요마사加藤淸正가 바다를 건너올 것이니 수군을 시켜 생포하도록 하라는 거짓 정보를 흘리는 계략을 꾸몄다. 이를 사실로 믿은 조정의 명령에도 불구하고 그는 일본의 계략임을 간파하여 출동하지 않았다. 이로 인하여 적장을 놓아주었다는 모함을 받아 파직당하고 서울로 압송되어 투옥되었다. 사형에 처해질 위기에까지 몰렸으나 죽음을 면하고 두 번째로 백의종군하였다.

그의 후임 원균은 7월 칠천해전에서 일본군에 참패하고 전사하였다. 이에 수군통제사로 재임명된 그는 13척의 함선과 빈약한 병력을 거느리고 명량에서 133척의 적군과 대결하여 대승을 거두었다(명량대첩). 이 승리로 조선은 다시 해상권을 회복하였다. 1598년(선조 31) 2월 고금도古今島로 진영을 옮긴 뒤, 11월에 명나라 제독 진린陳璘과 연합하여 철수하기 위해 노량에 집결한 일본군과 혼전을 벌이다가 유탄에 맞아 전사하였다(노량해전).

언젠가 어느 일간지가 조사한 바에 따르면 우리나라 국민들은 역사상 가장 훌륭한 지도자로 박정희 대통령과 세종대왕 그리고 이순신 장군을 꼽았다. 세 분 모두 나라의 안전과 겨레의 번창에 크게 이바지하였지만, 오늘날 경영자들에게 리더십을 가르쳐주는 위인으로 충무공 이순신이 으뜸이라고 나는 생각한다. 박정희 대통령과 세종대왕이 비교적 안정된 시기에 나라를 다스리면서 여러 가지 뛰어난 공적을 세운 것과는 달리 이순신 장군은 그야말로 바람 앞의 등불 같은 위급한 처지에 있을 때 온갖 악조건을 무릅쓰고 나라를 구해냈기 때문이다.

현대의 기업경영은 세계 시장이라는 넓은 싸움터에서 치열하게 전개되고 있다. 그것은 격렬한 전투의 연속이며, 각종 위기와 변화로 점철되어 있다. 이러한 상황에서 기업을 이끌어가는 최고경영자는 바로 현대판 장수이다. 이순신은 우리에게 장수로서의 본보기를 보여주었을 뿐만 아니라, 그가 처한 긴급한 상황이 오늘날 경영자들이 경영현장에서 느끼는 절박함과 크게 다르지 않다는 의미에서 그는 살아 있는 경영 리더십의 큰 스승이다.

이순신은 임진왜란이 발발한 1592년 4월 14일 직후인 1592년 5월 초부터 전쟁이 끝나기 직전인 1598년 11월까지 모두 여덟 차례 큰 해전을 치른다. 이 장章의 끝(부록)에 이순신이 거둔 구체적인 전과戰果를 육하원칙(누가, 언제, 어디서, 무엇을, 왜, 어떻게)에 따라 순서대로 정리해두었다.

부록에서 보다시피 이순신과 그의 함대는 7년 가까이 계속된 임진왜란 기간 동안 모두 여덟 차례의 큰 해전을 비롯한 각종 해전에서 900척 이상의 일본 함선에게 격침 등의 큰 피해를 입혔으며, 12만 이상의 일본군이 조선 수군과의 싸움에서 전사했다.

온갖 역경 가운데서도 이토록 화려한 전적을 거둔 이순신이 오늘날 경영자들에게 주는 가르침은 무엇인가?

1. 병법의 기본 원리에 충실하라

이순신 장군은 병법에서 이야기하고 있는 기본 원칙을 철저하게 준수했다. 동양의 가장 대표적인 병법서인 손자병법을 보면 승리의 요건을 다음과 같이 정리하고 있다.

1. 적을 알고 나를 알면 백 번 싸워도 위태하지 않다.
2. 적이 달려가지 않는 곳에 나가고, 적이 뜻하지 않은 곳으로 달려가야 한다. 적의 허를 찌르면 아군이 진격할 때 적이 우리를 막을 수 없다.
3. 내가 적의 배치 상황을 파악할 수 있고, 반면에 아군의 배치 상황을 숨길 수 있다면, 아군은 집중하여 하나가 되고 적군은 분산되어 열이 되므로, 이는 열로써 적의 하나를 공격하는 것이 된다.

첫 번째 원칙은 너무나도 잘 알려져 있기 때문에 여기서 다시 언급하는 것이 민망할 정도이다. 그러나 전쟁에서 또 기업경영에서 정확한 정보의 중요성은 아무리 강조해도 지나치지 않다. 따지고 보면 임진왜란 초기 조선의 참패는 이미 예고된 것이나 다름없었다. 적국 일본에 대한 정보가 거의 없다시피 했기 때문이다. 조선에서 일본의 동정을 살피기 위해 파견한 사신 황윤길과 김성일의 보고는 상반된 것이었다. 황윤길은 침략의 가능성을 제기하였고, 김성일은 그것을 부인했다. 황윤길은 서인西人, 김성일은 동인東人이라는 당파에 각각 속해 있었는데, 동인이 우세했던 조정에서는 김성일의 말을 받아들였다. 정보의 정확성보다는 당리당략에 의해 국가의 정책이 결정된 것이다.

객관적인 정보를 바탕으로 적국의 힘을 제대로 평가하지 않는 일은 20세기에 들어와서도 있었다. 다음 두 사례를 보자.

- 1941년 6월 22일 나치 독일이 300만의 군대를 동원해 소련을 공격했을 때, 그들은 석 달 내에 전쟁이 끝날 것이라고 예측했다. 그러나 독소전쟁은 한 달 모자라는 4년간 계속되었으며, 결과는 독일의 무조건 항복이었다.
- 1941년 12월 7일 일본이 기습적으로 하와이의 미국 태평양함대를 공격함으로써 태평양전쟁이 시작된다. 당시 미국의 경제력은 일본의 10배 이상이었다고 하니 일본은 미국의 힘을 엄청나게 과소평가한 것이다.

그러나 이순신은 조선정부와는 달리 정보 수집과 축적 그리고 활용에 많은 힘을 기울였다. 그는 꼼꼼한 현장답사를 통해 남해안의

서인(西人)
15세기 말 이후 중앙 정계에 진출하여 훈구파(勳舊派)의 심한 탄압을 이겨내고 16세기 중엽 선조 즉위 후 중앙정계를 장악한 사림파. 이이를 비롯하여 서인들은 일본의 침략 가능성을 예상하고 십만양병설을 주장하였지만 동인들은 서인 세력을 몰아내는 데만 골몰하여 이를 일축하였다.

동인(東人)
조선 중기의 정파. 16세기 중엽, 선조 즉위 후 훈구파들이 물러나고 중앙 정계를 장악한 사림파(士林派)들 가운데서 신진 관인들을 중심으로 형성된 당파이다. 특히 1590년 일본 통신사로 갔던 동인 김성일이 국가의 운명보다는 당파의 이익에만 치중하여 일본의 침략 대비에 반대하였던 일화는 유명하다.

복잡한 지형과 조류潮流를 훤히 꿰뚫고 있었으며, 전쟁이 난 다음에
는 피난민, 포로, 척후병, 정탐선 등을 통해 적의 규모와 동향, 이동
경로 등을 세밀히 파악했다.

- 첫 해전인 옥포해전에서 적을 가장 먼저 발견한 것은 앞쪽에
  배치한 정탐선이며, 한산해전의 승리도 '견내량에 70여 척의
  일본 함선이 정박해 있다'는 정확한 정보가 있었기에 가능했다.
- 이순신이 치른 해전 가운데 가장 어려웠던 명량해전에서도 이
  순신은 전투가 벌어지기까지 미리 깔아놓은 정보수집망을 통
  해 일본 수군의 움직임을 상세히 알고 있었다.

손자가 말했고 이순신이 보여주었다시피 적군과 아군, 지형지물
地形地物 등에 관한 정확한 정보의 수집·분석·활용은 승리의 기본
요건이다.

현대의 경영학 용어로 말하면 마케팅에서 얘기하는 이른바
4Ccompany, competition, consumer, collaborators, 즉 우리 회사·경쟁사
·소비자·협력회사 등에 관한 지속적이고도 수준 높은 분석의 중
요성을 일깨워준다고 하겠다. 손자병법의 기본 원칙 2와 3을 오늘
날의 언어로 풀어 쓰면 다음과 같다.

- 가능하면 상대방이 경쟁우위를 갖고 있는 부문이 아닌 다른

부문에서 경쟁우위를 갖추고, 상대방의 경쟁우위가 없는 곳을
쳐라.

- 상대방이 쉽게 반격하기 어려운 곳을 쳐라.
- 반드시 뚜렷한 경쟁우위를 갖춘 다음에 공격하라.

이것이 바로 현대의 경영전략론에서 이야기하는 공격할 때의 기
본 지침이며, 이순신도 이 원칙을 충실히 지키고 있다. 그 대표적인
사례가 명량해전 당시 활용한 전략이다. 잘 알려져 있다시피 이 전
투에서는 적의 함대가 아군의 10배가 넘었으며, 배에 타고 있는 병
력 수는 50배였다. 이런 불리한 상황에서 이순신의 수군은 적의 함
정 31척을 침몰시켰으며, 나머지 92척은 쓸 수 없을 정도로 큰 피
해를 입혔다. 또한 2만 명 가까운 적군 병사가 수장水葬되었다.

형편 없이 열세였던 이순신의 함대는 어떻게 이토록 빛나는 승리
를 거둘 수 있었을까?

첫째, 해전 장소를 주도적으로 선택했다

이순신은 한산해전에서 좁은 견내량에 정박해 있는 일본 함대를
한산도 앞 넓은 바다로 유인하여 모조리 격파했다. 조선 판옥선板屋
船이 활동하기에 좋고 일본 수군 병사들이 육지로 헤엄쳐 도망칠
수 없는 곳이기 때문이다.

노량해전에서는 노량의 물목을 해전 장소로 골랐다. 이순신 함대
가 해상 봉쇄하고 있던 일본의 고니시小西行長 부대를 구원하기 위
해 일본 수군이 총출동했기 때문이다. 계속 해상 봉쇄를 하고 있으

면 앞은 고니시 부대에게, 뒤는 구원하러 오는 일본 함대에게 협공 당할 우려가 있었다. 그래서 이순신은 일본 구원부대의 움직임을 듣자마자 봉쇄를 풀고 노량으로 향했다.

명량해전에서는 명량의 물목(울돌목)을 싸움터로 택했는데 이에 대해 이순신은 "한 사람이 길목을 지키면 천 명도 두렵게 할 수 있다."라고 이유를 설명한다.

한마디로 관운장이나 장비 같은 힘센 장수가 외나무다리를 지키고 있으면 수백 명이라도 당할 수 있다는 것이다. 적군이 아무리 많더라도 외나무다리를 건너오는 자는 한 명일 수밖에 없기 때문이다. 이순신은 수적으로 열세인 조선 수군에게는 가장 유리한, 그리고 수적으로 우세한 일본 수군에게는 가장 불리한 좁은 물목을 해전의 무대로 삼은 것이다.

또한 명량해협 서북쪽은 조수가 대단히 빠르게 흐르고, 최대 유속이 시속 40킬로미터 이상으로 일본 함대나 이순신 함대의 함선 속도보다 빨랐다. 그리고 밀물과 썰물이 약 6시간마다 바뀌어 물이 동에서 서로, 서에서 동으로 바뀌어 흐르는데, 물이 바뀔 때는 물의 흐름이 잠시 멈추지만 그 후 30분마다 유속이 10킬로미터가 늘어난다. 따라서 물이 바뀌고 나서 2시간이 지나면 다시 유속이 40킬로미터가 된다. 이러한 과정이 하루에 네 번 반복되는 특수한 조건을 가진 곳이 바로 울돌목 근처였다. 밀물과 썰물 사이의 유속이 10킬로미터 이하인 시간은 한 시간 남짓인데, 이 시간 중에는 배를 어느 정도 통제할 수 있지만 나머지 시간에는 배가 빠른 조수에 밀려가게 마련이다. 이순신은 이러한 조건을 잘 활용하면 적의 공격을 막아내고, 역이용하면 효과적으로 공격할 수 있다는 점에 착안했다.

둘째, 적이 반격하기 어려운 곳

울돌목의 빠른 조수와 좁은 물목 때문에 일본 수군은 어란포에 집결한 300여 척의 함선 가운데 133척밖에 투입하지 못했는데, 이들은 조수가 바뀌면서 큰 혼란에 빠졌다. 또한 울돌목이 좁고 험하기 때문에 서로 부딪혀서 부서졌다. 이때 조선 수군의 거북선과 판옥선은 적을 맹공격하였다. 이렇게 하여 아군은 큰 승리를 거두었다.

여기서 결정적인 승전 요인은 명량해협의 조류가 역류에서 순류로 바뀔 때까지 약 1시간 동안 조선 수군이 울돌목을 사수한 것이다. 이러한 점을 미리 예상한 이순신은 작전 전야 지휘관 회의에서 그 유명한 "죽기를 각오하고 싸우면 살고, 살려고 꾀를 내고 싸우면 죽는다必死卽生 必生卽死"라는 병법 구절을 인용한다.[1] 적의 압도적인 병력에 겁을 먹은 장병들에게 결사항쟁의 의지를 심어주기 위함이다. 자신이 선두에 서서 단호하게 싸우는 모범적인 자세를 보여준 것은 말할 것도 없다. 난중일기에 나오는 그의 모습을 보자.

> 나는 노를 바삐 저어 지자地字, 현자玄子 등 각종 총통을 마구 쏘니 탄환은 폭풍우같이 쏟아지고 군관들이 배 위에 총총히 들어서서 화살을 빗발처럼 쏘니 적의 무리가 감히 대들지 못하고 나왔다 물러갔다 하였다.[2]

1
정유년 9월 15일자 난중일기

2
정유년 9월 16일자 난중일기

가장 힘들었던 순간에 솔선수범하는 지도력을 발휘함으로써 이순신은 부하들이 죽을 힘을 다해 싸울 수 있게 하였다.

결론적으로 말해 이순신은 명량해전에서

i) 정확한 정보를 바탕으로 치밀한 작전 계획을 세웠으며,

ii) 뚜렷한 경쟁우위(조류에 관한 지식, 유리한 해전 장소, 힘의 집중)를 갖고,

iii) 적이 반격하기 어려운 곳(좁은 물목, 조류의 바뀜)을 친 것이다.

즉 병법의 기본 원칙을 충실히 지킨 것이다. 이렇게 이순신은 모든 전투에서 "정보수집 → 인위적으로 유리한 상황 조성 → 아군의 역량 총동원 → 집중적으로 적의 허점 공략"이라는 일관된 순서를 보여주고 있다.

2. 자애와 준엄을 겸비한 이순신

이순신 장군에 관한 자료를 보다 보면 참 자애로운 리더였다는 생각이 든다. 난중일기에 나오는 대목을 보면 그의 따뜻한 마음씨를 알 수 있다.

살을 에듯 추워 여러 배의 옷 없는 사람들이 목을 움츠리고 추워 떠는 소리는 차마 듣기 어려웠다.[3]

3
갑오년 1월 20일자 난중일기

바람이 몹시 차가워 뱃사람들이 얼고 떨 것이 염려되어 마음을 안 정시킬 수 없었다.[4]

4
정유년 10월 21일자 난 중일기

첫 번째 일기는 1593년 여름에 진영을 한산도로 옮기고 난 뒤 처 음으로 겨울을 날 때 이야기이고, 두 번째는 명량해전에서 승리하 고 나서 겨울을 보낼 새로운 진영 터를 찾을 때 상황이다. 추울 때 만 괴로운 게 아니었다. 다음 글은 여름에 비가 올 때 병사들이 겪 는 어려움과 답답한 심정을 묘사하고 있다.

흐리고 가는 비가 오더니 저녁에는 큰비가 내리기 시작하여 밤새도 록 내려 집에 마른 데가 없었다. 여러 사람들이 큰 불편을 겪을 것이 무척 염려되었다.[5]

5
갑오년 5월 16일자 난 중일기

비가 조금도 그치지 않으니 싸움하는 병사들이 오죽 답답하랴.[6]

6
갑오년 5월 25일자 난 중일기

이런 글에서 우리는 부하들의 고통을 자신의 아픔으로 여기는 이 순신의 인자한 마음을 느낄 수 있다. 이렇게 부하들을 사랑하는 이 순신이기에 틈만 나면 병사들과 어울리며 노고를 위로하곤 했다.

삼도 군사들에게 술 1,080동이를 먹였다. 우수사, 충청수사가 함께 앉아 먹었다.[7]

7
갑오년 4월 3일자 난중 일기

군사 5,480명에게 음식을 먹였다.[8]

8
갑오년 8월 27일자 난 중일기

이 날은 9일(중양절, 음력 9월 9일)이라 명절이므로 나는 상제喪制의 몸이지만 여러 장병들이야 먹이지 않을 수 없어 제주에서 온 다섯 마리를 녹도와 안골포의 두 만호萬戶(무관 벼슬이름)에게 주어 병사들에게 먹이도록 지시하였다.[9]

9
정유년 9월 9일자 난중일기

여러 장수들이 모여 회의를 하고 그대로 눌러 앉아 위로하는 술잔을 네 잔씩 돌렸다. 몇 잔 돌아간 뒤 경상수사가 씨름을 붙인 결과 낙안 임계형이 일등을 했다. 밤이 깊도록 즐겁게 뛰놀게 했는데 그것은 내 스스로가 재미있게 놀기 위함이 아니라 다만 오랫동안 고생하는 장수들의 마음을 위로해주자는 생각에서였다.[10]

10
병신년 5월 5일자 난중일기

경상수사 권준이 내방하였다. 오늘은 그의 생일이라 하므로 국수를 해먹고, 술에 취하고, 거문고도 듣고 피리도 불다가 저물어서야 헤어졌다.[11]

11
을미년 6월 26일자 난중일기

이렇게 부하 장병들의 마음을 어루만져준 이순신은 또한 그들의 어려움을 해결해주기 위해 언제나 적극적으로 나선다. 병사들의 의복·식량 문제를 해결하고, 전염병에 걸린 병사들의 치료를 위해 애썼으며, 전쟁에 지친 병사들을 위무하기 위해 교대로 휴가를 주기도 했다. 또한 조정에서 전주에 과거시험장을 개설하였으나, 휘하의 무사들이 적과 대치하고 있는데다가 거리가 멀어 시험을 치를 수 없음을 안타까이 여겨 한양에 건의하여 진중에서 과거를 볼 수 있게 하였다.[12]

12
임원빈(2008), pp. 92~93

한편 이순신은 매우 준엄한 지휘관이기도 했다. 손자도 장수의 덕목으로 엄嚴을 강조하고 있는데, 그는 이 말을 "위엄과 형벌로써 삼군三軍을 엄숙하게 하는 것"이라는 뜻으로 썼다고 한다.[13]

이 말을 다음과 같이 현대의 언어로 바꿀 수 있다고 본다.

"조직 내부의 규율을 엄격히 유지하여 부하들이 자신의 명령을 따르도록 하는 힘."

이순신은 이러한 뜻의 엄격한 자세를 철저히 견지하고 있다.

아침 먹은 뒤에 무기를 검열해보니 활, 갑옷, 투구, 화살통, 환도 등도 깨지고 헐어서 쓸모 없이 된 것이 많았으므로, 색리色吏와 궁장弓匠, 감고監考들을 처벌했다.[14]

늦게 녹도 만호(송여종)가 도망간 군사 8명을 잡아왔는데, 그 중 괴수 3명은 처형하고, 나머지는 곤장을 때렸다.[15]

각 배에서 여러 번 양식을 도둑질해 간 자를 처형하였다.[16]

왜적이 왔다고 헛소문을 퍼뜨린 두 명을 잡아 곧 목을 베게 하니 군중의 인심이 크게 안정되었다.[17]

이렇게 이순신은 전쟁준비를 철저히 하지 않거나 도망치거나 훔치는 행위, 헛소문 등으로 사기를 떨어뜨리는 행위 등은 엄격히 다스렸다. 또한 자기 자신은 물론이고 심지어는 종들에게까지도 위엄

[13] 같은 책, p. 107

[14] 임진년 3월 6일자 난중일기

[15] 갑오년 7월 26일자 난중일기

[16] 갑오년 7월 3일자 난중일기

[17] 정유년 8월 25일자 난중일기

을 지킬 것을 요구하였다.

18
갑오년 9월 13일자 난
중일기

어제 취한 것이 아직 깨지 않아 방 밖으로 나가지 않았다.[18]

자신의 흐트러진 모습을 보이고 싶지 않았기 때문임은 말할 것도
없다.

19
정유년 6월 3일자 난중
일기

아침에 종들이 고을 사람들의 밥을 얻어먹었다고 하기에 그들에게
매질을 하고 밥쌀을 도로 갚아주었다.[19]

이순신은 이렇게 종들에게도 자존심을 지닐 것을 요구하였으니
그가 부하 장병들에게 어떠한 처신을 기대했는가는 물을 필요도 없
을 것이다. 반면에 이순신은 공적이 있는 사람은 반드시 포상하려
고 노력했다.

20
정유년 9월 16일자 난
중일기

웅천 사람으로 박녹수, 김희수가 와서 얼굴을 보이며, 적의 정황에
대해 말해주었으므로 각각 무명 1필씩 주어 보냈다.[20]

21
임원빈(2008), p. 166

당초 약속할 때 비록 목을 베지 못해도 죽기를 각오하고 힘껏 싸운
자를 제1의 공로자로 정한다고 하였으므로, 힘껏 싸운 여러 사람들
은 제가 직접 등급을 결정하여 1등으로 기록하였습니다.[21]

| 시사점 |

이순신의 신상필벌信賞必罰 원칙을 조직에 매우 엄격히 적용한 대표적인 최고경영자는 삼성그룹 창업자 호암 이병철이다. 삼성은 아무리 사소한 공적이라도 자세히 조사하여 상을 줌으로써 열심히 일하는 사람이 보람을 느끼게 한다. 반면 직무태만이나 과실에 대해서는 반드시 응분의 징계를 내린다. 이렇게 해야만 회사 규율을 지키고 조직이 활력을 갖는다는 것이 호암의 생각이었다.

삼성은 원칙을 아주 중시한다. 회사를 위해 공적을 세운 사람에게는 승진이나 특별 보너스 등 그에 걸맞은 상이 주어진다. 그러나 고의로 회사 재산을 축내거나 공사를 구분하지 못하고 부정을 저지르는 행위 등은 절대로 용서받지 못한다.

삼성은 신상필벌 원칙 때문에 간혹 바깥에서 냉혹하다는 평가를 듣기도 하지만, 이 원칙은 삼성이 자랑하는 '깨끗한 조직'을 만들고 유지하는 데 큰 몫을 해왔다.

3. 어려운 때일수록 선두에 서서 싸워라

이순신은 어려운 때일수록 용감하게 선두에 서는 용장勇將이었다. 다음 사례를 살펴보자.

이순신이 1587년 두만강 어귀에 있는 녹둔도의 둔전관屯田官으로 있을 때 그 곳에서 갑자기 오랑캐의 기습공격을 받아 부하 2명이 전사하였다. 당시에 이 지역은 이순신의 수차에 걸친 증원 요청에도 불구하고 병력이 증강되지 않은 상태였다. 그럼에도 불구하고 이순신은 적은 병력을 진두 지휘하여 오랑캐 무리를 모조리 쳐죽이고 계속 추적하여 포로로 잡혀가던 동포 60여 명을 구출하여 무사히 데리고 왔다. 이때 이순신은 적의 화살에 왼편 다리를 맞아 피를 흘리면서도 병졸들이 사기를 잃을까 하여 몰래 돌아서서 화살을 뽑아 버리고 태연히 끝까지 부대를 지휘했다고 한다.[22]

22
이선호(2006), p. 294

또 1596년 9월 7일 일본 수군이 진도의 벽파진에 머물고 있던 조선 수군을 밤에 기습 공격한 적이 있다. 이때의 상황을 이순신은 다음과 같이 전하고 있다.

오후 10시쯤 적선이 포를 쏘면서 습격을 해오자 여러 배가 겁을 집어먹은 것 같으므로 다시 엄하게 명령을 내리고, 내가 탄 배가 곧바로 적선을 향해 달려들면서 포를 쏘니 적군은 능히 당해내지 못하고 자정께 달아났다.[23]

23
정유년 9월 7일자 난중일기

이때 조선 수군은 칠천량 해전에서 일본 수군의 야간 기습에 패배한 적이 있기 때문에 병사들은 야간 전투를 특히 두려워하고 있었다. 그래서 이순신은 앞장서 공격함으로써 병사들의 사기를 북돋아준 것이다.

앞에서 명량해전 당시 솔선수범하는 이순신의 모습을 본 바 있다. 이순신은 이때도 선두에 서서 적진 속에서 싸웠다. 그리고 장수들에게 군령을 내리고 중군장中軍將 미조항, 첨사 김응함, 거제 현령 안위를 불러 호령을 내려 모두들 힘을 다해 싸우도록 했다. 마침내 적선 31척을 깨뜨리는 전과를 올리고 일본 수군을 물러가게 한 것이다.

|시사점|

불리한 상황에서 '나를 따르라'고 하는 지휘관의 용기에 찬 행위는 병사들의 전투력을 극대화하게 마련이다. 마찬가지로 기업경영을 하다 보면 회사는 크고 작은 어려움에 늘 부딪힌다. 이럴 때 직

원들이 어떻게 행동하느냐는 상당 부분 최고경영자가 어떤 비전을 제시하고 어떻게 전달하느냐에 달려 있다. 말만으로는 부족하다. 이순신처럼 몸으로 보여줘야 한다. 직원들에게 있어서 비전과 비전을 제시하는 사람은 둘이 아니고 하나다. 따라서 최고경영자는 바로 걸어 다니는 비전 그 자체여야 한다!

4. 겸손하지만 당당함을 잃지 마라

이순신은 왜군과 싸울 때마다 승리했다. 그러나 만약 이순신이 승리에 도취해 거만해지기 시작했다면 임진왜란 초기부터 많은 적을 만들었을 것이고, 오늘날 우리에게 겨레의 큰 지도자로 다가오지도 않았을 것이다. 그러나 이순신은 겸양의 미덕이 몸에 밴 장수였다. 우선 그는 조정에 장수들의 공훈을 자세하게 적어 보냈다.

순천부사 권준은 왜의 충각대선 한 척을 쳐부수고 바다 한가운데서 온전히 사로잡아 왜장을 비롯하여 머리 10급을 베었습니다. 광양현감 어영담은 왜의 충각대선 한 척을 쳐부수고 바다 한가운데서 온전히 사로잡아 왜장을 활로 쏘아 맞히고 배를 신臣의 배로 묶어 왔는데 화살 맞은 것이 너무 심하고 말이 통하지 않아 그대로 목을 베었습니다. 나머지 왜적의 머리 12급을 베었습니다. 홍양현감 배홍립은 왜국의 대선 한 척을 바다 한가운데서 온전히 사로잡고 왜적의 머리 8급을 베었습니다……(중략)…… 신臣이 타고 있는 배에서는 왜적의 머리를 5급 베었습니다.

- 1592년 7월 8일자 상부보고서

이렇게 이순신은 지루할 정도로 부하들의 공적을 상세히 조정에 보고하는 수고를 아끼지 않는다. 그는 자신의 공로만을 내세우는 일은 결코 하지 않았다. 이순신이 명나라 장수 진린을 대한 태도를 보면 얼마나 겸손한 사람이었는가를 잘 알 수 있다.

진린은 성질이 고약하기로 악명이 높았다. 그는 강화도에서 군량미가 제대로 조달되지 않는다고 관할 수령을 때리고, 찰방 이상규의 목에 새끼줄을 매고 피가 흐를 정도로 끌고 다녔다. 그러한 나쁜 이미지를 갖고 있는 진린이 정유재란 중인 1598년 7월 16일, 5,000여 병사를 이끌고 고금도에 온다. 이순신은 예상을 뒤엎고 휘하 장교들과 함께 수십 리 길을 마중 나가서 그를 맞이한다. 이순신은 진린에게 큰절을 하고, 그와 그 일행을 위해 큰 잔치를 베푼다. 이순신이 숙이고 들어간 것이다. 뿐만 아니라 이순신은 여유로움을 갖고 진린을 위해 여러 가지 배려를 한다. 첫 합동전투에서 명나라 수군은 이렇다 할 전과를 올리지 못했다. 진린은 좋은 성과를 거두지 못한 자신의 부하들을 크게 질책했다. 그때 이순신이 보낸 상자가 진린에게 전달된다. 그 안에는 왜군의 머리가 들어 있었다. 진린이 올린 전과가 된 것이다. 이후 진린은 당시 신종황제에게 이순신을 극찬하는 보고서를 올린다.

"폐하, 조선 전란이 끝나면 조선의 왕에게 명을 내리셔서 통제사

이순신을 요동으로 오게 하소서. 제가 본 이순신은 그 지략이 매우 뛰어날 뿐만 아니라 장수로서 지녀야 할 덕목을 고루 다 지녔습니다."[24]

24
김현식(2009), p. 184

이렇게 이순신은 몸을 굽히고, 공을 세우되 공을 돌림으로써 진린의 마음을 사로잡은 것이다. 그래서 진린은 나중에 이순신이 전사했다는 소식을 듣고는 땅에 뒹굴며 통곡했다고 한다.

해석 ——

이순신은 늘 이렇게 겸손했지만, 한편으론 항상 당당했다. 훈련원 시절 병조정랑 서익이 인사 청탁을 하자 단호히 거절하였으며, 발포 만호 시절 직속상관인 전라좌수사 성박이 관청 뜰에 있는 오동나무를 베어가려 하자 "관청의 재산이므로 사사로이 벨 수 없다."고 못 베게 했다고 한다.[25]

25
임원빈(2008), p. 99

심지어는 임금의 명령이라 하더라도 이치에 어긋나면 당당하게 자신의 의견을 말했다. 1597년 1월에 선조는 이중간첩이던 일본인 요시라가 제공한 정보를 근거로 부산포 쪽으로 출동하여 왜군 사령관을 잡으라는 명령을 내린다. 이에 대해 이순신은 다음과 같은 의견을 올린다.

"바닷길이 험난하고 또한 적이 반드시 여러 곳에 복병을 숨겨두고 기다릴 것이니, 배를 많이 거느리고 간다면 적이 알아차리지 못할 리 없고, 배를 적게 거느리고 가다가는 도리어 습격을 당할 것입니다."[26]

26
임원빈(2008), p. 100

확실하지 않은 정보를 바탕으로 수군을 움직일 수 없다고 이순신은 생각한 것이다.

또 원균이 칠천량 해전에서 참패한 후 다시 통제사가 된 이순신에게 조정은 얼마 안 남은 수군을 해체하라는 명령을 내린다. 수군을 지상전에 참여시키라는 것이다. 명량해전 직전의 일이었다. 이에 대해 이순신은 또다시 당당하게 이의를 제기한다.

"임진년부터 5,6년 동안 적이 감히 충청 · 전라도로 곧바로 돌진하지 못한 것은 우리 수군이 그 길목을 막고 있었기 때문입니다. 신에게는 아직도 전선 12척이 있사오니 죽을 힘을 다해 맞서 싸우면 막아낼 수 있을 것 같습니다."[27]

이순신의 건의 덕분에 조선 수군은 명맥을 잇게 되고, 이순신은 13척의 전선을 이끌고 명량해전에서 큰 승리를 거둔 것이다.

이순신이 보여준 당당함의 극치는, 모함을 당해 크게 불이익을 받을 때 이순신이 보여준 태도이다. 1597년 2월 6일 패장 원균의 농간에 놀아난 선조는 이순신을 해임하고 원균을 3도 수군통제사로 발령한다. 이어서 2월 26일 이순신은 역적죄 등의 황당한 죄목으로 체포 · 압송되고, 3월 4일 수감된다. 그 후 일부 신하들의 간곡한 상소가 주효하여 4월 1일 석방될 때까지 이순신은 온갖 고초를 다 겪었다.

이어서 이순신은 통제사로 다시 발령을 받는 7월 23일까지 백의종군하게 된다. 이 기간 동안 이순신은 얼마나 원통하고 가슴이 아팠겠는가? 그러나 그는 어떠한 원망도 하지 않고 의연하게 고통을 견뎌냈다. "죽고 사는 것이 천명이니 죽게 되면 죽는 것이다" 라며

27
같은 책, p. 101

엄청난 시련을 담담히 받아들이는 이순신의 모습에서 우리는 그의
그릇의 크기를 본다.

불교 신자들이 즐겨 읽는 글 가운데 '마음 다스리는 글'이 있다.
그 글은 다음과 같이 시작한다.

"복福은 검소함에서 생기고 덕德은 겸양에서 생기며 지혜는 고요
히 생각하는 데서 생기느니라. 근심은 애욕에서 생기고 재앙은 물
욕에서 생기며 허물은 경망에서 생기고 죄는 참지 못하는 데서 생
기느니라…."

불교에서는 겸양을 사람이 갖추어야 할 덕목 중 으뜸으로 친다.
개인이건 조직이건 교만하면 남이 다가가지 않기 때문이다. 그래서
인간관계에서 겸양의 중요성은 아무리 강조해도 지나치지 않다.

늘 겸손하면서도 당당한 사람은 언제나 신뢰와 사랑을 받는다.
기업의 최고경영자가 그러한 모습을 보이면 직원들은 그를 믿고 따
르고 싶은 마음을 내게 된다. 또한 최고경영자의 됨됨이를 중시하
는 투자자들은 그런 회사를 높이 평가할 것이고, 소비자들은 겸손
하게 다가오는 회사의 제품을 애호하기 마련이다.

부록: 이순신 장군이 치른 해전

(1) 옥포해전

누가	적군 : 50여 척 아군 : 이순신 함대 39척, 원균 함대 6척
언제	1592년 5월 4일~9일
어디서	옥포(거제도), 합포(마산), 적진포(통영군 광도면)
무엇을	전과 : 일본함선 42척 격파 피해 : 아군 경상 1명
왜	일본해군이 경상도 해역으로 진출
어떻게	연안수색 및 선제기습공격

(2) 당항포해전

누가	적군: 13척(사천), 20여 척(당포), 30척(당항포), 7척(율포) 아군: 26척(사천), 26척(당포), 51척(당항포), 51척(율포)
언제	1592년 5월 29일~6월 9일
어디서	사천, 당포(미륵도), 당항포(고성), 율포(거제도)
무엇을	전과 : 일본 함선 70여 척 격파, 나포 피해 : 아군 전사자 13명, 부상자 47명
왜	부산포에 집결하였던 일본군이 거제도 이서以西지역 침략
어떻게	③ 세력집중(포위섬멸) ④ 정면공격(유인 후 추격 격멸)

(3) 한산도해전

누가	적군 : 73척(한산도), 42척(안골포) 아군 : 전선 56척
언제	1592년 7월 6일~13일
어디서	견내량 한산도, 안골포(진해시 웅천동)
무엇을	전과 : 한산도에서 일본 함선 59척 격파, 일본군 전사자 9,000명, 안골포에서 일본 함선 42척 격파, 일본군 전사자 4,000명 피해 : 전사 19명, 부상 115명
왜	일본 해군이 서해로 진출하려고 함
어떻게	· 정찰 및 탐색 · 유인 · 양익(兩翼)포위 및 각개격파 · 추격 및 해상 시위

(4) 부산포해전

누가	적군 : 대소 함선 500여 척 아군 : 전선 81척, 협선 99척
언제	1592년 8월 24일~9월 2일
어디서	장림포(부산시 사하구),물운대,다대포,서생포,송도,부산포
무엇을	전과 : 일본 함선 100여 척 격파, 일본군 전사자 3,800여 명 피해: 아군 전사 6명, 부상 25명
왜	500여 척의 적군 함선이 부산포에 밀집해 있었다.
어떻게	정면 공격

(5) 웅포해전

누가	적군 : 웅포 일대 100여 척, 웅포 내륙 진지 1만 6천여 명 아군 : 89척
언제	1593년 2월 7일~3월 10일
어디서	웅포(진해시 웅천동), 저도(창원시 귀산면), 청승(통영군 사등면)
무엇을	전과 : 일본 함선 51척 격침, 일본군 전사자 2,500명 피해 : 전선 2척을 잃고 180여 명 전사
왜	웅포에 있는 일본 수군이 부산 가는 길목을 막고 있었음
어떻게	· 장기소모전 · 추격 및 퇴로차단 · 수륙 양면 협공

(6) 제 2차 당항포해전

누가	적군 : 진해만 일대 930여 척 아군 : 전선 104척, 협선 114척
언제	1593년 5월 7일~11월 1일 및 1594년 2월 7일~3월 7일
어디서	견내량, 당항포, 가덕도, 거제도를 둘러싼 진해만 일대
무엇을	전과 : 일본 함선 31척 격침, 일본군 전사자 9,600여 명 피해 : 거의 없음
왜	전라도 해역으로 들어가는 길목인 견내량을 사이에 두고 조선과 일본의 수군이 대치함
어떻게	· 해로차단, 봉쇄 · 해상위력시위, 장기지구전 · 해상 조우전, 선제공격

(7) 명 량 해 전

누가	적군 : 133척 아군 : 13척
언제	1597년 9월 16일
어디서	명량 (화원반도와 진도 사이의 좁은 물길)
무엇을	전과 : 일본 함선 31척 격파, 92척 반파, 적군 전사자 18,000여 명 피해 : 전사 34명, 부상 39명
왜	일본 수군이 해남과 진도 사이의 명량해협을 통과하여 전라도를 공격하면서 서해로 진출하려고 함
어떻게	· 애로지점(choke point) 및 장애물 이용 · 각개 격파 · 추격전

(8) 노 량 해 전

누가	적군 : 300여 척 아군 : 이순신 함대 85척, 명나라 함대 63척
언제	1598년 11월 18일~19일
어디서	노량, 관음포, 유도
무엇을	전과 : 일본 함선 200여 척 격파, 적군 전사자 5,300명 피해 : 전선 1척, 사상자 약 300명
왜	예교(관음포)에 있는 일본 장군 고니시와 그의 일당을 구출하기 위해 일본 수군 6만여 명이 300여 척의 함선을 이끌고 노량으로 쳐들어 옴
어떻게	· 연합 요격작전 · 추격 소탕 및 협공

"단 한 척의 배도,
단 한 명의 적도
살려 보내지 마라"

독일의 경영학자 헤르만 지몬(Hermann Simon).
그는 히든 챔피언(Hidden Champions)이라는 단어를 만들었다. 히든 챔피언은 숨은 강소기업, 작지만 강한 기업
을 말한다.

현장인터뷰 | 히든 챔피언의 리더들

"위대한 성공의 출발점에는 늘 비전이 있다."

1. 히든 챔피언 리더들의 공통점

2008년까지 세계에서 수출을 가장 많이 하는 나라는 독일이었다(그림 III-1 및 III-2 참조). 2009년에는 중국이 세계 최대 수출국으로 올라섰지만, 1인당 수출액은 독일이 아직도 으뜸이다. 이러한 사실을 잘 아는 사람들도 독일 수출을 다임러-벤츠, 지멘스, 보슈, 바이엘 등 대기업이 주도하는 것으로 알고 있다. 이러한 대기업이 수출의 상당한 몫을 담당하고 있는 것은 사실이다. 그러나 국제경쟁력의 중요한 지표인 세계시장 점유율이라는 면에서 보면, 독일 수출의 진정한 주역은 우리가 거의 들어보지 못한 회사들임을 알게 된다. 독일에는 자기 분야에서 세계 최고일 뿐만 아니라 세계시장 점유율이 60~80%이고 바로 밑의 경쟁사보다 4~5배나 강한 초일류 중소기업이 약 1,000개나 있다고 한다. 히든 챔피언이라고 불리는 이들이야말로 수출대국 독일의 진정한 공로자이다. 다음과 같은 회사가 전형적인 히든 챔피언들이다.

- 델로DELO : 전자 접착제 시장에서 세계시장 점유율 50% 이상
- 바더Baader : 생선가공 장비 시장에서 세계시장 점유율 80%
- 브레인랩Brainlab : 외과수술용 소프트웨어 시장의 선도기업
- 란탈Lantal : 여객기 내부설비 시장에서 세계시장 점유율 60%
- 테트라Tetra : 열대어 모이 시장의 선도기업
- 벨포르Belfor : 재난처리 서비스 시장의 선도기업

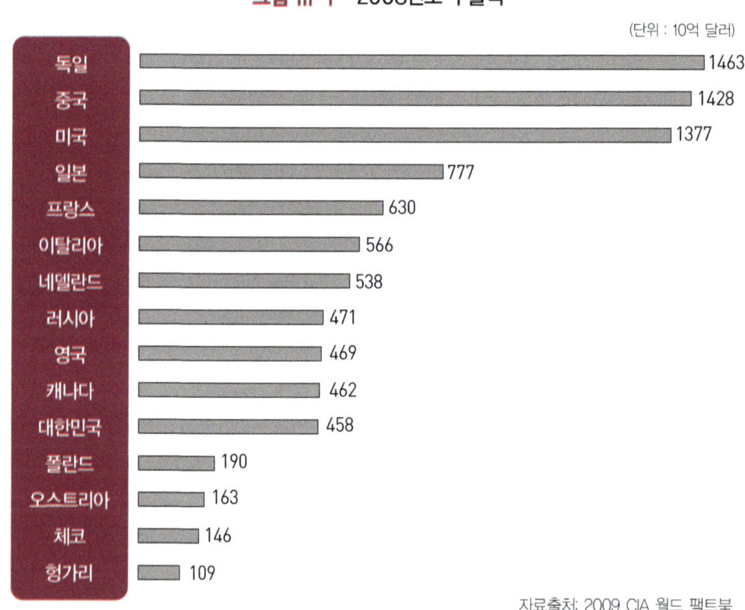

그림 Ⅲ-1 2008년도 수출액

자료출처: 2009 CIA 월드 팩트북

그림 III-2 주요 수출대국의 수출액 (2003~2008)

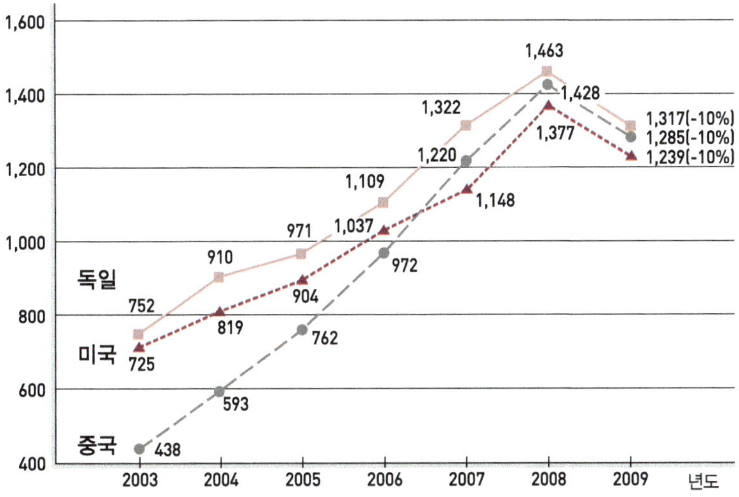

자료출처: WTO 무역현황통계

이러한 히든 챔피언은 세계시장 점유율뿐만 아니라 성장률, 수익률, 생존능력, 기술력 등 여러 경영성과 지표에서 매우 뛰어난 성과를 올리고 있다. 히든 챔피언들이 이처럼 지속적으로 큰 성공을 거둘 수 있는 이유는 무엇일까? 많은 이유가 있겠지만 그 중에서 단 하나만 꼽으라고 한다면 역시 최고경영자의 리더십이다. 〈그림 III-3〉에 있는 헤르만 지몬(2007)의 조사결과는 이 말의 타당성을 뒷받침하고 있다. 이 그림에서 보다시피 '기업가 기질과 리더십'이라는 요소가 다른 요소보다 기업의 성공에 훨씬 더 큰 영향을 미친다.

그러면 히든 챔피언의 최고경영자들은 어떤 특징이 있는가? 그

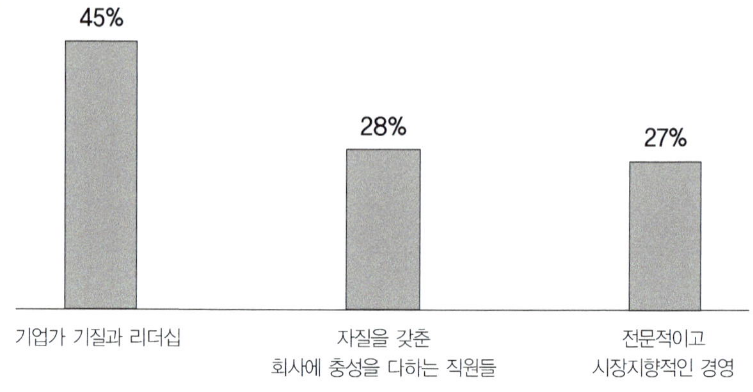

그림 III-3 기업 성공을 위한 세 가지 요소의 비중

자료출처 : Simon(2007), p. 334

들에게는 대체로 다음과 같은 다섯 가지 공통점이 있다.

- 회사와 자신의 구분이 없다.
- 집중적으로 목표를 향해 매진한다.
- 두려움이 없다.
- 활력과 끈기가 있다.
- 다른 사람들에게 영감을 준다.

이 다섯 가지 요소에 대해 짤막하게 다루어보기로 한다.

(1) 회사와 자신의 구분이 없다

히든 챔피언의 지도자들은 회사와 자기 자신의 구분이 없다고 할 정도로 회사 일에 철저히 몰두한다. 마치 뛰어난 예술가에게 생활과 작품활동이 분리되어 있지 않듯이, 그들에게는 회사와 자기 자신이 둘이 아니다. 쫄깃한 젤리곰 사탕으로 세계시장을 석권하고 있는 하리보Haribo의 사장 한스 리겔을 지켜본 사람들은 이렇게 말한다. "

그는 회사와 늘 하나였습니다."

이렇게 자신의 존재와 삶 전체를 걸고 살아가는 이들의 모습을 보면 이런 시가 생각난다.

지나간 것을 쫓지 말고

아직 오지 않은 일은 마음에 두지 말라.

과거는 이미 흘러가 버렸으며

미래는 아직 이르지 않았다.

그러므로 단지 지금 하고 있는 일만을

있는 그대로 잘 관찰하라.

흔들림 없이 동요됨 없이

오직 오늘 해야 할 것을 열심히 하라.

-중부경전 131, 일야현자경

우리는 어떤 사람이 책 읽기에 몰두할 때 독서삼매讀書三昧에 빠져 있다고 말한다. 이것은 책 읽기에 푹 빠져 있는 사람과 책이 하나가 된 상태, 즉 주관과 객관의 구분이 없어진 경지를 가리킨다. 이러한 경지에서 책을 읽을 때 얼마나 효과적인가는 두말할 나위도 없다. 마찬가지로 경영자가 철두철미하게 회사 일에 집중하면, 매우 효율적으로 일을 처리하게 된다. 뿐만 아니라 집중하는 사람만이 얻을 수 있는 깊은 통찰력과 지혜로 말미암아 다른 사람보다 한 차원 높은 의사결정을 할 수 있는 것이다.

또한 경영자의 이러한 태도는 직원들에게 희망과 자신감을 주며, 고객들에게는 존경심과 신뢰감을 불러일으킨다. 애사심을 갖고 있는 직원들의 존재, 회사에 호감을 갖고 있는 많은 고객들의 존재가 그대로 회사의 경쟁력으로 이어진다.

(2) 집중적으로 목표를 향해 매진한다

언젠가 20세기 최고의 경영학자 피터 드러커는 기업의 목표에 대해 다음과 같은 멋진 말을 한 적이 있다.

"각 기업은 단순 명료하고 일관성 있는 목표가 있어야 한다. 이 목표는 이해하기 쉽고 도전해볼 만한 내용이어야 하며, 이것으로 인해 회사의 모든 사람이 공통의 비전을 갖게 되어야 한다. 최고경영자는 깊이 생각하여 이러한 목표를 정하고 그것을 널리 알린 다음, 몸소 그에 따라 행동해야 한다"[1]

히든 챔피언을 이끌어가는 리더들은 드러커가 말하는 바로 이런 의미의 대담한 목표와 비전을 갖고 있다. 이들의 목표는 대체로 '성장'과 '시장지배력'이다. 칼 마이어Karl Mayer는 "우리는 세계시장 점유율이 70% 이하로 떨어지지 않도록 할 것이다."라고 표방한다. 헤메탈Chemetall 역시 "우리의 목표는 세계의 특수화학제품 시장에서 기술 및 마케팅을 선도하는 것이다."라고 선언한다.

1
1988년 9월호 〈Harvard Business Review〉 p. 76.

이러한 야심에 찬 목표가 기업가로서 정열적으로 행동하는 원동력이 되고 있다.

(3) 두려움이 없다

히든 챔피언의 최고경영자들은 대체로 수준 높은 교육을 받지도 않았고, 외국어 구사 능력도 약하다. 그럼에도 불구하고 그들이 세계시장을 정복한 것을 보면 참으로 인상적이다. 그렇다고 그들이 많은 것을 한 판에 거는 무모한 도박꾼은 결코 아니다. 그들이 보통 사람들과 다른 점은 걸림돌에 대한 두려움이 없다는 것이다. 두려움이 없으므로 위험과 맞서는 힘이 남보다 강하고, 결과적으로 자신의 잠재력을 매우 효과적으로 발휘한다.

(4) 활력과 끈기가 있다

히든 챔피언의 리더들은 지치지 않는 에너지, 활력과 끈기를 갖고 있는 듯하다. 이런 에너지는 도대체 어디서 나오는 것일까? 아마도 앞에서 언급한 야심에 찬 목표와의 일체감이 그 원천인 것으로 생각된다. 미국 출신의 한 경영자가 했다는 말이 생각난다.

"분명한 목표와 위대한 목적만큼 한 개인이나 회사에 에너지를 줄 수 있는 것은 아무것도 없습니다."

히든 챔피언의 리더들 내면에서는 정열적인 불꽃이 활활 타오르고 있고, 퇴임할 나이가 될 때까지, 아니 그 나이를 넘어설 때까지 불타기도 한다. 많은 경영자들이 칠순이 넘어서도 열심히 일하고 있다. 이렇게 높은 목표를 갖고 부지런히 일하는 사람은 주변에 있는 사람들도 열광시킨다. 《고백록》으로 유명한 철학자 아우구스티누스 폰 히포Augustinus von Hippo(354~430)는 이런 말을 했다고 한다.

"자신의 내면에서 열정이 불타오르는 사람은 다른 사람들에게도 열정을 불러일으킨다."

리더의 넘치는 활력과 끈기가 직원들에게 강한 동기를 유발하고 에너지를 분출시키는 것이다.

(5) 남들에게 영감을 준다

한 사람의 예술가는 혼자서도 세계적으로 유명해질 수 있다. 하지만 세계시장을 주도하는 기업은 누구도 혼자서 만들 수 없다. 경영자는 많은 사람들의 지원을 받아야 한다. 넘치는 불꽃이 회사 안에서만 타오른다면 충분하지 않다. 경영자는 다른 사람들의, 그것도 수많은 사람들의 가슴속에서도 불꽃이 피어 오르도록 해야 한다.

히든 챔피언의 지도자들이 갖고 있는 결정적인 능력은 사람들이 자신의 사명에 열광하게 하고 최고의 성과를 낼 수 있도록 사람들을 움직이는 힘이다. 이런 면에 있어서 그들은 아주 탁월하고, 큰 성공을 거두고 있다. 이런 능력은 풍채나 말솜씨 같은 외적인 것에서 나오지 않는다. 사실 히든 챔피언의 최고경영자들 대부분은 커뮤니케이션 능력이 그다지 뛰어나지 않다고 한다. 회사와 자신의 통합, 목표지향성, 넘치는 활력, 에너지 등이 다른 사람들을 열광시키고 움직이는 결정적인 동력이 되고 있다.

2. 히든 챔피언 지도자들의 리더십 스타일

히든 챔피언의 최고경영자들은 상반된 성격의 리더십 스타일을 함께 갖고 있다는 점에서 매우 특이하다. 그들은 한편으로는 권위적이면서 또 한편으로는 참여유도적이다. 산업용 레이저 시장에서 세계적인 명성을 갖고 있는 트룸프Trumpf라는 회사의 사장을 오래 역임한 베르톨트 라이빙어Berthold Leibinger는 자신의 리더십 스타일을 '계몽된 가부장'이라는 말로 표현한다. 업무용 소프트웨어 시장에서 세계시장을 석권하고 있는 SAP의 설립자 중 한 사람인 디트마 홉Dietmar Hopp에 대해 직원들은 "엄격하지만 우리를 배려해주는 아버지 같은 분"이라고 말한다. 이름을 밝히기를 꺼리는 어느 히든 챔피언의 사장은 자신이 직원들 말에 귀를 기울이기도 하지만 때로는 권위적이기도 하다고 털어놓는다.

회사의 원칙, 가치관, 목표 등이 문제가 될 때는 권위적인 면이 강해진다. 이 경우 토론은 없고 위에서 밑으로 명령이 하달될 뿐이다. 그러나 일의 수행이나 업무상의 세세한 문제가 등장하면 전혀 달라진다. 이런 때는 일을 수행하는 직원들 또는 집단이 많은 영향력을 행사할 수 있고 의사결정의 여지도 넓다. 히든 챔피언의 직원들은 대기업 직원들에 비해 각종 규정이나 규칙과 부딪히는 일이 적다. 때문에 히든 챔피언 지도자들의 전형적인 리더십 스타일은 "회사가 추구하는 기본적인 가치에 있어서는 권위적이지만, 세부적인 사항에서는 참여유도적이다." 라고 말할 수 있다.

그러면 히든 챔피언의 경영과 지도자의 리더십을 좀더 깊이 이해하기 위해 전형적인 두 히든 챔피언의 사례를 자세히 살펴보자.

〈사례1〉 헤르만 지몬과 지몬-쿠허 앤 파트너스

독일의 헤르만 지몬Hermann Simon(1947~현재)은《히든 챔피언》을 비롯한 수많은 경영학 저서와 논문으로 훌륭한 명성을 쌓아 올린 뛰어난 경영학자이다. 그에 못지않은 그의 공적은 자신의 철학과 학식을 고스란히 반영한 지몬-쿠허 앤 파트너스Simon-Kucher & Partners라는 모범적인 컨설팅회사를 일구어낸 것이다. 경영과 관련하여 그는 숱한 명언을 우리에게 선사했는데, 여기서는 그 가운데 그의 이미지를 잘 보여주는 문장 네 개를 소개한다.

- 위대한 성공의 출발점에는 늘 비전이 있다.
- 비전이란 해볼 만하고 해낼 수 있는 것, 바로 그것이다!
- 잘못된 가격만큼 돈을 많이 낭비하게 하는 것은 없다.
- 가격정책의 핵심은 가격차별화이다.

이러한 지몬의 명언이 투영된 그의 회사 이야기를 들어보자.

1985년, 당시 독일 빌레펠트 대학의 마케팅 교수로 있던 헤르만 지몬 교수는 그의 지도로 박사학위를 받은 두 제자와 함께 UNIC라는 컨설팅회사를 본에 설립한다. 독일의 대학은 아직도 상아탑의 전통이 매우 강하고, 따라서 상당히 보수적이다. 그러한 분위기에서 현직 경영학 교수가 컨설팅회사를 만들고, 또 경영에 직접 관여하는 것은 독일에서는 아마 처음 있는 일이었을 것이다.

UNIC는 가격전략과 마케팅분야의 독특한 핵심역량을 갖고 출범하였으며, 각종 컨설팅 프로젝트에서 얻은 경험과 자료를 바탕으로 끊임없이 연구논문을 생산하고, 그 연구결과를 다시 컨설팅에 활용하는 등 전형적인 학습조직learning organization으로 운영되어 왔다. 특히 최고로 정교한 방법론을 상황에 맞게 활용하고, 그 결과를 바탕으로 고객이 성공적으로 경영전략을 세우고 제품 값을 매기며 효과적으로 마케팅할 수 있게 한다는, 이 회사의 고객지향정신과 과학적 접근방법은 독일 기업들에게 무척 신선한 충격을 주었다.

그 결과 이 회사는 BMW, 바이엘, 지멘스, 메르세데스-벤츠, 폭스바겐, 루프트한자 등 기라성 같은 고객을 확보할 수 있었고, 창립 이후 지금까지 매년 급성장하고 있다(그림 III-4 참조).

지몬 교수는 1995년 당시 재직 중이던 마인쯔 대학의 석좌교수직을 과감하게 사임하고 이 회사 회장으로 취임하였으며, 회사 이

그림 III-4 SKP의 매출액(1995~2008년)

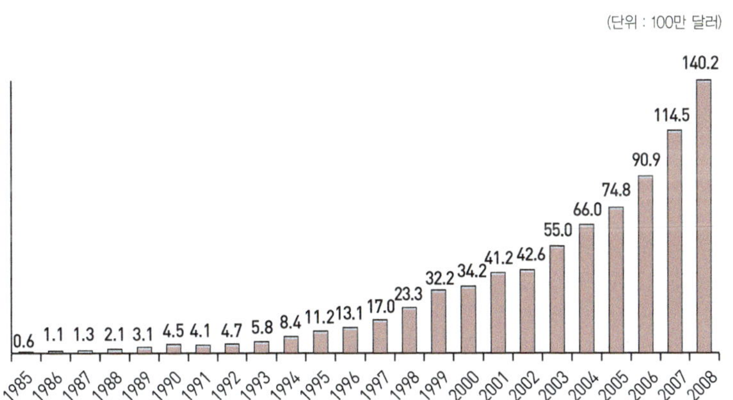

름도 지몬 쿠허 앤 파트너스(SKP)로 바꾼다. SKP는 그 동안 유럽에서 꾸준히 쌓아 올린 노하우를 기반으로 설립 후 11년이 지난 1996년에 컨설팅의 본고장이라고 할 수 있는 미국시장에 진입한다. 그해 9월, 미국 매사추세츠 주 케임브리지에 미국사무소를 연 것이다. SKP가 두 번째 사무실을 다른 곳도 아닌 바로 미국에 연 것은 세계에서 가장 크고 힘든 시장에서 스스로의 역량을 증명하고 싶었기 때문이다. 이러한 열망이 없었으면 SKP는 아마도 두 번째 사무실을 스위스의 취리히나 오스트리아의 비엔나 같이 자신들이 비교적 잘 이해하고 있는 독일어권 시장에 열었을 것이다. 당시에 독일 언론은 SKP의 미국 진출 사실을 크게 보도한 바 있다. 전세계 컨설팅업계를 미국 회사들이 주름잡고 있는 판에, 독일에서 출발한 컨설팅회사가 미국에 진출하는 것이 무척이나 자랑스러웠던 것이다. 경쟁이 매우 치열한 미국시장에서 SKP는 98년에 더 큰 사무실로 옮겨가고 또 이익을 낼 정도로 빠르게 자리를 잡아갔다. 가격정책 분야에서 강력한 경쟁우위를 갖고 있을 뿐만 아니라 특히 제약산업을 잘 이해하기 때문에 화이자 등 우량고객을 일찍 확보할 수 있었다.

SKP는 또한 이즈음 가격분야의 핵심역량을 바탕으로 세계 최고의 가격컨설팅회사가 되겠다는 결의를 굳히고, 앞으로 10년간 매년 25%씩 성장하겠다는 야심 찬 목표를 세운다. 회사의 크기를 3년마다 갑절로 키우기로 한 것이다. SKP가 미국에 진출한 1996년에 SKP의 매출액은 920만 유로였는데, 2008년도 매출액은 약 1억 유로(1억 4천만 달러)였다(그림III-4 참조). 지난 10여 년간 매년 20%

이상 성장하여 이 원대한 성장 목표를 거의 달성하였으며, 이러한 성장률은 독일 내 다른 경쟁사들을 압도하고 있다(그림III-5). 2008년 말 현재 세계 14개국에서 19개 사무소를 운영하며 26개 국에서 온 475명의 직원을 거느리고 있는 SKP는 이제 자타가 공인하는 가격컨설팅 분야의 세계 최고기업이다(그림 III-6). 컨설팅분야의 히든 챔피언이라고 할 수 있는 SKP를 세계의 학계와 언론은 다음과 같이 평가하고 있다.

- 지몬-쿠허는 가격컨설팅 분야에서 세계를 이끌어가고 있다.[2]
- 지몬-쿠허는 제품 가격을 어떻게 책정할 것인가에 관한 도움말을 기업들에게 주는 세계시장 선도기업이다.[3]
- 지몬-쿠허는 세계시장을 이끌어가는 가격컨설팅회사이다.[4]

SKP의 놀라운 성공의 비결은 무엇인가?

그것은 헤르만 지몬 자신이 저술한 《히든 챔피언》에 제시된 세계 초일류 중소기업들의 성공 요인과 아주 비슷하다. SKP가 의도적 · 계획적으로 숨은 챔피언들을 흉내 낸 것은 결코 아니다. 하지만 이 회사가 내린 일련의 의사결정 결과 뚜렷하게 드러난 전략 내용이 결과적으로 숨은 챔피언들이 추구해온 전략과 거의 일치하게 된 것이다. 이런 의미에서 SKP의 전략은 헨리 민츠버그Henry Mintzberg가 말하는 이른바 '드러나는 전략emergent strategy'의 전형이라고 할 수 있다. 그러면 SKP의 '드러난 경영전략'의 내용을 상세히 살펴보자.

첫째, 대담한 목표와 비전이다.

2
Professional Pricing Society의 회장 에릭 밋첼(Eric Mitchell)이 2003년에 한 발언

3
2004년 1월 26일자 Business Week

4
영국의 The Economist (2005)

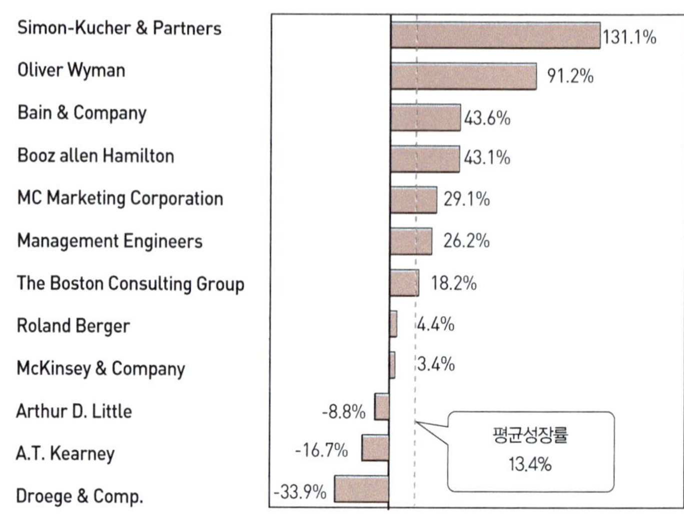

그림 III-5 독일 내 컨설팅회사들의 최근 누적성장률

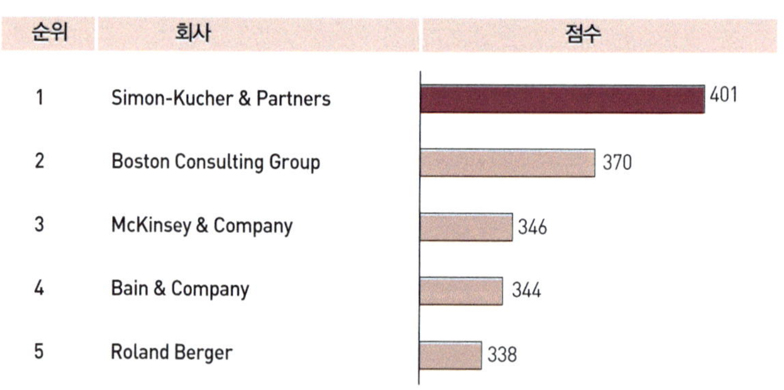

그림 III-6 마케팅 및 영업컨설팅 분야에서의 역량 순위

순위	회사	점수
1	Simon-Kucher & Partners	401
2	Boston Consulting Group	370
3	McKinsey & Company	346
4	Bain & Company	344
5	Roland Berger	338

자료출처: manager-magazin

헤르만 지몬은 회사 구성원들에게 10년 후의 회사 모습을 제시했고, 목표 달성을 위해 필요한 에너지를 불어넣었다. 지몬처럼 비전을 가진 기업가들은 주위 사람들도 열광시키기 마련이다. 그런 기업가의 원대한 목표와 비전은 직원들에게 방향감각을 주고, 숨은 힘을 용솟음치게 하는 힘이 있다. 직원들은 비전이 있음으로 해서 일에서 보람과 의미를 찾게 되며, 잠재력을 발휘한다. 즉 회사 전체를 끌고 가는 일종의 견인력 같은 것이 생기는 것이다. 프랑스의 작가 생텍쥐페리는 다음과 같이 말하고 있다.

"만일 당신이 배를 만들고 싶으면, 사람들을 불러모아 목재를 가져오게 하고 일을 지시하고 일감을 나눠주는 일을 하지 말아라. 대신 그들에게 저 넓고 끝없는 바다에 대한 동경심을 키워줘라."

둘째, 집중전략이다.

SKP는 처음부터 전문성이 강한 가격분야에 집중하고, 매우 조심스럽게 영역을 천천히 확장해나갔다. 가격은 기업의 이익에 아주 큰 영향을 미치는 중요한 변수인 동시에 경쟁사가 쉽게 접근할 수 없는 전문 분야이기 때문에 이 부문에서의 탁월한 노하우는 SKP의 든든한 경쟁우위가 되었다.

셋째, 세계화이다.

해외 경험이 무척 풍부한 지몬은 고도의 전문서비스를 전세계 목표시장에 판매한다는 전략을 일관되게 추구해왔다. 그래서 앞에서 언급했다시피 SKP는 이미 화려한 해외 지점망을 갖고 있으며, 다른 많은 숨은 챔피언처럼 SKP도 합작투자 아닌 100% 직영 자회사를 설립하는 형태로 해외에 진출한다.

넷째, 고객지향 정신이다.

마케팅 교수 출신답게 지몬은 모든 것을 고객의 눈으로 보고 그에 따라 행동하는 것이 몸에 배어 있다. 그는 이러한 고객지향 정신을 늘 행동으로 보여줌으로써 직원들에게 섬기는 마음을 심어주고 있다.

다섯째, 끊임없는 연구 활동이다.

SKP는 컨설팅회사이지만 또한 훌륭한 학습 조직이기도 하다. 지몬을 비롯한 모든 직원들이 끊임없이 연구활동을 하며, 그 결과를 여러 매체에 계속 발표하고 있다. 그리하여 다른 컨설팅회사가 갖고 있지 않은 독특한 경영노하우를 쉴 새 없이 쌓아가고 있다.

여섯째, 설립자이자 CEO[5]인 지몬 자신의 막강한 경쟁력이다.

헤르만 지몬은 독일이 낳은 초일류 경영학자이다. 그는 독일어권에서 가장 영향력 있는 경영사상가를 선정할 때마다 세상을 떠난 피터 드러커와 더불어 늘 최상위권을 차지하곤 한다. 이미 40권 가까운 저서와 수백 편의 논문을 수십 개국에서 출간한 그는 사실상 현대 유럽 경영학의 자존심이라고 해도 과언이 아니다. 이러한 업적과 명성을 갖고 있는 최고경영자의 엄청난 상표력brand power이 SKP의 성공 요인의 하나임에 틀림없다.

일곱째, 잘 훈련된 직원들이다.

다른 히든 챔피언들과 마찬가지로 SKP도 엄격한 과정을 통해 직원을 뽑고, 일단 뽑으면 철저하게 교육한다. SKP는 또한 90년대 초에 이미 산업별 사업부제를 도입하였으며, 이후 사업부가 계속 분화하고 있다. SKP가 이렇게 분권화된 조직을 운영하는 목적은 자

5
지몬은 2009년 봄에 경영일선에서 물러나서 지금은 이 회사의 이사회 의장직만 맡고 있다.

신이 맡고 있는 고객집단을 직원들이 더 깊이 이해하도록 만들기 위해서다. 이러한 과감한 분권화는 또한 컨설턴트의 창의성과 사기를 높이고, 기업가적 기질을 키우는 데 도움이 되고 있다.

SKP에는 이 회사를 떠났다가 다시 들어온 사람들이 꽤 많다. SKP는 회사를 한 번 그만둔 사람들에 대해 비교적 너그러운 편이다. 삼성을 비롯한 많은 회사가 직원의 이직을 막기 위해 원칙적으로 재입사를 허용하지 않는 것과는 대조적이다. 그러나 지몬은 재입사자가 여러 장점을 갖고 있다고 확신한다. 우선 그들은 회사를 알고 회사는 그들을 알기 때문에 업무에 익숙해지는 시간, 각종 불확실성, 실패의 위험 등이 줄어든다. 그리고 그들은 다른 회사에 가보았자 여기보다 더 나을 데가 없다는 것을 이미 체험해보았다. 무엇보다 재입사자가 있다는 사실은 우리 회사의 매력을 증명하는 중요한 증거라고 보지 않을 수 없다. 이런 면을 보더라도 SKP는 전 · 현직 직원들에게 상당히 매력적인 회사로 비추어지는 듯하다.

〈사례2〉 라인홀트 뷔르트와 그의 회사 뷔르트

라인홀트 뷔르트Reinhold Würth(1935~현재)는 성공적인 독일 기업가이며 전형적인 히든 챔피언인 조립제품 회사 뷔르트Würth의 눈부신 성장을 주도해온 최고경영자이다. 우선 그의 경영철학을 알 수 있게 해주는 그의 말을 직접 들어보자.

"기업이 젊음을 유지하려면 성장해야 한다."

"우리 임원들은 한 달에 적어도 한 번은 고객들을 몸소 만나보아야 한다."

이런 말에서 알 수 있듯이 뷔르트는 무엇보다도 성장지향적인 경영자이며 현장경영 · 고객만족을 매우 중시한다.

뷔르트의 비전과 성장

성장은 언제나 라인홀트 뷔르트의 핵심 비전이었다. 그는 성장의 중요성을 쉴 새 없이 설파해왔다. 그는 가끔 회사를 나무에 비유하곤 한다. 나무가 자라는 한 나무는 건강하다. 그러나 성장이 멈추면 나무는 곧바로 시들기 시작한다. 회사를 늘 젊고, 동태적이고, 민첩하게 만드는 것은 오직 성장뿐이다. 뷔르트는 이러한 자신의 생각을 일반적인 성장 구호에 머물게 하지 않고, 반드시 계량화된 성장 목표를 세움으로써 자신의 비전을 구체적으로 측정할 수 있도록 만든다. 구체적인 목표를 세울 당시에는 매우 야심적이기 때문에 달성하기가 무척 어려울 것으로 보인다. 하지만 〈그림 III-7〉은 뷔르트의 비전이 얼마나 멋지게 실현되었는가를 잘 보여주고 있다. 뷔르트는 50여 년간 끊임없이 성장해온 것이다.

1954년 이후 20년간 이 회사의 매출액은 그림에서 표시하기 힘들 정도의 수준에 지나지 않았다. 그런데 놀라운 것은 뷔르트가 그후 달성한 매출의 절대 액수뿐만 아니라, 지난 50여 년간 한 해도 거르지 않고 성장을 계속해왔다는 사실이다.

이러한 과정에서 라인홀트 뷔르트는 목표의 기준치를 계속 올려왔다. 1979년 매출액은 2억1900만 유로였는데(당시의 화폐로는 4억2900만 DM), 뷔르트 회장은 이때 직원들에게 1986년에 5억 유로, 1990년에는 10억 유로의 매출을 달성할 것을 요구했다. 이와 관련

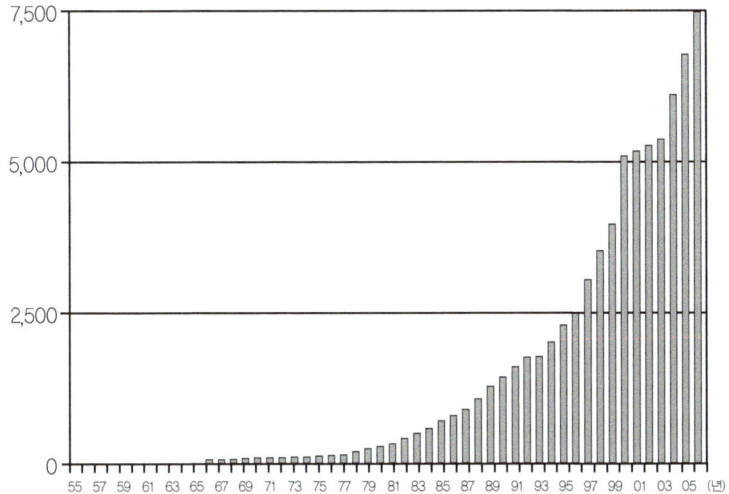

그림 Ⅲ-7 뷔르트 그룹의 성장세(1954~2006년)

하여 뷔르트는 다음과 같이 말한 바 있다.

"그러한 원대한 목표는 놀라울 정도로 빨리 자체 탄력이 붙고, 기업문화의 한 부분이 됩니다. 직원들은 목표와 스스로를 동일시하고 그것을 실현하기 위해 최선을 다합니다."

10억 유로의 벽은 이미 1989년에 뚫렸고, 라이홀트 뷔르트는 즉각 "2000년에 50억 유로"라는 새로운 목표를 내놓는다. 90년대 초 뷔르트 회장은 야심 찬 목표에 대해 이렇게 말한다.

"직원들은 새로운 비전을 아주 빨리 받아들였습니다. 이 엄청난 목표에 대해 아직도 곰곰이 생각하는 직원은 이제 아무도 없으며, 새로운 목표에 적응하는 데 어려움을 겪는 사람도 없습니다. 이 새로운 비전이 마치 지남철이 끄는 듯한 마력을 창출해내었다고 해도 지나친 말이 아닙니다."

이 회사의 브라질 자회사를 맡고 있던 클라우스 헨드릭즌Klaus Hendrikson은 다음과 같이 말했다.

"이것은 더 이상 비전이 아니라 확실히 달성할 수 있는 목표입니다. 이 매출 목표를 달성할 수 있다고 하는 우리의 자신감은 냉철한 분석에 바탕을 두고 있습니다."

여기서는 두 번째 구절이 중요하다. 직원들이 목표를 정말로 받아들일 것인가에 관한 것이기 때문이다. 이와 관련한 뷔르트 회장의 생각을 들어보자.

"우리는 비전을 무작정 툭 던질 수는 없습니다. 그 근거를 제시할 수 있어야 합니다. 회사의 모든 한계점과 자원, 시장, 인력, 재무, 경영능력 등을 모두 검토해야 합니다. 이러한 사항을 면밀히 분석하고 나서야 야심 찬 비전과 목표를 선포해야 합니다. 근거가 탄탄하면, 비전은 스스로 자리 잡기 마련입니다."

〈그림III-7〉에서 보았다시피 이 회사는 1989년에 선언했던 바로 그대로 2000년에 매출액 50억 유로를 달성한다. 이렇게 모범적으로 비전을 계속 실천해온 결과, 뷔르트는 이제 77억 유로 매출에 (2006년도) 5만 5,000명의 직원을 거느린 세계적인 회사가 되었다. 뿐만 아니라 이 회사의 수익률은 같은 업계 내에서 상당히 높은 편에 속한다. 뷔르트 회장은 늘 "이익 없는 성장은 치명적이다"라고 말하곤 한다.

조직 및 기업문화

뷔르트는 또한 이미 80년대에 고객지향적인 사업부제를 도입하였다. 이 회사가 진출해 있는 각 사업영역(목재, 건설, 금속, 자동차)별로 고객이 요구하고 기대하는 바가 다르다는 것을 알아차렸기 때문이다. 즉 고객들에게 더 다가갈 수 있는 분권적인 조직 구조로 바꾼 것이다.

이리하여 뷔르트는 고객의 욕구에 더 잘 응할 수 있었고 외근 사원들의 능력을 더 발휘하게 할 수 있었으며, 카탈로그와 홍보용 소책자와 같은 정보자료도 더 구체적으로 만들 수 있었다. 이 밖에도 사업부제 도입에 따른 여러 이점이 있었다. 이러한 고객지향적 조직은 뷔르트의 성장에 매우 크게 이바지하였고, 뷔르트는 각 세분시장에 더 깊이 침투할 수 있었다.

그러나 해외 진출이 가속화하면서 문제가 나타났다. 사업부제의 취지에 충실하려면 각 사업부가 해외에 자체 사업망을 구축해야 할 것이다. 그러나 이렇게 되면 각 나라에 여러 개의 사업장 또는 법인을 만들어야 한다. 그래서 일을 이중 삼중으로 해야 하고 비용상 불리해질 수 있다. 그래서 뷔르트는 각 나라에 현지법인을 세우고, 법인장이 그 나라에서 이루어지는 사업 전체를 조정하도록 하였다. 이리하여 이 회사는 매트릭스 조직을 갖추게 되었는데, 그에 따라 매트릭스 조직과 결부된 이중 소속, 의견 조정에 따르는 시간 낭비 등의 단점도 갖게 되었다. 이러한 문제로 인해 90년대 말 조직을 진단해본 결과 뷔르트는 다음과 같은 사실을 알게 되었다.

• 한 나라 안에서 전통적인 수공업에 종사하는 고객집단은 상대적으로 서로 비슷하지만, 나라가 달라지면 그 사정도 달라진다. 예를 들어, 스페인의 가구공은 독일의 가구공보다 스페인의 철물공과 더 비슷하다.

• 본사에 있는 사업부장이 멀리 떨어져 있는 나라에서 일어난 문제를 자신 있게 판단하고 해결책을 마련하기 어렵다. 현지의 법인장 또는 지사장이 문제의 본질을 더 잘 파악하고, 직원과 고객들의 생각도 더 잘 이해하기 때문에 현장에서 더 효과적으로 대처할 수 있다.

이러한 연구결과를 바탕으로 뷔르트는 2000년대 들어 사업부별 조직을 지역별 조직으로 바꾸었다. 새 체제 아래서 사업부는 주로 조정하는 역할만 하고 직접적으로 지시하는 권한은 없다. 뷔르트의 큰 강점은 현장에서 이루어지는 영업이다. 따라서 이러한 경우에 지역별 조직이 더 나은 해결책임은 말할 것도 없다. 그런데 어떤 조직구조를 택하던 간에 변하지 않는 뷔르트의 조직 철학이 있다. 각 사업부서에 많은 자율권을 부여한다는 것이다. 이러한 방침은 자유를 부여 받은 경영자가 결과에 대한 책임도 확실하게 지도록 해야만 뿌리 내릴 수 있다. 이러한 생각을 뷔르트는 "더 큰 성공을 거둘수록, 더 많은 자유를(누릴 수 있다)."이라는 말로 표현한 바 있다.

회사의 공식 조직은 여러 부서로 이루어져 있는 회사 조직의 현실만 일부 포착하기 마련이다. 뷔르트의 경우에는 합의 도출 과정,

관리자 모임, 여러 사업부가 함께 어울리는 활동 등이 매우 중요한 구실을 한다. 최고경영진은 뷔르트 문화의 본질적인 부분이자 뷔르트 문화를 만들어내는 과정에 많은 시간과 정력을 쏟는다. 그래서 이 회사 관리자들은 자신이 담당하고 있는 부서의 업무 이외에 여러 분야를 아우르는 과제도 맡는다. 이렇게 함으로써 회사를 하나로 묶는 기능도 수행하는 것이다.

뷔르트는 또한 내부적으로 직원들이 업무를 바꾸어야 할 때도 매우 유연하게 대처할 수 있는 기업문화를 갖고 있다. 이 회사는 1990년대 위기 상황에 부딪혔을 때 1년 안에 전 직원의 약 10%를 내근직에서 외근직으로 바꾼 바 있다.

혁 신

뷔르트의 결정적인 핵심 역량은 아주 효율적인 유통 및 물류 시스템이다. 이 시스템의 중요한 요소는 뷔르트가 주요 고객들 작업장에 설치해주는 ORSYMAT[6]라는 장치인데, 이것은 이 회사의 지점망과 온라인으로 연결되어 있고 고객이 필요로 하는 물품으로 채워져 있다. 고객이 서랍만 당기면 자동으로 주문과 견적이 해결된다. 그리고 뷔르트 직원이 다음에 방문할 때 필요한 부문을 다시 채워놓는다. 그러니 고객은 수백 가지 사소한 일에 신경 쓸 필요가 없는 것이다.

고객이 어떻게 일하는지 관찰할 때 혁신적인 아이디어가 떠오르는 경우가 많다. 접착 및 부착 기술의 대가인 라인홀트 뷔르트는 어느 날 한 건설현장에 들렀을 때 좋은 아이디어를 떠올렸다. 그곳에

[6] Ordering, System, and Automat의 약자

서 그는 한 노동자가 공구 크기에 맞는 나사를 찾다가 투덜거리는 소리를 들었다. 예전에는 크기를 나타내는 숫자를 금속에 새겨두었기 때문에 읽기가 쉽지 않았던 것이다. 뷔르트는 숫자 대신 색깔로 크기를 나타내게 했다. 이제 노동자들은 색깔이 같은 나사와 공구만 찾으면 되게 되었다. 이 시스템은 실용신안으로 보호되고 있고, 큰 성공을 거두었다.

라인홀트 뷔르트는 또 어떤 공장에 들렀다가 노동자들이 특정 부위의 근육과 힘줄이 아프다고 불평하는 소리를 들었다. 그때까지 집게나 드라이버 같은 기본 공구가 인체공학적으로 적절한지를 생각해본 사람은 아무도 없었다. 뷔르트가 알아보니 기본 도구 중 몇몇은 옛날과 똑같은 형태로 100년 이상 변하지 않고 있었다. 그러니 현대인들에게 인체공학적으로 적합할 리 없었다. 그는 슈트트가르트 대학에 연구프로젝트를 발주했고, 그 결과 새롭게 디자인된 완전한 공구세트를 개발할 수 있었다. 새로 나온 공구 가운데 몇 개는 신체에 주던 부담을 30% 이상 줄여주었다. 이 새로운 공구세트 역시 큰 성공을 거두었다.

현 장 경 영 및 고 객 과 의 접 촉

앞에서 본 바와 같이 뷔르트는 현장경영과 고객만족을 아주 중요하게 생각하는 경영자이다. 이에 대해 그는 "내 경험에 따르면 하룻동안 외근하는 것이 일주일 내내 똑똑한 사람들이 발표해대는 회의에 참석하는 것보다 100배는 더 값어치가 있습니다."라고 말한다.

그래서 그는 독일 퀸젤자우Künzelsau에 있는 사무실에서 전략을 세우는 것이 아니라 시장에 들어가기 전에 그곳에서 직접 현장을 경험하고 싶어한다. 원인이 확실하지 않은 문제가 네덜란드에서 일어나자, 그는 영업부서 사람들과 그곳에서 일주일을 보내며 고객들과 이야기를 나누었다. 또 터키 이스탄불에 있는 자동차 정비공장을 하루 종일 돌아다니면서 현지 상황을 직접 점검하기도 했다. 이렇게 해서 그는 고객이 부딪히는 문제에 관한 한, 세계 어느 곳에서 일어나든 늘 소상히 파악하고 있는 것이다.

그가 생각하는 '고객' 개념은 내부 고객, 즉 직원을 포함한다. 그래서 그는 당연히 직원들의 사기도 중요시한다. 그의 말을 또 들어보자.

"최신 장비와 시설을 갖춘 환경에서 동기유발이 되지 못한 직원들이 일할 때보다 비록 기계는 낡고 허름할지라도 직원들이 신나게 일할 때가 효과와 효율 면에서 훨씬 낫다."

이렇게 직원들의 만족과 사기를 중시하는 최고경영자의 경영철학과 회사의 명성 덕분에 뷔르트가 직원을 새로 채용하려고 하면 늘 뽑으려는 인원의 다섯 배 가까운 우수한 인재들이 지원한다고 한다.

Part 4
자비의 리더십

이나모리 가즈오

"직원 행복을 추구하되,
부하는 규율을 갖고 엄하게
단련시켜라."

이나모리 가즈오

稻盛和夫

일본 경영의 신, 교세라Kyocera 명예회장.

일본에서 이나모리 가즈오는 마쓰시타 고노스케, 혼다 쇼이치로와 더불어 '일본에서 가장 존경받는 3대 기업가' 로 꼽힌다. 이나모리 가즈오 명예회장은 현재 CEO를 물러나 은퇴하였으며, 불교에 귀의하였다.

가고시마현에서 태어나(1932년) 가고시마대학교 공학부를 졸업하고, 교세라를 설립(1959년)한다.

이나모리 가즈오는 '아메바 경영' 이라는 새로운 경영방식을 창조해냈고, 전 세계 수많은 경영인들이 그의 저서를 읽었으며 경영방식을 배우려 하고 있다. 다이니덴덴(현 KDDI)을 설립하여 회장에 취임했으며, 젊은 경영자를 위한 경영학교 '이나모리 학교' 의 학교장이다. 또 연구모임 '세이와주쿠' 는 현재 전 세계 50여개 지역에 설치되어 운영되고 있다. 그는 문화사업 지원에도 힘을 아끼지 않아서 '이나모리 재단' 을 설립(1984년)해 교토상을 창설, 매년 인류사회의 진보발전에 공적이 있는 사람들을 표창해왔다. 최근 타계한 비디오 아티스트 백남준 씨가 아시아인 최초로 이 상을 수상했다.(1998년)

이나모리 가즈오 회장은 씨 없는 수박을 만들어 낸 한국인 우장춘 박사의 사위이다. 우장춘 박사의 넷째 딸이 이나모리 부인이다. 또한 2004년 내한 시 한정식 대접을 물리고, 부산의 동래파전집을 찾아갔을 만큼 파전을 좋아하며, 나이가 많이 든 지금도 파전을 즐겨 먹는다고 한다.

주요 저서로는 《아메바경영》, 《카르마 경영》 등이 있다.

1. 철인(哲人) 경영자의 대명사

이나모리 가즈오稻盛和夫(1932~현재) 교세라 명예회장은 일본에서 살아있는 '경영의 신'으로 추앙받을 정도로 큰 존경을 받고 있는 기업인이다. 그는 스물일곱 살 때인 1959년 300만 엔을 빌려 교세라의 전신인 교토세라믹을 세운다. 다른 회사의 공장 한구석에서 종업원 28명의 벤처기업으로 출발한 이 회사는 독자적인 세라믹 기술을 바탕으로 전자·산업용 종합부품회사로 기반을 굳힌다.

이어서 1984년에 이나모리 재단을 설립하여 이사장으로 취임함과 동시에 '일본의 노벨상'으로 불리는 '교토상'을 제정하기도 했다. 같은 해 이나모리 회장은 통신이라는 미지의 분야에 뛰어든다. 교세라의 노하우를 활용하여 시너지 효과를 일으킬 수 있는 사업으로 통신업을 꼽은 것이다. 이때 설립한 회사가 민간 이동통신업체인 KDDI의 전신인 DDI이다. DDI는 거대기업 NTT와 맞서 싸우면서 성장해갔다. 현재의 KDDI는 DDI가 2000년 가을 일본 굴지의 다른 두 통신회사인 KDD와 IDO를 합병하여 성립한 회사이며, 일본 통신시장에서 NTT 다음가는 2위 업체이다. 교세라와 KDDI를 합치면 종업원 7만 6천여 명에 매출액은 약 58조 원에 달한다.

오늘날 기업인으로 대성한 이나모리이지만 젊은 시절에는 많은 시련을 겪었다. 형제 7명의 가난한 집에서 자라난 그는 어릴 때 중학교 입시에서 낙방했고, 대학도 가고시마대학鹿兒島大學이라는 규슈 최남단의 지방대학 공학부를 졸업했다. 취직난이 심하던 그 시절 번번이 입사시험에서 떨어졌다. 은사의 추천으로 1955년 4월 교

교세라 주식회사
(Kyocera Corporation, 京セラ株式會社)
일본 교토 부 후시미 구에 본사를 둔 전자기기, 정보기기, 태양전지, 세라믹, 관련 기기 제조회사이다. UFJ그룹의 계열사이다.

토에 있는 어느 작은 회사에 간신히 취직한다. 그때까지 대도시에 살아본 적도 없고 규슈 사투리가 심했던 이나모리는 그야말로 전형적인 시골뜨기였다. 그래서 그는 전화벨이 울릴 때마다 누군가 다른 사람이 받아주었으면 하고 기도하는 마음이었다고 한다. 가고시마 지방 말투가 알려지는 것이 싫었고, 남과 비교했을 때 자신이 불리한 위치에 있는 것을 절실히 느꼈다.

그러던 어느 날 이나모리는 열등감에 사로잡히지 않고 자신의 약점을 솔직하게 인정한 다음, 그것을 극복하기 위해 노력하겠다고 결심한다. 그렇게 하면 좌절감을 맛보는 일도 없을 것이라고 생각했다. 그는 자신에게 "나는 촌놈이다. 시골학교 출신이고 세상일은 아무것도 모르고 상식도 없다. 그러니까 기본적인 것부터 공부하고, 누구보다도 열심히 일하지 않으면 성공할 수 없다."라고 말했다.

이렇게 자신의 약점을 부정하지 않고 있는 그대로 받아들이자 무리수를 둘 필요가 없게 되었다. 이것이 자신을 발전시킨 첫 계기가 되었다고 이나모리 회장은 회고한다.

그런데 어렵사리 얻은 첫 직장이 사실은 다 쓰러져 가는 회사였다. 봉급도 제대로 안 나오고 동료들도 하나씩 둘씩 떠나가는 상황이었다. 이때 그는 사고방식을 바꾸기로 결심한다. "어차피 방법이 없다면 차라리 마음을 고쳐 먹고 정성을 다해 필사적으로 연구해보자."고 마음을 다잡은 것이다.

이때부터 그는 연구실에서 먹고 자는 날이 더 많을 정도로 전자제품에 들어가는 세라믹을 개발하는 데 온 힘을 쏟았다. 몇 년 후

TV 붐이 일어나자 세라믹 시장도 함께 커졌다. 그 후 회사가 노사 분규에 휘말릴 때도 이나모리의 부서는 일을 멈추지 않았고, 납기 내에 제품을 다 공급했다. 이렇게 해서 쌓은 기술, 실적, 신용은 모두 훗날 교세라를 일으키는 밑바탕이 되었다. 또한 그가 이때 깨달은 '사고방식'은 그의 성공 방정식에서 가장 큰 비중을 차지할 만큼 이나모리 경영철학의 큰 축을 이루게 된다.

|시사점|

그가 일본에서 가장 존경 받는 기업인이 된 것은 더할 나위 없이 뛰어난 경영 실적과 더불어 인본사상을 담은 경영철학 때문이다. 나는 그의 여러 저서, 인터뷰 기사, 대담 등에 나타난 그의 경영사상을 접하면서 그를 우리 시대 경영의 큰 스승으로 보게 되었다.

보기에 따라서 그의 저서는 미사여구로 꽉 차 있다는 느낌을 받을 수도 있다. 성실, 자기희생, 정열, 창조, 공생, 조화, 비전, 수양, 인격, 겸허, 사랑, 공명정대, 존경, 반성, 건전, 열의, 행복, 올바름, 신중, 공존 등등 그의 여러 저서에 나오는 아름다운 말들은 끝이 없다. 그러나 그런 낱말의 나열이 단순한 말잔치가 아닌 매우 진지한 철학강좌의 담론으로 다가온다. 그의 말에는 큰 무게가 실려 있다. 그 까닭은 무엇일까? 첫째, 그가 말하는 모든 내용이 넓고 깊은 체험에서 나온 것이기 때문이다. 둘째, 그는 철저한 언행일치의 본보기다. 이나모리는 솔선수범해서 자신이 말한 것을 행동으로 보여주었기 때문에 그의 말에는 믿음이 갈 수밖에 없다. 끝으로 그가 말한 많은 내용이 서로 모순되지 않고 처음부터 끝까지 한결같다. 그의 사상체계는 일관성을 띠고 있는 것이다.

그러면 이제부터 이나모리의 경영사상을 통해 볼 수 있는 리더십의 핵심을 짚어보기로 한다. 먼저 유명한 이나모리의 '성공을 위한 방정식' 내용부터 알아보자.

2. 인생의 결과 = 사고방식 × 열의 × 능력

이나모리의 '성공을 위한 방정식'은 다음 질문에 대한 그의 답변이다.

"보통 능력밖에 갖고 있지 않은 사람은 어떻게 해야 큰 성공을 거둘 수 있을까요?"

성공을 위한 방정식 : 인생의 결과 = 사고방식 × 열의 × 능력

여기서 '능력'은 건전한 육체, 재능, 타고난 적성 등을 가리키며 다분히 선천적이다. '열의'라고 함은 어떻게 해서든지 해내려고 하는 강한 열망에 가까운 개념이며, 자신의 의지에 의해 결정된다. 능력과 열의는 모두 최저가 0점이고 최고는 100점이다. 일할 때는 이 두 요소의 점수가 곱해진다. 따라서 빼어난 재능이 없어도 자신의 결점을 알고 그것을 보충하기 위해 정열을 불태워 열심히 노력하는 사람은 재능을 뽐내며 노력하지 않는 사람보다 더 큰 것을 이룰 수 있다. 세 번째 요소인 사고방식은 어떤 마음가짐으로 인생을 살고

일하는가를 가리킨다. 이것은 마이너스 100점에서 플러스 100점까지 점수를 매길 수 있다. 질투, 원한, 미움 등 부정적인 감정에 사로잡혀 있는 사람은 마음 자세가 마이너스이므로 인생도 마이너스가 된다. 반대로 긍정적이고 순수한 사고방식을 갖고 있는 사람은 멋진 삶을 누릴 수 있고 성공하기 마련이다.

이 방정식의 주요 특징은 두 가지로 요약할 수 있다. 첫째, 인생의 결과는 자신의 손에 달려 있다. 둘째, 사고방식이 자신의 삶의 성공과 실패에 결정적인 영향을 미친다.

이나모리는 동료들과 회사를 처음 세우기로 마음먹었을 때, 자신들이 사업 경험도 없고 단지 젊고 평범한 기술자에 지나지 않는다는 사실에 주목했다. 그래서 그는 한정된 능력밖에 없어도 성공할 수 있음을 동료들에게 확신시키기 위해 이 방정식을 고안해냈다. 실제로 그들의 능력은 그다지 뛰어난 편이 아니었으므로 더 재능 있는 사람들보다 더 열심히 일하려는 열의가 필요했던 것이다.

이나모리가 방정식을 덧셈이 아닌 곱셈으로 표현한 까닭은 무엇일까? 만일 이 셋을 더한다고 하자. 그러면 훌륭한 재능을 타고난 사람은 아무것도 안 해도 웬만한 사람보다는 훨씬 우위에 서게 된다. 바꿔 말하면 대다수의 평범한 사람들은 아무리 노력해도 재능 있는 사람을 도저히 당할 수 없다는 말이 된다. 그러나 더하지 않고 곱함으로써, 적극적인 자세로 열의에 가득 찬 노력을 거듭하면 설사 타고난 재능이 없어도 훌륭한 인생을 살 수 있게 된다. 평범한 사람이라도 진짜 정열을 갖고 노력하면, 천재라고 불리는 사람들보다 더 나은 결과를 얻을 수 있다. 아무리 뛰어난 재능을 갖고 부지런히 일하는 천재라 할지라도 삶의 방향을 명확히 정하지 못하고 제자리걸음만 한다면, 뚜렷한 업적을 내지 못한 채 끝나고 말 것이다. 최악의 조합은 빼어난 재능을 타고난 사람이 큰 범죄를 솜씨 좋게 저지르려는 잘못된 노력을 거듭하는 것이다. 만일 사고방식이 마이너스라면 결과는 모두 마이너스가 되고 만다. 마음이 비뚤어진 천재가 열심히 노력하는 것만큼 위험한 것은 없다.

이나모리 회장은 대학을 졸업하고 취업난에 시달린 나머지 한때 '로빈후드' 같은 의적이 될까 하는 생각조차 했다고 한다. 어차피 이 세상은 불공평하고 불평등하니 부자들에게 빼앗은 금품을 가난한 사람들에게 나누어준 로빈후드처럼 되는 편이 더 낫지 않을까 생각한 것이다. 만일 그때 정말 그렇게 했더라면 지금쯤 그렇게 되었을지도 모른다고 회고한 바 있다. 보통 사람만큼의 능력밖에 없었지만 성공하고자 하는 열망과 의지는 강했기 때문이다. 그럴 경우 그의 사고방식이 애초부터 마이너스이므로 인생의 결과도 부정적으로 되었을 것이라고 그는 힘주어 말한다.

3. 기업 철학을 모든 직원들과 공유하라

이나모리 회장은 경영 지식도 사업 경험도 없는 상태에서 1959년 창업을 했다. 그 이후 지금까지 그가 가장 힘을 기울인 것은 나름대로 확립해온 자신의 경영철학을 모든 사원들과 공유하는 일이었다. 교세라가 출범 이후 50년간 눈부신 발전을 거듭해온 이유를 누군가 물으면 그는 한결같이 이렇게 대답한다.

"우리에게는 기업 철학이 있고, 그것을 모든 사원들이 공유하고 있기 때문입니다."

그의 이런 정책은 새로 인수한 회사에도 적용된다. 일본의 거품 경기가 한창이던 1980년대 많은 일본 기업은 미국 회사를 앞다투어 사들였다. 그러나 결과는 참담했다. 대부분의 기업 인수는 결과적으로 실패했으며, 일본 회사들은 큰 손해를 입었다. 이러한 시절에 교세라가 인수한 미국의 전자부품회사 AVX는 종업원이 1만 명 정도 되는 대기업이었다. 통상 일본 회사들은 해외 기업을 매수하면 본사에서 경영진을 파견하여 관리하려고 한다. 그러나 이나모리 회장은 그렇게 하지 않았다. 그의 말을 들어보자.

"나는 기업 합병은 결혼하는 것과 같다고 생각합니다. 마음으로부터 믿을 수 있는 관계를 쌓아 올리는 것이 무엇보다 중요합니다. 그래서 회사를 사들인 후에도 그쪽 경영진은 그대로 놔두고, 교세라의 사고방식을 될 수 있는 대로 빨리 상대방에게 전해주어 공유할 수 있도록 하겠다고 마음먹었습니다."

사회풍토, 국민성, 문화 등이 전혀 다른 미국에서 미국인 임직원들과 사업을 함께하려면, 경영철학의 공유가 꼭 필요하다는 신념을 이나모리 회장은 갖고 있었던 것이다. 그는 긴 시간에 걸쳐 AVX 간부들과 진지하게 토론하고, 그들의 질문에 정성을 다해 답변하는 과정을 거쳤다. 마침내 AVX 간부들은 교세라의 경영철학이 아주 훌륭하다는 것을 인정하고, 그것을 바탕으로 회사를 경영하겠다고 다짐했다. 그들이 이나모리의 경영철학을 진심으로 받아들인 다음부터는 AVX의 실적이 비약적으로 올라갔다. 반면에 일본 기업이 인수한 다른 미국 회사들의 실적은 저조하기 짝이 없었다.

이 사례는 경영철학의 공유가 기업경영에서 얼마나 큰 구실을 하는가를 보여주는 좋은 본보기라 하겠다. 그런데 경영철학의 공유를 지나치게 강조하다 보면 개인의 창의적인 생각이나 개성이 무시되지는 않을까? 이나모리는 그렇지 않다고 못 박는다.

"성공하는 기업이란 개개인이 독창성을 발휘하고 인간적으로 성장하는 것을 촉진하면서, 동시에 모든 구성원이 같은 가치관을 갖고 한 방향으로 향하도록 하는 방법을 알고 있는 기업이다."

그러면 교세라의 경영에서 이토록 큰 비중을 차지하는 이나모리 경영철학의 진수는 무엇인가? 그것을 이해하기 위해서는 먼저 교세라의 경영이념을 알아야 한다.

"전 직원의 정신적·물질적 행복을 추구함과 동시에 인류와 사회의 발전에 이바지한다."

이 경영이념이 확정된 경위는 다음과 같다. 이나모리가 창업을 하고 1년이 지난 어느 날 새로 들어온 젊은 직원들이 장래의 수입을 보장해달라고 요구했다. 그는 이때 "기업이란 무엇인가?"라는 물음에 대해 진지하게 생각하지 않을 수 없었다. 당시 그는 직원들의 생계 보장은커녕 자기 식구들의 생계도 보장할 수 없는 형편이었다. 그런데도 직원들은 자신과 가족들의 장래를 회사에 맡기고 있는 것이다. 인생을 회사에 걸고 있는 직원들의 기대를 저버릴 수는 없었다. 그래서 이나모리는 사흘 밤낮 동안 직원들과 열띤 토론을 한 끝에 회사의 경영방침을 바꾸기로 결정한다. 처음에는 자신의 기술을 세상에 알리기 위해 사업을 시작했지만, 이제는 직원들의 생활을 더 앞세우기로 한 것이다. 이렇게 해서 탄생한 것이 앞에 기술한 교세라의 경영이념이다. 그 이후 이나모리는 이 이념을 변함없이 지켜오고 있고, 기회 있을 때마다 다음과 같은 메시지를 직원들에게 전하고 있다.

"교세라는 나를 포함한 모든 직원의 정신적·물질적 행복을 추구하기 위해 존재합니다. 그러므로 교세라는 많은 이익을 내서 어떤 불황이 오더라도 끄떡없는 회사가 되어야만 합니다. 그렇지 않으면 우리의 정신적·물질적 행복을 지킬 수가 없습니다. 이를 위해 나는 앞장서서 필사적으로 일하고 있습니다. 여러분도 자신의 생활을 지키고 행복을 실현하고 싶다면 나를 따라주세요. 그것이 싫다면 그만두십시오. 직원 여러분의 행복을 위해서 나와 고락을 함께할 사람이 필요합니다."

|시사점|

여기서 우리는 '주주 이익의 극대화' 또는 '시가총액의 극대화'라는 미국식 경영 패러다임과는 확연히 다른 이나모리의 독특한 경영 모델을 본다. 그러면 직원의 행복을 중시한다는 이나모리의 경영 사상을 좀더 깊이 이해하기 위해 구체적으로 어떤 형태로 나타나는가를 보자.

- 직원들을 행복하게 하는 것이 교세라의 목적이므로 감원하지 않는다. 그래서 교세라는 불황이 오래 지속되더라도 고용을 유지할 수 있게 늘 대비를 한다. 즉 호황일 때 낸 이익의 대부분을 주주에게 배당금으로 주지 않고, 상당 부분을 내부에 유보한다.

- 교세라는 사원이 회사를 위해 어떤 일에 도전하고 목적 달성을 위해 성실히 노력했다면, 설사 실패해서 회사에 손실을 끼쳤더라도 아무런 벌을 주지 않는다. 그 도전이 회사와 사원 전체를 위해 좋다고 생각해서 한 일이고 최선을 다했는데도 그런 결과가 나왔다면, 벌을 받을 하등의 이유가 없다는 것이다. 이렇게 교세라는 '실패할 수 있는 자유'를 주기 때문에 사원들이 실패를 두려워하지 않고 전력을 다할 수 있다.

  (이와 비슷한 정책을 갖고 있는 회사는 우리나라에도 있다. 주식회사 농심의 파칭 기술parching technology 개발 과정을 자세히 연구한 윤석철(1991)은 농심이 이 기술을 개발할 수 있었던 중요한 이유로 '실패할 수 있는 자유'를 들고 있다. 농심의 최고경영진은 연구진에게 개발 목표를 명확히 정의해주고, 필요한 정보를 구해서 알려주며, '하면 된다'는 신념을 심어주고, 연구원들이 실험용으로 4.5톤 트럭 80대 분의 밀가루를 써도 아무 말 안 하고 끝까지 밀어주었다고 한다. 실제로 농심 임직원들은 "우리 회사에는 실패할 수 있는 자유가

있다"라는 말을 한다고 한다.)

• 이나모리는 또 직원들을 사랑하기 때문에 직원들을 작은 사랑이 아닌 큰 사랑으로 가르친다고 말한다. 그는 작은 사랑을 소선小善, 큰 사랑을 대선大善으로 부르면서 두 이야기를 들려준다.

부모가 자식의 응석을 받아주기만 해서 응석받이로 키우면 자식은 세상을 헤쳐나갈 힘을 갖추지 못한 채 크기 때문에 결국 불행한 삶을 살게 된다. 반면에 엄한 부모 밑에서 자란 자식은 홀로 서는 힘이 있으므로 성공적인 삶을 누리게 된다. 그래서 전자는 소선, 후자는 대선이다.

어떤 노인이 겨울이면 따뜻한 남쪽으로 이동하는 철새들이 잠시 들르는 호숫가에 살고 있었다. 그러던 어느 해 겨울 한파가 엄습하여 새들이 먹을 것을 못 구하고 오도가도 못하게 되었다. 노인은 이를 가엾이 여겨 매일 모이를 나눠주었다. 이렇게 하여 호수에 들르는 철새들의 수가 매년 늘어만 갔다. 그러는 동안 새들은 이동하는 것을 잊어버리고 1년 내내 노인의 자비심에만 의존하게 되었다. 그러던 어느 날 노인이 세상을 떠난다. 그러자 더 이상 모이를 얻을 수 없게 된 수백 마리 철새가 그만 굶어 죽고 말았다. 이것이 전형적인 소선이다.

부하들을 다루는 것도 마찬가지다. 인기에 영합하는 것은 부하를 소선으로 이끄는 것이고, 규율을 갖고 엄하게 단련시키는 것은 크게 키우는 것이다. 그래서 이나모리는 "대선은 비정非情과 비슷하고 소선은 대악大惡과 비슷하다"는 말을 인용한다.

교세라는 이 밖에도 여러 가지 형태로 직원 사랑을 구현하고 있는데, 여기서 꼭 강조하고 싶은 것이 있다. 이나모리가 직원들의 행복을 가장 중시하는 경영이념을 갖고 있다고 해서 거래처나 고객을 경시한다는 뜻은 아니다. 오히려 그 반대이다. 이나모리는 많은 저서와 숱한 모임에서 거듭거듭 호소한다. 경영자는 자기만 많이 벌면 된다는 생각을 버리고 직원, 고객, 주주, 거래처 등을 모두 행복하게 해준다는 큰 사랑, 자비의 마음, 배려하는 마음을 갖고 경영에 임해야 한다고. 기업의 지도자가 이렇게 자비와 배려를 바탕으로 온 정성을 기울여 일하면 회사는 번창하게 마련이라는 것이 그의 신조이다. 나는 그의 리더십의 정수를 '엄한 자비'라는 말로 표현하고자 한다.

그러면 이나모리의 경영철학을 실현하는 구체적인 방법론은 무엇인가? 지금부터는 이 문제를 논의하기로 한다.

4. 앞장서서 필사적으로 일하라

지독히 열심히 하기

앞에서 나는 이나모리가 직원들에게 끊임없이 전하고 있는 메시지를 소개하면서, "앞장서서 필사적으로 일하고"라는 대목을 강조했다. "지독히 열심히 일하기"야말로 그의 경영철학을 실현하기 위한 길 가운데 으뜸가는 것이기 때문이다. 이나모리 회장 자신도 기술 개발을 위해 20년간 새벽 서너 시경에야 사무실을 떠날 정도로 부지런히 일했다. 그래서 그의 별명은 '미스터 a.m(오전)'이었다고 한다. 그가 이렇게 정진精進, 즉 열심히 노력함을 강조하는 이유는 아무래도 그의 사상의 토대인 불교에서 찾아야 할 것 같다. 이나모리는 1997년 경영 일선에서 물러난 뒤 출가하여 스님이 되었을 정도로 불교사상에 심취해 있다.

해석 ——

불교만큼 부지런함의 미덕을 강조하는 종교도 드물다.

일어나 앉아라.
잠을 자서 너희들에게 무슨 이익이 있겠는가.
화살에 맞아 고통 받는 이에게 잠이 웬 말인가. (숫타니파타)

게으름은 때와 같은 것, 때는 게으름 때문에 생긴다.
애써 닦음으로써, 또한 밝은 지혜로써
자기에게 박힌 화살을 뽑으라. (숫타니파타)

정진이야말로 죽음이 없는 큰 길,
방일放逸이야말로 죽음의 좁은 길이다. (법구경)

만약 부지런히 정진하면 일에 어려움이 없을 것이다.

그러므로 너희들은 마땅히

부지런히 정진하는 바 있어야 할 것이니,

끝없는 정진 앞에는 못 이룰 일이 없는 것이다.(유교경)

시간이 흘러 흘러 하루가 급히 지나가고

나날이 흘러 흘러 보름 한 달 속히 되며

한 달 한 달 계속되어 홀연히 일 년 지나가고

한 해 두 해 거듭하여 문득 죽음에 이르도다.(원효 스님의 발심수
행장)

가게를 보는 주인이 오전에도 열심히 일에 힘쓰고, 낮에도 열심히
일하고, 또 오후에도 열심히 일한다면, 아직 얻지 못한 재물을 얻을
수 있고, 또 이미 얻은 재물을 증식하게 될 것이다. (중지부경)

아침에도, 점심에도, 오후에도 하는 일에 열심히 매진하면 사업
이 번창한다는 이 가르침을 이나모리 회장은 늘 가슴에 새기고 있
음이 틀림없다. 그가 기업의 지도자들에게 정진의 중요성을 애기할
때는 '앞장서서' 또는 '현장에서'라는 말을 덧붙인다. 그만큼 경영
자가 솔선수범해야 한다고 믿는 것이다. 열심히 노력하는 사장의
뒤를 따라, 사장을 본받으며 사장과 똑같이 일할 수 있는 사람이 크
기 때문이다. 이나모리는 또 실제로 이익이 나오는 경영현장에서
땀을 흘리지 않는 한 경영을 배울 수 없다고 단언할 정도로 현장을

중시한다. 현장에 무엇이 있고 무엇이 빠져 있고 무엇이 문제인지 모두 알아야 진정한 의미의 최고경영자가 될 수 있다는 것이다. 현장에 정통해야 현장에서 엄격하게 직원들을 추궁할 수 있다. 현장에서 날카롭고 통찰력 있게 하는 추궁은 인재 육성의 지름길이기도 하다.

아메바 경영

경영이념의 실현을 위한 두 번째 방법론은 그 유명한 '아메바 경영'이다. 단세포 동물인 아메바는 암수의 교배가 없이도 생식을 할 수 있다. 아메바는 또 세포 분열이라는 방식으로 자신을 수없이 복제할 수 있으며, 필요에 따라서는 분리하기도 하고 합체하기도 한다. 지구상의 생물 가운데 가장 유연한 동물이다. 아메바 경영은 이런 아메바의 특성을 기업경영에 응용한 것이다. 조직에 속한 개개인의 열정을 살리기 위해 조직을 쪼개고, 필요에 따라 합치기도 한다. 일과 적성, 효율을 고려하여 조직을 아메바처럼 나누고 아메바끼리의 경쟁을 유도한다. 그러다가 조직이 커지면 다시 나누어 신속성을 유지한다. 아메바 경영이 도입된 배경은 이렇다.

이나모리는 교세라 제2공장을 짓고 있을 때 한 가지 고민이 생겼다. 그때까지는 임직원들의 뜨거운 정열 덕분에 회사가 급성장해왔지만, 언젠가는 개척자로서의 정열을 잃고 흔히 보이는 관료적인 회사로 전락하지 않을까 하는 우려였다. 그래서 그는 회사 내부에서 기업가를 육성하기로 결심하고 회사를 작은 독립채산 집단으로 나누었다. 그 집단들이 지금 아메바로 불리는 것이며, 하나하나가 작은 벤처기업 같았다. 그 안에는 중심이 되어 활동하는 리더가 있고, 아메바는 사업하는 데 필요한 모든 물자를 다른 아메바 또는 회사 바깥에서 구입한다. 그리고 제품 및 서비스를 다른 아메바 또는 외부 고객에게 판매하여 이익을 올린다. 각 아메바의 구성원들은 리더와 함께 정열을 불태우고, 각 구성원의 노동시간당 평균 부가가치를 뜻하는 '시간당 채산'이라고 하는 지표에 따라 평가받는다. 몇 개의 아메바가 모여 큰 아메바를 이루고, 그 아메바는 다른 대형 아메바와 함께 더 큰 아메바를 형성한다. 말하자면 교세라는 전세계에 흩어져 있는 수천 개의 아메바로 이루어진 하나의 거대한 아메바인 것이다.

각 아메바가 자신의 이익만 생각하고 이기적으로 될 염려는 없을까? 교세라 경영자는 최소 단위의 이익 센터profit center인 각 아메바의 손익계산서만 보지는 않는다. 교세라에는 부문, 사업회사, 그리고 그것들을 아우르는 세계 규모의 손익계산서가 있다. 사업회사의 각 부문은 손익계산서를 작성하는데, 거기에는 각 아메바가 산출한 총부가가치 및 그것을 총노동시간으로 나눈 '시간당 채산'이 기재된다. 또 사업회사는 각 아메바의 실적을 합친 회사 전체의 '시간당 채산표'가 포함된 손익계산서를 만든다. 그리고 세계 각 지역의 보고서가 만들어지고, 최종적으로는 교세라그룹 전체의 종합보고서가 작성된다. 만일 어떤 아메바가 이기적인 이유로 다른 아메바에게 손해를 입히면 그 아메바가 소속되어 있는 조직 전체에

나쁜 영향을 끼친다. 그렇게 되면 상급 단위의 아메바 책임자가 곧 그것을 해결하기 위한 대책을 강구하게 된다. '시간당 채산'의 개념을 쓰면 각 아메바의 크기, 소재, 총노동시간 등과 상관없이 아메바들을 공평하게 비교할 수 있다는 이점이 있다.

그런데 일각에서는 이렇게 조직을 잘게 쪼개면 간접비가 늘어나기 십상이라는 말을 한다. 모든 아메바의 수익과 경비를 일일이 기록하는 것은 효율적이 아니라고 보는 것이다. 그러나 이나모리는 그렇지 않다고 본다. 설사 회사가 합계한 수치만 기록한다고 하더라도, 그것을 계산하려면 어차피 어떤 제품이 몇 단위 생산되었는가 등의 자료는 당연히 수집해야 한다. 그렇게 하려면 각자 매일 자신의 업무를 기록하여 제출하지 않으면 안 된다. 교세라는 그런 자료를 '시간당 채산'을 산출하는 데 쓰고, 매월 또는 매주 보고서를 작성하고 있다. 따라서 '시간당 채산제도'가 있다고 해서 특별히 간접비가 더 발생한다고 볼 수는 없다는 것이다.

만일 어떤 아메바의 실적이 부진하면 대응책은 상황에 따라 다르다. 기술 부족이 원인이면 기술을 도입하고, 리더가 약한 것이 문제이면 경영진을 보강한다. 리더가 자신이 이끄는 아메바와 맞지 않는 경우에는 그를 다른 부서로 보내기도 한다. 각 아메바는 스스로 설정한 목표에 대해서 평가받는다. 아메바는 사업을 운영하는 권한과 동시에 계획을 제대로 수행하는 책임도 있는 것이다.

헌신적인 소통

이나모리는 또 일본인답게 자신의 경영철학을 공유하고 실현하기 위한 수단으로 각종 친목 모임을 적극적으로 활용한다. 교세라에는 일이 끝난 후 리더와 직원들이 모여 허물없이 이야기하는 이른바 '곤파' 전통이 있다. 회사동료끼리 우정을 돈독히 하고 마음껏 즐기기도 하지만, 이 자리는 교육의 장場이기도 하다. 서로 터놓고 의견을 나누고, 갖가지 아이디어를 내놓고, 꿈을 이야기한다. 이나모리 회장은 이런 친목 모임에 열심히 참여하여 직원들과 소통한다.

가장 큰 모임은 말할 것도 없이 연말 송년회이다. 지금은 회사 규모가 워낙 커서 불가능하겠지만, 이나모리는 오랫동안 각 부서 송년회에 모두 참석했다고 한다. 12월에는 하루도 거르지 않고 송년회에 나가곤 했다. 술자리에선 직원 모두에게 "이 일은 자네만 믿네. 열심히 해주게."라고 격려하며 일일이 술을 따라준다. 열심히 노력하는 사람에게는 잘 부탁한다고 말하고, 잘못 생각하고 있는 사람에게는 틀렸다고 말한다.

또한 이나모리 자신의 잘못된 점을 지적해 주면 "정말 그렇구나. 고쳐야 해." 하고 솔직하게 받아들인다. 이렇게 서로 믿고, 마음을 열고, 대화를 많이 나누는 조직 분위기를 만드는 것은 바람직한 기업문화 형성에 크게 이바지한다.

|시사점|

이러한 예는 우리 기업에서도 쉽게 찾을 수 있다.

삼성전자 국내판매사업부 부서장 모임인 오정회吾井會는 매달 초 삼성본관 근처에 있는 '123'이라는 호프집에서 정기적으로 모임을 갖는다. 우물물은 누구나 마실 수 있고 우물가에서는 어떤 이야기도 할 수 있다. 그래서 국내판매사업부는 이 모임의 자유롭고 개방적인 성격을 나타내기 위해서 모임 이름에 우물 정井자를 넣었다고 한다. 이 자리에서는 경영에 관한 어떤 이야기도 나눌 수 있으므로 참석자들은 스스로 경영에 참여한다는 생각을 갖게 된다. 또 부서장들은 모일 때마다 그 달의 예상 이익과 매출액을 적어서 낸다. 그리고 다음달에 만나 가장 정확히 예측한 부서장에게 사업부장이 비축된 회비를 상금으로 준다. 참석자들은 훈훈한 분위기에서 맥주를 마시면서 이런저런 애기를 마음껏 나누기도 하고 이익목표 달성을 위한 의지를 다시 한번 다지기도 한다.

앞에서 우리는 이나모리가 새로 인수한 미국회사의 직원들과 최선을 다해 소통하는 모습을 소개한 바 있다. 이렇게 이나모리는 온몸으로 열린 마음으로 그리고 지극한 정성으로 국내외의 직원들과 끝없이 소통하고 있다. 그의 이러한 헌신적인 소통 역시 그의 경영이념의 구현에 큰 도움이 되고 있다.

5. 겸허와 절도(節度)의 리더십

이나모리의 리더십을 이야기할 때 빼놓을 수 없는 것이 겸허와 절도에 대한 그의 강한 확신이다.

오만한 리더 아래서는 조직이 장기적으로 성장·발전할 수 없다고 이나모리는 단언한다. 왜냐하면 리더가 겸손한 마음을 잃으면 쓸데없는 대립이 생기기 때문이다. 그에 따르면 일본에는 전통적으로 "상대방이 있으므로 나도 있다"라는 사고방식이 있었다고 한다. 옛날 일본인들은 "자신은 전체의 일부"라는 생각을 갖고 있었다는 것이다. 그는 이러한 사고방식은 오늘날에도 집단의 조화를 유지하고 협조를 구하는 데 필수불가결이라고 믿고 있다. 한마디로 말해 리더는 "부하가 있어야 비로소 리더로서의 자신도 있다"라는 겸허한 자세를 가져야 한다. 그래야만 운명공동체의 일원이라는 의식이 싹트기 때문이다. 겸허에 관한 그의 메시지를 다음과 같이 요약할 수 있다.

"늘 겸허한 리더만이 서로 협조하는 집단을 이룰 수 있고, 또 그 집단을 조화롭고 영속적인 성공으로 이끌 수 있다."

이나모리 회장은 또 인간의 지나친 욕심이 심각한 계층간 격차 및 금융 위기의 주범이라고 진단한다. 그래서 이제는 자연의 절도를 본받아야 한다고 강조한다. 그는 절도의 아름다움과 필요성을 얘기하기 위해 재미있는 사례를 들려준다.

콩고의 어느 산간마을에서 마을사람들이 사슴이랑 얼룩말을 잡으러 사냥을 나갔다. 모두가 짐승을 잡으면 다 먹을 수 없을 정도로 많은 양을 확보할 수 있다. 그런데 한 사람이 동물 한 마리를 잡으니까 전원이 사냥을 중지한다. 그리고 사냥에 성공해 의기양양하게 마을로 돌아가는 사냥꾼 뒤를 다른 사람들이 따라간다. 돌아와서는 잡은 것을 정해진 규칙에 따라 전원에게 나누어준다. 사냥에 성공한 사람은 가장 크고 맛있는 부위를 받아서 가족·일가·친구들에게 분배한다. 자기 몫을 받은 사람들은 또 자신의 친지들에게 나누어준다. 이리하여 결국은 모든 사람이 자기 몫을 받게 되는데, 각자가 받는 양은 짐승을 잡은 사람과 얼마나 가까운 관계인가에 정비례한다. 이 풍경을 목격한 일본 인류학자가 한 젊은이에게 왜 짐승을 잡을 때까지 사냥을 계속하지 않았느냐고 물었다. 그 청년은 이렇게 대답했다.

"조금이지만 충분히 먹을 만큼은 됩니다."

그들은 산림의 공생과 순환의 법칙에 따라 사는 것에 만족하고 있는 것이다.

인류와 가장 가까운 동물이면서 잡식을 하는 침팬지도 여럿이서 사냥을 나간다. 그 중 한 마리가 먼저 사냥감을 잡으면 다른 침팬지들이 즉각 사냥을 중지한다. 잡은 사냥감 주위를 다들 둘러싸면 사냥에 성공한 침팬지가 모두에게 고기를 분배한다. 이렇게 먹이를 나누어주는 동안 침팬지들은 소리지르고 펄쩍 뛰며 기뻐한다. 침팬지도 필요한 만큼만 사냥해서 산림의 재생산 사슬을 유지하는 지혜를 갖고 있는 것이다.

|시사점|

이나모리는 자본주의 체제 아래서 자연의 절도를 배우는 방향으로 인간이 마음을 바꾸는 것이 궁극적으로는 모두를 위하는 길이라고 말한다. 그는 사자도 배가 부르면 더 이상 먹이를 사냥하지 않는다는 말을 기회 있을 때마다 하면서, 일부 고위임원의 지나치게 높은 연봉을 강하게 비판한다. 임원이 일반 종업원보다 수십~수백 배 월급을 더 받는 것은 봉건주의나 전제주의 시대 폭력적인 독재자나 전제군주가 하던 일을 그대로 하는 것이라고 주장한다. 이 문제에 대해서는 20세기 최고의 경영학자였던 피터 드러커도 비슷한 말을 한 바 있다. 드러커는 CEO가 가장 적은 보수를 받는 직원보다 20배 이상 받으면 곤란하다고 주장하며 이렇게 경고했다.

"다음에 불경기가 닥치면 회사에서 수백만 달러를 받아가던 최고경영자에 대한 원성과 경멸감이 폭발할 것이다."

드러커가 특히 역겹게 생각한 것은, 회사 경영자가 수천 명의 근로자를 내보내면서 자신은 계속 엄청난 수입을 올리는 것이었다. 그는 이에 대해 "도덕적, 사회적으로 용서할 수 없는 행위다. 우리는 이에 대해 비싼 대가를 치를 것이다."라고 말했다.

이나모리는 겸손한 마음, 절도를 아는 마음을 리더들에게 요구하면서 스스로 겸허하고 절제하는 지도자의 본보기를 보여주었다. 이로써 그는 존경 받는 경영의 큰 스승으로 우리 앞에 우뚝 서게 된 것이다.

"너무 조이거나 늦추지 마라."

석가모니

釋迦

고대 인도의 종교 지도자로, 불교의 창시자이다. 참고로, 이름이 '싯다르타'에, 성은 '고타마'이며, 때때로 역순으로 '고타마 싯다르타'로 적기도 한다. 석가족의 왕국인 카필라 왕국의 왕자로 태어났으나 왕궁 밖에서 늙고 병들고 죽는 인간의 생애가 고통으로 이뤄져 있으며 이것을 벗어나는 것을 추구하여 왕위와 가족을 버리고 출가하여 깨달음을 얻었다. 진리를 깨달은 자라는 의미에서 석가모니라고 불리고, 줄여서 석가라고도 한다. 불교인들은 그를 가장 위대한 부처들 중의 한 사람으로 여기며, 평신도들은 부처와 석가모니를 동의어로 생각하기도 한다.

석가모니(기원전 624~기원전 544)는 지금부터 약 2600여 년 전 지금의 네팔 타라이 지방에 있던 '카필라'라는 조그마한 왕국의 왕자로 태어난 후 80년간 이 세상에 살았다. 석가모니는 불교라는 종교의 창시자이기에 앞서 인간의 무한한 가능성을 몸소 체험하고 누구나 진리를 깨달을 수 있음을 선언한 최초의 인간이다. 그는 또한 여러 가지 면에서 더할 나위 없이 훌륭한 지도자이자 스승이었다.

석가의 가르침을 논하기에 앞서 먼저 언급해야 할 것이 하나 있다. 불교는 현실을 가장 중시하는 가르침이라는 사실이다. 불교에 대한 오해가 많은데, 특히 불교가 현실을 떠난 문제나 세계를 추구하는 것으로 여기는 경향이 강하다. 그러나 석가는 살아있을 때도 자신의 가르침이 지금 여기here and now의 문제를 바로 보고 해결해 가는 길임을 수없이 강조하였다. 다음에 소개하는 글은 중아함경에 나오는 유명한 '독 묻은 화살' 이야기인데, 석가가 현실 문제의 해결을 얼마나 중요시했는가를 잘 보여주고 있다.

독 묻은 화살

부처님이 사밧티의 기원정사에 계실 때였다. 말룽캬라는 제자는 홀로 조용한 곳에 앉아 이렇게 생각했다.

'세계는 영원한가, 무상한가? 무한한 것인가, 유한한 것인가? 목숨이 곧 몸인가, 목숨과 몸은 다른 것인가? 여래는 최후最後가 있는가, 없는가 아니면 최후가 있지도 않고 없지도 않은가? 세존께서는 이와 같은 말씀은 전혀 하시지 않는다. 그러나 나는 그 같은 태도가 못마땅하고 이제는 더 참을 수가 없다.

세존께서 세계는 영원하다고 말씀한다면 수행을 계속하겠지만, 영원하지 않다면 그를 비난하고 떠나야겠다.'

말룽캬는 해가 질 무렵 자리에서 일어나 부처님을 찾아갔다. 조금 전에 혼자서 속으로 생각한 일을 말씀 드리고 이렇게 덧붙였다.

"세존께서는 저의 이 같은 생각에 대해서도 한결같이 진실한 것인지 허망한 것인지 기탄 없이 바로 말씀해 주십시오."

부처님께서 물으셨다.

"말룽캬여, 내가 이전에 너에게 세상은 영원하다고 말했기 때문에 너는 나를 따라 수행을 하고 있느냐?"

"아닙니다."

"그 밖의 의문에 대해서도, 내가 이전에 이것은 진실하고 다른 것은 허망하다고 말했기 때문에 나를 따라 도를 배우고 있느냐?"

"아닙니다."

"말룽캬여, 너는 참 어리석구나. 그런 문제에 대해서는 내가 일찍이 너에게 말한 적이 없고 너도 또한 내게 말한 적이 없는데, 너는 어째서 부질없는 생각으로 나를 비방하려고 하느냐?"

말룽캬는 부처님의 꾸지람을 듣고 머리를 숙인 채 말이 없었으나 속으로는 의문이 가시지 않았다.

이때 부처님은 비구들을 향해 말씀하셨다.

"어떤 어리석은 사람이 '만약 부처님이 나에게 세계는 영원하다고 말하지 않는다면 나는 그를 따라 도를 배우지 않겠다'라고 생각한다면, 그는 그 문제를 풀지도 못한 채 도중에 목숨을 마치고 말 것이다.

이를테면, 어떤 사람이 독 묻은 화살을 맞아 견디기 어려운 고통을 받을 때, 그 친족들은 곧 의사를 부르려고 했다. 그런데 그는 '아직 이 화살을 뽑아서는 안 되오. 나는 먼저 화살을 쏜 사람이 누구인지를 알아야겠소. 성은 무어고 이름은 무엇이며 어떤 신분인지 알아야겠소. 그리고 그 활이 뽕나무로 되었는지, 물푸레나무로 되었는지, 화살은 보통 나무로 된 것인지 대로 된 것인지를 알아야겠소. 또 화살 깃은 매의 털로 되었는지 독수리 털로 되었는지 아니면 닭 털로 되었는지를 먼저 알아야겠소.' 이와 같이 말한다면 그는 그것을 알기도 전에 온 몸에 독이 번져 죽고 말 것이다.

세계가 영원하다거나 무상하다는 이 소견 때문에 나를 따라 수행한다면 그것은 옳지 않다. 세계가 영원하다거나 무상하다고 말하는 사람에게도 생로병사와 근심 걱정은 있다. 또 나는 세상이 무한하다거나 유한하다고 단정적으로 말하지는 않는다. 왜냐하면 그것은 이치와 법에 맞지 않으며, 수행이 아니고 지혜와 깨달음으로 나아가는 길이 아니고, 열반의 길도 아니기 때문이다.

그러면 내가 한결같이 말하는 법은 무엇인가. 그것은 곧 괴로움 苦과 괴로움의 원인集과 괴로움의 소멸滅과 괴로움을 소멸하는 길道이다. 어째서 내가 이것을 한결같이 말하는가 하면, 이치에 맞고 법에 맞으며 수행인 동시에 지혜와 깨달음의 길이며 또한 열반의 길이기 때문이다. 너희들은 마땅히 이와 같이 알고 배우라."

부처님께서 이렇게 말씀하시니 말룽캬를 비롯하여 여러 비구들은 기뻐하면서 받들어 행하였다. (중아함 전유경)

현실문제의 해결을 최우선 과제로 꼽았던 석가의 리더십과 가르침은 현실과 치열하게 부딪히는 삶의 현장인 현대의 기업경영과 많은 공통 영역을 갖기 마련이다.

그러면 석가의 리더십에서 오늘날 경영자들이 배워야 할 점은 구체적으로 무엇인가? 나는 무엇보다도 극단을 피하면서 모두를 포용하는 이른바 중도中道의 리더십을 꼽는다. 그 밖에 중요한 것은 현장중심의 경영, 철저한 언행일치에 바탕을 둔 뛰어난 커뮤니케이션 능력 및 독특한 교육 방법이다. 그 내용을 하나씩 살펴보자.

1. 혼돈과 질서가 모두 필요하다

너 무 조 이 거 나 늦 추 지 말 라

부처님이 라자가하의 죽림정사에 계실 때였다. 소오나 비구는 쉬지 않고 선정禪定을 닦다가 문득 이런 생각이 들었다.

'부처님의 제자로 정진하는 성문聲聞[1] 중에 나도 들어간다. 그런데 나는 아직도 번뇌를 다하지 못했다. 애를 써도 이루지 못할 바에야 차라리 집에 돌아가 보시를 행하면서 복을 짓는 편이 낫지 않을까?'

부처님은 소오나의 마음을 살펴 알고 한 비구를 시켜 그를 불러오도록 하셨다. 부처님은 소오나에게 말씀하셨다.

"소오나야, 너는 세속에 있을 때에 거문고를 잘 탔었다지?"

---

[1] 부처님의 음성(가르침)을 듣고 정진하는 출가 수행자.

"네, 그렇습니다."

"네가 거문고를 탈 때 만약 그 줄을 너무 조이면 어떻더냐?"

"소리가 잘 나지 않습니다."

"줄을 너무 늦추었을 때는 또 어떻더냐?"

"그때도 잘 나지 않습니다. 줄을 너무 늦추거나 조이지 않고 알맞게 잘 골라야만 맑고 아름다운 소리가 납니다."

"그렇다. 너의 공부도 그와 같다. 정진할 때 너무 조급히 하면 들뜨게 되고 너무 느슨하면 게으르게 된다. 그러므로 알맞게 하여 집착하지도 말고 방일하지도 말아라."

소오나는 이때부터 항상 거문고 타는 비유를 생각하면서 정진하였다. 그는 오래지 않아 번뇌가 다하고 마음의 해탈을 얻어 아라한 阿羅漢이 되었다.(잡아함 이십억이경)

해석 ——

기업은 끊임없이 혼돈과 질서, 예측가능과 예측불가능의 스펙트럼 위에서 움직인다. 특히 경영자는 한 과업에 평균 9분 정도의 시간밖에 할애하지 못한다고 한다. 이것만 보더라도 경영자의 생활 중 많은 부분이 혼돈 상태라는 것을 알 수 있다.

최근 들어 현대 과학은 시스템을 동태적으로 발전시키는 데 있어서 혼돈의 중요성을 인식하기 시작했다. 그 결과 기존의 고전적인 결정론적 세계관은 무너지고 있다. 지금까지 결정론적 세계관을 가진 사람들은 출발 시점의 상태와 시스템의 법칙만 알면 앞으로의 발전 과정을 정확히 예측할 수 있다고 믿고 있었다.

경제 세계는 두 얼굴을 갖고 있다. 하나는 예측할 수 있고, 법칙이 들어맞고 잘 규제된 세계이다(보기: 자연법칙과 기술적 규칙이 적용되는 곳). 또 하나는 예측할 수 없으며 단 한번만 일어나는 우발과 직관의 세계이다(보기: 신제품 판매, 경쟁, 경영관리의 많은 부분). 이러한 혼돈의 세계에서는 미래를 확실히 예측할 수 없으므로 절대적인 계획이나 질서는 불가능하다. 그렇다고 해서 끊임없이 변화를 주고 혁신해야 할 필요성이 줄어드는 것은 결코 아니다. 기업경영의 혼돈 측면을 어느 경영학자는 다음과 같이 표현한 바 있다.

"모든 새로운 아이디어, 신제품, 새로운 조치 및 절차의 결과는 사전에 이론적으로 완전히 검증할 수가 없다. 따라서 기업의 발전은 미리 확실히 계획할 수 있는 것이 아니고, 많은 부분 우연한 요인에 의해 결정되는 불확실한 과정이다."

그렇다면 기업경영은 늘 두 가지 요소를 갖고 있어야 한다. 하나는 질서와 규율이며 또 하나는 환상과 창의력 그리고 혼돈이다. 이 두 요소가 모두 필요하다는 것을 의학자 볼프강 게록은 건강을 예로 들면서 인상적으로 표현하고 있다.

"질서 있는 반응은 시스템에게 안정과 지속성을 준다. 혼란스런 반응은 그 대신 유연성, 변해가는 환경조건에 대한 재빠른 적응 능력, 새로운 특성 창출을 가능하게 한다."

이것은 마치 소용돌이치는 환경에서의 기업경영의 과제를 서술한 듯하다. 그렇다. 기업은 질서의 틀에 꽉 사로잡혀도 안 되고, 걷잡을 수 없는 혼란에 빠져서도 안 된다. 따라서 경영자의 과제는 항상 질서와 혼돈의 적절한 균형상태를 유지하는 것이다. 부처님의 말씀을 빌면, 너무 조여서도 안 되고 지나치게 늦추어도 안 된다.

그렇다면 필요한 일은 두 가지다. 정돈된 일상업무의 합리화와 혼란스러운 혁신이다.

질 서 와　통 제

정돈된 일상업무는 효율적으로 그리고 질서 있게 수행되어야 한다. 생텍쥐페리의 《어린 왕자》에서 여우는 이렇게 말한다.

"변하지 않는 관습이 있어야 돼. 그것은 이 한 시간과 또 다른 한 시간 그리고 이 날과 저 날을 구분 짓는 것이지. 예를 들어 우리 동네 사냥꾼들은 목요일에는 마을 처녀들과 춤추는 습관이 있어. 그래서 목요일은 아주 좋은 날이야. 나는 바인버그까지 산책을 하곤 하지."

마찬가지로 회사도 이미 가치가 증명된 것을 잘 유지하고 그것을 될 수 있는 대로 효율적이고 확실하게 굴러 가게 하는 질서가 필요하다. 그러나 회사는 되풀이해서 일어나는 문제만 질서를 통해 풀 수 있다. 아무리 존재 가치가 잘 증명된 규칙이라 할지라도 가끔 그 타당성에 의문을 가져야 한다. 조직은 너무 많이 규제하려는 치명적인 속성을 갖고 있다. 이에 대해 어느 최고경영자는 다음과 같이 말하고 있다.

"대부분의 회사는 너무 많은 것을 관리하고 통제하려고 한다. 그러나 사람은 우리가 생각하는 것만큼 그렇게 많은 규정을 필요로 하지 않는다."

지나친 관리와 통제 끝에는 황량한 질서만이 남는다. 업무용 차

량, 출장비, 통신 시설 이용, 사무실 집기, 구내식당 이용, 카펫 등
에 이르기까지 모든 것이 질서 있게 통제된다. 수많은 직원이 새로
운 규정을 만들어내고 그것이 잘 지켜지는지 감시하는 데 동원된
다. 질서에 대한 갈망은 어찌 보면 혼돈, 새로움, 불확실성에 대한
두려움을 반영하는지도 모른다. 어쨌든 우리 안에 내재해 있는 질
서를 원하는 마음은 특히 대기업에서 마음껏 실력을 발휘하는 경향
이 있다.

따라서 경영자는 현재의 질서가 과연 그 정신이나 내용, 범위 면
에서 시대에 맞는가를 정기적으로 검토해야 한다. 매년 질서의
10%를 삭감하라! 그렇지 않으면 질서라는 괴물이 여러분 회사의
무서운 종양이 될지도 모른다.

혼돈과 혁신

그러나 따지고 보면 질서는 그래도 쉬운 문제에 속한다. 더 어려
운 일은, 특히 대기업의 경우 적당한 정도의 혼돈을 확보하는 것이
다(반면에 작은 회사나 역사가 짧은 회사는 혼돈이 너무 많은 경향이 있
다). 그런데 회사의 성공이 오래 지속될수록 충분한 혼돈을 유지하
는 것이 특히 어려운 것 같다. 이 점에 대해 GM을 설립한 슬로운은
"한번 큰 성공을 거두는 것보다 그것을 계속 유지하는 것이 대체로
더 힘들다."라고 말한다.

아더 쾨스틀러는 적당한 혼돈이 혁신에 크나큰 도움을 준다고 보
고 있다. 그는 '창조적인 무정부상태'라는 말을 쓰고 있다. 독일의
어느 최고경영자는 혼돈의 필요성을 절실히 느낀 나머지 'CHAOS

CHAOS'라는 아메바를(이런 아메바가 정말 있다고 한다!) 자기 회사 기업문화의 상징으로 내세우고 있다. 분권화와 권한 이양은 생산성과 사기를 높이는 데 큰 도움이 된다. 그러나 그것이 불가피하게 더 많은 혼돈을 빚는 것도 사실이다.

그렇다면 지금까지 한 이야기가 경영자에게 주는 시사점은 무엇인가?

- 최고경영자를 비롯한 회사의 모든 구성원은 어느 정도의 혼돈을 긍정적으로 받아들이고 혼돈 속에서 혼돈과 더불어 살아가는 힘을 길러야 한다.
- 회사가 잘 되어갈 때 생기기 쉬운 지나친 안정감, '우리는 천하무적'이라는 생각을 떨쳐버려라. 그래서 미국의 어떤 경영자는 "당신의 위치는 늘 불안하다고 생각하라"는 글을 사무실에 걸어 놓았다고 한다.
- 충분히 다양한 의견이 나오도록 하라. 질서가 너무 많다는 위험한 징조는 이른바 '집단적 사고' 현상에서 나타난다. 이러한 현상이 나타나면 모든 사람이 똑같이 생각하고 어떤 특정한 선에서 벗어나지 않는다. GM의 슬로운은 의견이 너무 빨리 집약되면 이렇게 말하곤 했다고 한다.
  "결정을 미루는 게 좋겠습니다. 왜냐하면 다른 의견이 나올 때까지 시간이 좀 걸릴 테니까요."
- 좀 힘들더라도 자유분방한 사람, 반항기 있는 사람, 황당하고 획기적인 의견을 잘 내는 사람 등을 끌어안아라. 대기업의 경

우, 유연하고 혁신적인 생각을 갖고 일을 벌이는 독립된 소집단이 여러 개 있을 때 혁신하게 된다는 연구결과도 나와 있다.

- 질서가 너무 굳어지는 것을 막기 위해 때때로 조직을 바꿔라. 환경 변화가 빠를수록 조직은 더 자주 재편성되어야 한다.
- 혼돈과 질서 사이를 주기적으로 왔다 갔다 해라. 조직이 굳어지는 단계에서는 새로운 질서가 형성된다. 따라서 그러한 단계 다음에는 성장을 위한 대약진, 조직 재정비 등이 이어져야 한다.
- 직원들에게 혼돈된 활동을 할 수 있는 시간과 공간을 주어라. 예를 들어 해외에서는 연구개발 부문 직원들에게 업무 시간의 일정 비율을 떼어서 그 동안만큼은 프로젝트와 관계없는 일을 하도록 하는 것이 관례이다. 마케팅이나 인사 같은 다른 부문에도 얼마든지 이와 비슷한 아이디어를 도입할 수 있을 것이다.
- 혼돈을 너그럽게 감수하는 기업문화가 있어야 한다. 근본적인 가치관과 목표를 모든 구성원이 더 강하게 공유할수록 세부적인 면에서는 더 많은 자유재량을 허용할 수 있다.

|시사점|

한편으로는 안정과 지속성을 유지하면서 또 한편으로는 유연성과 창의성이 발휘될 수 있도록 하려면 질서와 혼돈이 모두 있어야 한다. 질서만 있으면 발이 묶여 움직이지 못하고, 혼돈만 있으면 발 밑의 땅이 꺼져버린다. 좋은 기업경영이란 혼돈과 질서가 늘 절묘한 균형을 이루도록 하는 것이다. 회사라는 거문고 줄을 너무 조이거나 늦추지 말라!

2. 극단에 치우치지 마라

극단에 치우치지 말라

"수행의 길을 걷고 있는 사문들, 이 세상에는 두 가지 극단으로 치우치는 길이 있다. 사문은 그 어느 쪽에도 치우치지 말아야 한다.

두 가지 치우친 길이란, 하나는 육체의 요구대로 자신을 내맡겨 버리는 쾌락의 길이고, 또 하나는 육체를 너무 지나치게 학대하는 고행의 길이다.

사문은 이 두 가지 극단을 버리고 중도中道를 배워야 한다. 여래는 바로 이 중도의 이치를 깨달았다. 여래는 그 길을 깨달음으로써 열반에 도달한 것이다."(녹야원에서 있었던 석가모니 최초의 설법)

한 동이의 물

옛날 인도에 망고 숲을 세 군데나 가지고 있는 사람이 있었다. 하루는 그가 여행을 떠나게 되어서 세 아들을 불러 망고 숲 하나씩을 맡겨 놓고 날마다 망고나무 한 그루에 한 양동이씩 물을 주도록 이른 다음 여행을 떠났다.

큰아들은 머리가 매우 좋아 무엇이든지 합리적으로 하지 않고서는 못 배기는 성미였다. 그는 크고 작은 망고나무에 한결같이 한 양동이씩 물을 준다는 것은 불합리하다고 판단하여 먼저 나무 크기부터 재기로 하였다. 그러나 나무 크기만으로는 만족할 수가 없어, 이 번에는 뿌리 크기에 따라 주는 물의 양도 달라져야 한다고 생각하여 나무를 한 그루씩 뽑아 뿌리의 길이를 재었다.

그 일을 하는 동안 시간이 흘러 망고나무는 한 그루도 남김없이 모두 죽어버렸다.

둘째 아들은 몹시 게을러서 날마다 조금씩 물 주는 것을 귀찮게 여겼다. 그래서 아버지가 여행하는 날짜만큼의 물을 한꺼번에 주고 다음부터는 주지 않았다. 때문에 망고나무는 모두 시들어버렸다.

셋째 아들은 아주 사려 깊은 성격이라 아버지가 하신 말씀은 필경 오랜 동안의 체험에서 비롯된 것이라고 믿었다. 그래서 아버지가 말한 대로 날마다 나무 한 그루에 한 동이씩 물을 주었다. 아버지가 돌아왔을 때 모든 망고나무가 싱싱하게 자라고 있었다.

기업경영을 하다 보면 경영자는 도저히 어울릴 수 없을 것 같은 엇갈리는 주장이나 이론, 철학 등을 조정해야 할 경우가 많다. 경영자는 양립할 수 없어 보이는 견해를 정리하여 좋은 타협안을 내놓아야 하는 상황에 끊임없이 부딪힌다. 뒤에서 논의할 집권화와 분권화 문제는 조정 능력을 필요로 하는 전형적인 경영 과제이다. 이러한 딜레마를 얼마나 잘 처리하느냐는 경영자로서 갖추어야 하는 능력의 중요한 지표이다.

이러한 문제는 워낙 골치가 아프기 때문에 경영자들은 흔히 단순 명료한 해답을 찾게 된다. 또한 경영이론가들은 시대의 흐름에 따라 단순하면서도 일방적인 해결 방안을 내놓는 경향이 있다. 그들은 시류에 맞춰 더 분권화될수록, 더 고객지향적일수록, 더 빠를수록, 더 환경친화적일수록 좋다고 이야기한다. 이러한 처방책은 흔히 '이것 아니면 저것'이라는 식의 상호배타적인 형태를 띠고 있다. 가격 아니면 품질, 상의하달 아니면 하의상달, 원가위주 아니면 차별화 중시 등등. 그러나 문제는 세상일이 그렇게 단순하지가 않다는 것이다. 양쪽의 견해가 다 장점과 단점을 가지고 있다.

권 한 의   분 산 과   집 중

권한의 분산과 집중 문제를 보자. 현대의 경영은 다음과 같은 이유로 분권화 방향으로 나아가고 있고, 또 그래야 한다.

- 지금처럼 환경이 빨리 변하는 때에는 시간 효율에 관한 한 '재빠른 중소기업'이 유리하다. 따라서 대기업은 의사결정 및 시행에 있어서 시간 효율을 높이기 위한 한 방법으로 과감한 분권화를 고려할 필요가 있다.
- 이제는 고객만족이 모든 기업의 주요한 성공 요인이고, 고객은 사무실이 아닌 현장에 있다. 그러므로 고객과 가깝고 고객을 잘 아는 현장관리자가 적극적으로 고객을 만족시킬 수 있도록 상당한 권한을 주는 것이 필요하다.
- 미국의 세계적인 경영사학자 알프레드 챈들러 교수는 다음과 같이 말한 바 있다. "세계무대에서 경쟁하려면 기업의 규모가 커야 한다."(Chandler 1990)

그러나 기업이 커질수록 '대기업병' 또는 '대기업의 경직화' 현상이 생기고, 그것은 경쟁력 약화로 이어진다. 따라서 대기업의 장점을 살려가면서 작은 회사에만 있을 수 있는 넘치는 에너지를 활성화시키는 것이 중요하다. 분권화는 그렇게 하기 위한 좋은 방법으로 꼽히고 있다.

그러나 분권화가 지나치면 또 그 나름대로 문제가 생긴다. 산업재시장에서는 사는 쪽과 파는 쪽이 협상을 통하여 가격을 정하는 때가 많다. 이 경우 판매원 또는 일선부서에 값을 정하는 권한을 전부 이양하면 회사의 성과가 떨어지는 경향이 있다(Stephenson et al. 1979, Simon 1989a). 판매원이 주문을 받기 위해 쉽게 양보하기 때문이다. 판매원은 판매 커미션이 공헌마진contribution margin에 비례하는 경우에도 비싸게 불러서 안 파는 것보다는 싸게 불러서 거래를 성립시키는 것이 더 낫다고 생각한다(Nimer 1971).

이것은 한 보기에 불과하지만, 분권화가 지나치면 회사 전체의 이익을 극대화하지 않는 방향으로 의사결정이 내려지는 수가 많다. 이 밖에도 지나친 분권화는 일관성의 결여, 불충분한 조정, 혼돈Chaos 등의 문제를 일으킬 수 있다.

또한 집권화는 회사가 공통의 비전을 달성하고 시너지효과를 실현하며, 공동의 자원을 더 잘 활용할 수 있게 해주는 등의 장점이 있다. 그러나 동시에 이것은 고객의 욕구를 무시하고, 경직성과 관료화를 조장하는 폐단이 있다.

따라서 여기서도 분권과 집권의 적절한 균형점을 찾는 것이 중요하다.

현 상 유 지 와 혁 신

이번에는 기업경영에서 현상 유지와 혁신을 보자.

오늘의 시장환경은 모든 기업에게 과감히 변신할 것을 요구하고 있다. 한때 번창하던 회사가 시대의 변화에 맞춰 재빨리 변신하지 못해서 쇠퇴의 길을 걸어간 예를 우리는 수없이 많이 보았다. 어차피 기업은 끊임없이 변화해야만 성공을 지속할 수 있으므로, 우리는 기업경영을 끝없는 행군으로 볼 필요가 있다.

그렇다고 해서 이제까지의 경영 패러다임을 완전히 부인하면 안 된다. 지나친 혁신은 회사의 존속을 위협한다. 거친 시대에 직원들의 버팀목과 발판이 되는 영속적인 요소는 보존해야 할 것이다. 총체적인 문화혁명은 항상 실패로 끝나곤 했다. 중도 원리는 여기서도 예외 없이 적용되는 것이다. 기업경영에서 혁신과 현상유지, 충격요법과 조심스런 접근법 사이에서 중용을 찾아내는 것은 우리 시대 경영자들에게 던져진 커다란 과제라고 하겠다.

전 체 와 개 인

기업경영에서 전체와 개인의 관계를 보아도 마찬가지다. 구미 기업이나 소유자가 있는 우리나라 기업에서는 의사결정을 개인이 하는 경우가 많고, 유명한 품의제도를 갖고 있는 일본 기업에서는 집단이 의사결정을 한다. 뿐만 아니라 구미에서는 직무를 중심으로 개인 단위의 사고를 하는 데 반해, 일본에서는 조직의 한 부문을 단위로 하여 생각하는 경향이 있다. 그러나 실제로 전체와 개인은 서로 깊이 의존하고 있으므로 분리하여 생각한다는 것은 합리적이지 못하다. 기업에서도 전체 없이 개인이 있을 수 없고, 개인 없이는 전체가 존재하지 않는다. 이렇게 전체와 개인을 대립하는 존재로 보지 말고 전체가 개인이고 개인이 전체라는 사실에 눈을 뜨라는 것이 석가의 가르침이다.

이러한 지혜를 바탕으로 전체와 개인을 구분하지 않고 모두 포용하는 새로운 의사결정 시스템, 즉 조직구조를 만드는 것이 현대의 기업이 안고 있는 공통 과제이다.

모 방 과 창 조

오늘날 기업경영에서 그토록 중시되는 기술전략에 대해 생각해 보자.

<u>마이클 포터</u>는 회사가 택할 수 있는 기술전략을 크게 기술선도전

마이클 포터(Michael Porter)

경영학과 경제학을 주로 연구하는 미국의 학자이며, 더 모니터 그룹(The Monitor Group)의 설립자이기도 하다. 포터는 경영 전략 분야에 많은 공헌을 하였다. 포터의 주요 연구 과제는 어떻게 기업이 경쟁 우위를 가지게 되는지에 대한 것이다.

표 IV-1 기술전략과 경쟁우위

	기술선도전략	기술추종전략
원가 우위	• 가장 낮은 원가의 제품디자인을 최초로 개발한다. • 경험곡선효과의 혜택을 가장 먼저 누린다. • 부가가치를 적은 비용으로 창출하는 방법을 고안해 낸다.	• 기술선도기업의 경험을 잘 연구하여 제품원가 또는 가치창출 활동의 원가를 낮춘다. • 모방함으로써 연구개발비를 줄인다.
차별화	• 구매자가 얻는 가치를 높이는 독특한 제품을 최초로 개발한다. • 구매자가 얻는 가치를 높이기 위해 다른 활동분야를 혁신한다.	• 기술선도기업의 경험을 연구하여 구매자의 필요에 맞게 제품/유통시스템을 개선한다.

략strategy of technology leadership과 기술추종전략strategy of technology followership으로 나눈 바 있다(Porter 1985). 그에 따르면 어느 전략을 택하건 전략의 초점은 원가 면에서의 우위가 될 수도 있고 차별화differentiation일 수도 있다고 한다(표 IV-1 참조).

그는 또한 회사가 어느 기술전략을 택해야 하는가는 다음 세 가지 요소에 달려 있다고 말한다.

- 기술선도를 지속할 수 있는 힘
- 새로운 기술을 처음 채택함으로써 회사가 얻는 여러 가지 이점
- 새로운 기술을 처음 채택하기 때문에 회사가 감수해야 하는 여러 가지 불리한 점

〈그림 IV-1〉은 이 세 요인의 내용을 간추려서 보여주고 있다. 그러나 기술선도전략과 기술추종전략은 회사가 고를 수 있는 기술전략의 전부가 아닐 뿐더러, 회사는 접근할 수 있는 모든 기술에 대해서 똑같은 전략을 사용할 필요가 없다. 회사는 상황에 따라서 여러 가지 형태의 기술전략을 동시에 구사해야 할지도 모르며, 사실은 그렇게 해야 하는 경우가 대부분이다.

모든 기술을 모방만 해서는 장기적으로 승산이 없으며, 기술선도전략만 추구하는 것도 현실적으로 무리이다. 여기서도 모방과 창조의 균형이 필요한 것이다.

기술선도전략

기술선도를 지속할 수 있는 힘

- 기술의 원천에 싸게 접근할 수 있다.
- 기술개발 활동에 지속적인 우위가 있다.
- 상대적으로 높은 기술수준을 갖고 있다.
- 기술이 퍼져 나가는 속도가 느리다(경쟁사가 쉽게 모방할 수 없다).

선발기업의 이점

- 명성
- 시장에서 가장 매력 있는 위치에 먼저 자리잡을 수 있다.
- 이전비용(switching cost)을 창출하여 초기에 확보한 고객을 다른 곳으로 가지 못하게 할 수 있다.
- 가장 유리한 유통경로를 선택할 수 있다.
- 경험곡선효과의 혜택을 더 빨리 더 많이 입는다.
- 희소자원을 유리하게 입수할 수 있다.
- 산업표준(industry standard)을 설정할 수 있다.
- 각종 진입장벽을 세울 수 있다.
- 초기에 많은 이익을 거둘 수 있다.

선발기업의 불리한 점

- 선발기업이기 때문에 부담해야 하는 각종 비용이 있다.
- 수요가 불확실하다.
- 구매자가 필요로 하는 것이 바뀐다.
- 경쟁사가 쉽게 또는 싸게 모방할 수 있는 가능성이 있다.
- 기술이 불연속적으로 발달하면 기존의 기술에 투자한 것이 쓸모없게 된다.

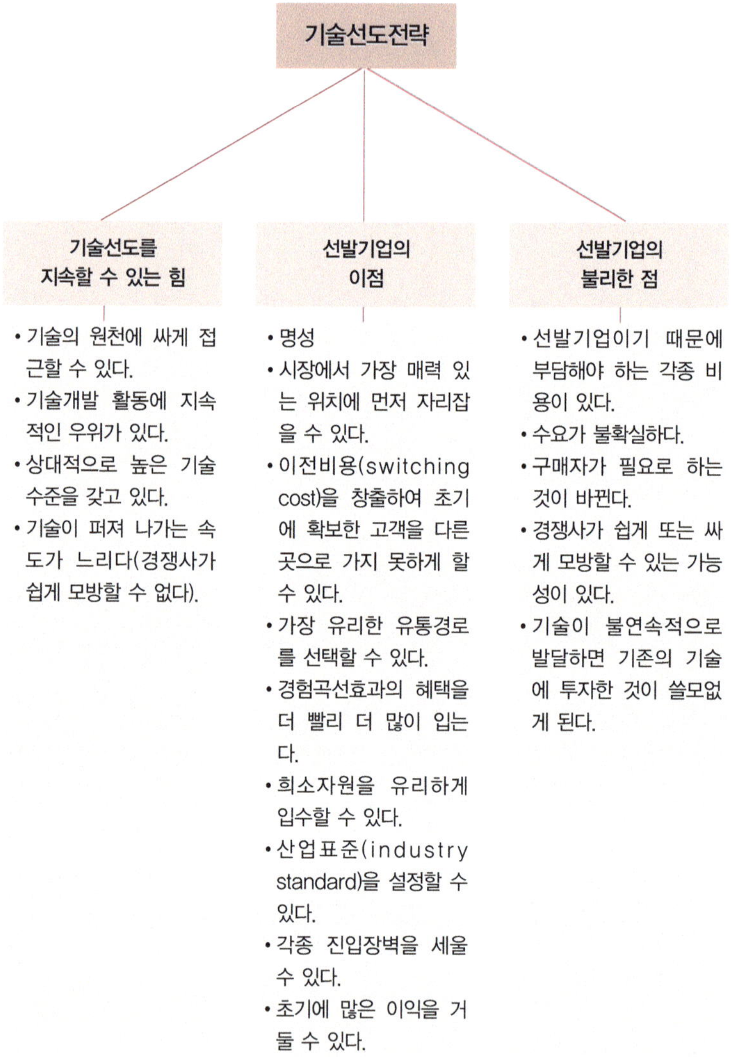

|시사점|

이 장을 시작하면서 극단에 치우치지 말라는 석가모니의 말씀을 인용한 바 있다. 이것은 석가모니 자신의 절실한 체험에서 우러나온 가르침이다. 그 자신도 출가하기 전까지는 카필라의 왕궁에서 남부러울 것 없는 쾌락을 누렸다. 그리고 왕궁을 떠나 출가한 뒤에는 극심한 고행苦行으로 육체를 학대했던 것이다. 그러나 두 가지가 다 잘못된 길이라는 것을 스스로 깨닫고는, 육체의 쾌락을 따르는 길과 육체를 괴롭히는 고행의 길을 넘어선 곳에서 가장 올바른 길을 찾아냈다고 한다.

두 극단을 떠나야 한다는 이러한 생각은 경영의 다른 분야에도 적용된다. 그렇다고 해서 안이하게 50:50의 타협안을 취하라는 말은 절대 아니다. 중요한 것은 기업 구성원 모두를 어느 정도 만족시키는 것이 아니라, 양쪽 철학의 이점을 최대한 살리면서 각 극단의 폐단을 멀리하는 방안을 찾는 것이다.

이런 문제에 접근할 때 경영자는 욕을 먹지 않겠다는 정치적인 생각보다는 회사의 목표를 염두에 두고 최선의 의사결정을 내리겠다는 자세가 필요하다. 그러려면 무엇보다 옳은 길은 오로지 하나라는, 즉 '이것 아니면 저것'이라는 흑백논리를 버리고, 다른 쪽 극단을 재해석하여 양쪽을 다 끌어안는 여유와 너그러움이 요구된다. 예를 들어, 기술지향technology-orientation과 시장지향market-orientation을 양립할 수 없는 두 극단이 아니라 서로 보완할 수 있는 경영철학으로 볼 수도 있다. 헤르만 지몬 교수의 연구에 따르면, 대기업의 81% 이상이 기술지향적이거나 또는 시장지향적인데 반해 초일류 중소기업인 '숨은 세계챔피언'의 62%는 스스로를 기술지향적이면서 동시에 시장지향적이라고 평가하고 있다. 이와 같이 얼핏 보면 어울릴 수 없어 보이는 두 극단적인 견해가 해석하기에 따라서 공존할 수 있는 것으로 보이는 경우가 많다.

이제 우리의 경영 패러다임은 '이것 아니면 저것(either or)'에서 '이것도 저것도(both)'로 바뀌어야 할 것이다. 기업은 고객지향적이면서 동시에 기술지향적이어야 한다. 전략은 외부의 기회와 내부의 자원에 모두 초점이 맞추어져야 한다. 혁신은 제품 및 과정process을 겨냥해야 한다. 시장은 좁게도(기술, 고객집단) 넓게도(지역, 세계시장) 정의할 수 있다. 기업은 효과(장기)와 효율(단기) 모두를 목표로 삼아야 한다. 이처럼 '이것도 저것도'의 본보기를 끝없이 열거할 수 있다.

이러한 새 패러다임은 '기업의 장기적인 성공이 유달리 뛰어난 어느 한 요소에 의해 지탱되는 경우는 거의 없다'라는, 보편화되고 있는 학설과도 일맥상통한다. 장기적인 성공은 우리 회사가 경쟁사보다 여러 가지 작은 일을 조금씩 더 잘한(better in many small things) 결과인 것이다.

다행히도 모든 시스템에는 균형을 회복하려는 힘이 내재되어 있다. 그래서 한쪽 극단으로 너무 멀리 간 것은 다시 돌아오게 되어 있다. 이러한 간단한 진리를 가슴속에 간직하고 있으면 많은 실수를 미연에 방지할 수 있을 것이다. 왜냐하면 어리석음이란 일방적인 과장, 그리고 양쪽 극단을 서로 대립하는 것으로만 보는 데서 비롯되기 때문이다. 기업은 경직된 생각에서 오는 '이것 아니면 저것'의 사고방식을 반드시 멀리해야 한다.

우리가 진정으로 필요로 하는 것은 정반대의 주장과 이론에서도 긍정적인 부분, 보완적인 부분을 발견하고, 그것을 바탕으로 '이것도 저것도'의 경영철학을 실천하는 중도의 리더십인 것이다.

3. 평생 중생과 함께하다

석가모니가 고향을 방문했을 때 일이다.

고향인 카필라 성의 이웃에는 같은 샤카 족인 콜리라는 나라가 있었다. 부처님의 어머니 마야 부인, 이모 마하파자파티, 부인 야쇼다라 등이 모두 콜리국 출신일 정도로 두 나라는 예로부터 깊은 관계에 있었다.

한번은 두 나라 사람들 간에 물싸움이 일어났다. 두 나라 모두 농업국이었으므로 물은 매우 소중한 자원이었다. 두 나라 사이에는 로히니란 강이 있었는데, 가뭄으로 인해 강물이 거의 바닥이 났다. 그래서 얼마 남지 않은 물을 서로 자기 쪽으로 끌어오기 위해 큰 싸움이 난 것이다. 양쪽 모두 살기가 등등해져서 금방이라도 서로 치고받을 지경에 이르렀다.

석가모니는 마침 그 소식을 듣고 급히 로히니 강변으로 달려갔다. 석가를 보자 양쪽 사람들은 모두 합장을 했다.

석가가 사람들에게 다음과 같이 물으셨다.

"여러분은 물과 사람, 이 둘 중 어느 것이 더 소중합니까?"

"물론 사람이 더 소중합니다."

"그런데 여러분은 지금 물 때문에 서로 싸우고 있지 않습니까? 내가 나타나지 않았다면 지금쯤 몇 사람이 다쳤을지도 모릅니다."

이어 석가는 비유를 하나 들어 말씀하셨다.

옛날 깊은 산속에 사자가 한 마리 살고 있었다. 하루는 바람이 불어 나무의 열매가 사자 얼굴에 떨어졌다. 사자는 화가 나서 그 나무를 꼭 혼내주어야겠다고 마음먹었다. 며칠 뒤 마침 한 목수가 수레바퀴에 쓸 재목을 구하러 산에 왔다. 사자는 좋은 기회라고 생각하고 "수레바퀴에 쓸 재목으로 이 큰 나무가 제일 좋으니 베어 가시오."라고 말했다. 그러자 목수는 사자 말대로 그 나무를 벤다. 그랬더니 이번에는 넘어진 나무가 목수에게 "사자 가죽을 바퀴에 쓰면 아주 질기고 좋습니다."라고 말했다. 목수는 마침내 곁에 있던 사자도 잡고 만다. 이처럼 사자와 나무는 하찮은 일로 서로 시기하다 목숨을 잃고 만다.

석가는 지금 벌이고 있는 물싸움이 마치 사자와 나무의 싸움 같다고 말했다. 석가의 말씀에 양쪽 사람들은 모두 부끄러워하면서 돌아갔다.

물싸움을 그치게 한 이야기는 석가모니가 세상과 담을 쌓고 한적한 곳에만 앉아 계셨던 분이 아니며, 이론적 가르침만 폈던 분이 아니라는 것을 보여준다. 석가는 삶의 현장에 직접 달려가 중생의 실제적인 문제를 풀어준 것이다.

해석 ——

석가모니의 이런 모습이 오늘의 기업경영에 주는 시사점은 무엇일까? 조금 외람된 비유이기는 하지만, 나는 이 이야기에 나타난 석가모니와 중생의 관계는 경영자와 고객의 관계와 비슷하다고 본다. 이 일화가 주는 가장 중요한 교훈은 석가모니가 중생이 삶의 현장에서 부딪히는 문제를 풀어주듯이, 경영자도 고객이 있는 현장을 중시해야 한다는 것이다.

조직이 커지고 세분화될수록 대부분의 임직원은 업무의 성질상 고객과 직접 접촉하는 일이 드물다. 그러나 조직과 고객 간의 거리가 멀어질수록 조직 구성원들은 고객의 욕구를 잘 모르게 되고, 따

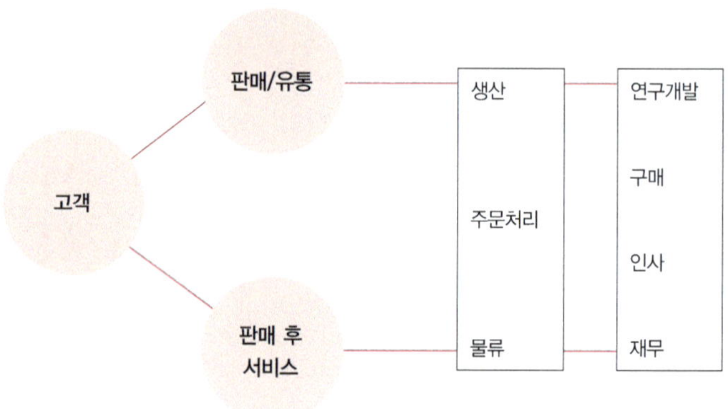

라서 고객을 위하는 마음가짐도 해이해지게 된다. 이러한 경향은 정부나 대기업 같은 큰 조직체에서 흔히 볼 수 있는 부서이기주의로 말미암아 더 심해질 수 있다. 〈그림 IV-2〉는 이러한 상황을 그림으로 보여주고 있다.

물론 대기업은 고객의 욕구를 전문적으로 조사하고 파악해서 회사와 고객의 거리를 좁히려고 노력한다. 그러나 전문적으로 시장조사를 하고 마케팅 분석을 하는 것도 중요하지만 직접 고객과 부딪치고 고객의 욕구와 필요를 피부로 느끼는 것도 그에 못지않게 중요하다.

그래서 해외의 많은 회사가 연구개발·생산·재무를 담당하는 직원들을 정기적으로 판매현장에 내보내고, 엔지니어·생산직 사원들을 고객에게 보낸다. 고객의 의견을 직접 듣고 현장에서 문제점을 직접 파악하게 하기 위함이다.

어느 호텔은 로비에 전화를 설치해 두고 손님들이 언제나 호텔지배인과 직접 통화할 수 있도록 하고 있다. 또 어떤 사장은 일주일에 한 시간씩 불만을 호소한 일곱 명의 고객에게 몸소 전화를 한다고 한다. 그런 활동이 회사 내부에 미치는 영향은 그야말로 엄청나다. 사장 자신이 현장에 뛰어들어 생생한 정보를 얻고 고객이 가려워하는 데가 어딘지 직접 확인하는 것이다.

경영자가 직접 고객의 입장이 되어 보는 것도 좋다. 은행 관리자가 고객으로서 은행에 가서 일을 처리해 보는 것이다. 이런 경험을 한 경영자들은 대부분 자기 회사의 고객지향 정신에 대해 불만을 터뜨린다고 한다. 또 어떤 교향악단의 지휘자는 모든 단원이 일주일에 한 번씩 관객석에 앉아서 관객과 같은 체험을 해보도록 했다고 한다.

현장을 중시하고 고객과 자주 접촉함으로써 세계적인 경쟁력을 유지하고 있는 두 회사의 일화를 소개한다.[2]

2
두 일화는 Simon (1996)
에서 뽑았음

- 렌째Lenze는 복사기와 휠체어 등에 들어가는 부품을 생산하는 독일 회사이다. 이 회사의 임원인 귄터 지커Gunter Sieker 씨가 싱가포르의 고객을 방문했을 때, 자기 회사에서 판매한 기계를 현지 기술자가 수리하지 못하는 것을 알게 되었다. 그는 즉석에서 양복을 벗고 소매를 걷어 올린 다음, 두 시간에 걸쳐 문제를 깨끗이 해결해 주었다. 싱가포르의 고객이 어떤 인상을 받았을지는 말할 필요도 없다.
- 어느 독일 교수가 우연히 신문에서 미국 어느 자동차공장의 폐

인트 공정에 문제가 있다는 기사를 봤다. 그는 그 기사를 오려서 뒤르Dürr의 라인하르트 슈미트Reinhard Schmidt 회장에게 보냈다. 뒤르는 자동차 페인팅 시스템 분야에서 세계적인 회사이다. 슈미트 회장의 대답은 다음과 같았다.

"나는 그 공장에 갔다 왔기 때문에 이 문제를 이미 알고 있습니다. 그 공장에서는 현재 경쟁사의 장비를 쓰고 있는데, 그것으로는 해결이 안 됩니다. 우리는 벌써 해결책을 갖고 있으므로 다음에는 아마 우리한테 주문이 올 것입니다."

독일에 있는 매출 7,000억 원 하는 회사의 최고경영자가 미국 현지의 특정한 문제를 알고 있을 뿐만 아니라 현장에 이미 다녀왔고 해결책도 미리 마련해 놓고 있는 것이다!

4. 석가는 어떻게 사람의 마음을 움직였는가?

석가는 많은 사람이 인생을 어떻게 살아야 하는지 질문했을 때 단 한번도 망설임 없이 인생의 참된 길, 부처의 길을 말씀하셨다. 자신에 찬 석가의 답변이 오늘 우리에게 팔만대장경의 숨결로 전해지는 것이다. 설득력 있게 자신의 생각을 전하는 석가의 커뮤니케이션 능력이 얼마나 뛰어났는가는 석가모니 전기에 나오는 이야기를 통해 잘 알 수 있다.

• 부처님을 뵙고 설법을 듣게 되면 누구나 신도가 되었다. 젊은이

들 중에는 그 자리에서 출가하여 제자가 된 사람도 적지 않았다.

• 부처님의 설법은 언제나 듣는 사람의 수준에 따라 달랐다. 의사가 환자의 병을 알고 나서 그 증세에 따라 알맞은 치료를 해 주듯이, 찾아와 묻는 사람의 형편을 보아 여러 가지 방법으로 설법하셨다.

• 카필라의 숫도다나 왕은 아들인 싯다르타 태자가 도를 깨치어 부처님이 되었다는 소식을 들어서 알고 있었다. 왕은 하루라도 빨리 아들의 모습을 보고 싶었다. 그러나 부처님은 라자가하까지 와 있으면서도 고향인 카필라에는 아직도 가려 하지 않으셨다. 숫도다나 왕은 기다리다 못해 여러 번 사신을 보내어 자신의 뜻을 부처님께 알렸다. 그런데 부처님을 찾아간 사신들이 부처님의 설법을 듣고는 그 자리에서 머리를 깎고 출가해 버리고 말았다.

여기서 꼭 염두에 두어야 하는 사실이 하나 있다. 석가모니의 삶이 오늘을 사는 우리에게도 진한 감동을 주는 가장 큰 이유는 석가모니가 45년 동안 그토록 힘차게 설법한 내용과 실제 행적이 털끝만큼의 차이도 없기 때문이라는 것이다.

해석 ——

외국에서는 경영자의 능력을 평가할 때 의사전달 능력을 아주 중시한다. 그래서 미국의 경영대학원에서는 말 또는 글로 자신의 생각을 표현하고 남을 설득하는 연습을 끊임없이 시킨다. 경영자의 의사전달 능력을 중요시하는 까닭은 그만큼 기업경영에서 경영자의 커뮤니케이션이 큰 구실을 하기 때문이다.

또한 많은 사람들이 최고경영자의 중요한 임무로, 정신적인 선구자로서 회사가 장기적으로 나갈 방향, 즉 비전을 제시하는 것을 들고 있다. 왜냐하면 직원들은 비전에 공감함으로써 일에서 보람과 의미를 찾고, 자신의 잠재력을 발산하기 때문이다. 비전이 있어야 회사 전체를 끌고 가는 어떤 견인력 같은 것이 생긴다.

그런데 비전이란 항상 시대를 앞서가는 것이고, 시대를 넘어서는 생각은 처음부터 공감을 얻기가 무척 어렵다. 그래서 여기서도 커뮤니케이션이 매우 커다란 구실을 한다. 가뜩이나 공감이 가지 않는 비전이 제대로 전달까지 안 되면 따르는 사람이 생길 리 없기 때문이다. 비전의 커뮤니케이션을 말할 때 중요한 것은 명확하게 또는 문서로 표시되어 있느냐 여부보다는 (그것이) 설득력 있게 전달되느냐이다. 말만으로는 부족하다. 몸으로 보여주어야 한다. 직원들이 비전을 받아들이고 확신을 갖고 실행에 옮기느냐 여부는 경영자의 말과 행동이 얼마나 일치하느냐에 달려 있기 때문이다.

경영에서 커뮤니케이션의 중요성을 이야기하다 보니, 결국 여기서도 가장 힘있는 커뮤니케이션은 말이나 글로 자신의 생각을 잘 전달하는 차원을 넘어서 말과 행동의 철저한 일치라는 결론에 도달하게 된다.

이 시대를 사는 경영자들은 석가모니의 빼어난 설법 솜씨를 배움과 동시에, 사람의 마음을 움직인 궁극적인 힘의 원천이 무엇인가를 되새겨 보아야 하지 않을까.

5. 석가의 독특한 교육방법

최근 들어 각 기업의 교육훈련비가 부쩍 늘고 있다. 웬만한 회사에서는 일 년 내내 수시로 회사 안팎에서 각종 교육을 하고 있으며, 임원들이 몇 달씩 연수원에 들어가는 풍경도 이제는 눈에 익었다. 심지어 어떤 회사는 매년 수백 명의 직원을 일 년간 해외교육을 보내기까지 한다. 국제감각을 익히기 위한 현지교육인 것이다. 바야흐로 이제는 평생교육의 시대가 도래한 느낌이다. 이런 현상은 선진국에서는 이미 오래 전부터 있었으며, 앞으로 이런 추세는 더욱 뚜렷해질 것으로 보인다. 그러면 왜 국내외 기업이 이렇게 교육훈련에 열을 올리고 있는 것일까?

그것은 다음과 같은 시대의 거센 흐름 때문이다.

(1) 짧아지는 제품수명주기

자동차, 컴퓨터, 가전, 패션 등 여러 산업에서 제품의 수명주기가 점점 짧아지고 있다. 새로운 제품이 더 많이, 더 자주 나올수록 기업이 배우고 연구해야 할 필요성이 더 커진다.

(2) 지식의 생산량이 급증하고 있다

인류역사상 오늘날처럼 많은 사람들이 연구개발 등의 지식을 생산하는 일에 종사한 적이 없었으며, 이들의 비중은 점점 더 커지고 있다. 그런데 이들은 새로운 지식을 창출할 뿐만 아니라 기존의 많은 지식을 급속도로 낡은 것으로 만들고 있다. 즉 우리가 알고 있는

많은 것들이 빠른 속도로 시대에 뒤떨어진 지식이 되어가고 있는
것이다.

(3) 전반적인 회사업무의 수준이 올라가고 있다

어느 부서건 간에 업무 자체가 머리를 써서 해야 하는 일이 많아
지고, 컴퓨터를 만져야 하는 일이 늘어나고 있다. 즉 새로 배우고
익히지 않으면 할 수 없는 일이 더욱 많아지고 있는 것이다.

(4) 경쟁우위의 원천으로서의 인적자원

본격적인 국제화 시대에 접어들고 경쟁이 한층 치열해지면서 기
업은 전략적 경쟁우위를 갖춰야 할 필요성을 뼈저리게 느끼고 있
다. 그런데 최근 들어 많은 회사들이 가장 확실하고 믿음직스러운
경쟁우위는 기술이나 제품이 아닌 바로 자기 회사 '사람들'에서 찾
아야 한다는 사실에 눈을 뜨기 시작했다. 회사 직원들을 잘 가르치
고 사기를 높여 엄청난 잠재력을 활성화하는 것이 경쟁력을 높이는
가장 확실한 길이라는 것이다.

이러한 시대적인 흐름에 맞춰 많은 회사가 교육훈련에 큰 투자를
하고 있고, 앞으로도 그럴 것이다. 그러나 방법과 내용 특히 효과에
대해서는 교육을 하는 쪽이나 받는 쪽이나 대체로 크게 만족하지
못하는 것으로 보인다.

그래서 인류사상 가장 위대한 교육자라고 할 수 있는 석가모니 부
처님이 어떻게 그 많은 중생을 가르쳤는가를 되돌아보고, 오늘을 사는
우리들이 그 분의 교육방법에서 무엇을 배울 수 있는지 생각해 보자.

철저하게 고객지향적

석가모니의 교육 방법은 철저하게 고객지향적이었다. 즉, 듣는 사람의 수준과 흥미, 적성에 따라 여러 가지 방법으로 설법하셨다.[3]

경전에는 중생의 번뇌가 8만 4천이므로 8만 4천 가지의 길을 말씀하셨다는 말이 나온다. 중생의 수준이 그만큼 다양하므로 그에 맞춰 갖가지 방법으로 교화하신 것이다. 화엄경 보살명난품에는 다음과 같은 구절이 나오는데, 여기서도 중생의 기량에 알맞게 법을 전하려는 부처님의 뜻을 엿볼 수 있다.

지수보살이 말하였다.

"과거 현재 미래의 모든 여래가 한 가지 법만으로는 최상의 깨달음을 성취할 수 없다. 여래는 중생의 성품을 잘 알고 거기에 알맞은 법을 설한다. 탐욕이 많은 사람에게는 보시를 권장하고, 생활에 규범이 없는 사람에게는 계율 갖기를 권장하며, 화 잘 내는 사람에게는 인욕을, 게으른 사람에게는 정진을, 생각이 흩어지기 쉬운 사람에게는 선정禪定을, 어리석은 사람에게는 지혜를 권장한다.

그리고 인정이 없는 사람에게는 사랑慈을 권장하고, 남을 해치는 사람에게는 가엾이 여김悲을, 마음에 근심이 있는 사람에게는 기쁨喜을, 사랑하고 미워하는 차별심이 강한 사람에게는 버림捨을 권유한다. 이와 같이 꾸준히 나아가면 마침내 모든 진리를 깨닫게 될 것이다." (화엄경 보살명난품)

오늘날 교육 참석자들이 흔히 얘기하는 불만사항은 다음과 같다.

---

[3] 이러한 교육방법은 중생의 근기(根機)에 따라 설법한다 하여 불교에서는 수기설법(隨機說法)이라고 부른다.

- 프로그램 내용이 지나치게 이론 위주이거나 현실과 동떨어진 것이 많다. 그러한 내용을 참석자가 직면하고 있는 구체적인 상황에 응용하기가 무척 어렵다.
- 교육 내용이 회사의 기업문화와 안 맞는 경우가 많다.
- 사례도 회사와 별 상관이 없다. 그러다 보니 단순히 재미있는 얘깃거리로 끝난다.

한마디로 말해 회사에서 하는 교육이 고객 위주가 아니라는 것이다. 따라서 참석자들의 수준과 욕구, 필요에 맞춰 교육훈련의 방법과 내용을 달리해야 한다. 그러면 그들의 불만은 많이 해소될 것이라고 생각된다.

깊은 명상

둘째, 석가모니는 보통 설법하시기 전에 깊은 명상에 잠긴다. 그리고 여러 가지 아름답고 형언하기 어려운 변화를 보여줌으로써 청중의 감탄과 흥미를 자아낸다. 뿐만 아니라 말씀이 끝날 때마다 그 내용을 간단명료하게 요약하여 운문으로 다시 읊어주어 청중이 말씀의 요점을 쉽게 파악하고 기억할 수 있게 한다. 즉 청중의 흥미를 유발하고 학습 의욕을 고취하는 도입 부문과 수업 내용을 종합하고 마무리하는 정리 단계를 매우 효과적으로 처리하고 있다.

나의 경험에 따르면, 회사에서는 많은 참석자들이 흥미가 별로 없거나 업무에 지친 상태에서 교육을 받기 때문에, 시작하는 단계에서 주목을 끌기 위한 약간의 충격이 필요하다. 또한 그날 공부한 내용을 얼마나 잘 정리해 주느냐에 따라 학습 효과가 크게 달라진다는 것도 알게 되었다. 이렇게 보면, 2500년 전에 석가모니가 활용한 교육 방법은 오늘날 경영교육에서도 큰 시사점을 준다고 하겠다.

비유와 보기

셋째, 석가모니는 깊은 철학적 원리를 논의할 때 먼저 구체적인 비유와 보기를 들어 상대방이 쉽게 이해할 수 있게 한다. 특히 법화경은 전편이 이러한 전개방식을 취하고 있다. 뿐만 아니라 비유와 보기에 나오는 등장인물들을 다시금 청중 각자와 관련지음으로써 상대방으로 하여금 과거를 회고·반성하게 하고 있다. 더욱이 청중에게 "기뻐하라! 너희들은 모두 부처가 될 것이다"라고 수기授記[4] 함으로써 그들에게 무한한 희망과 용기를 주고 있다.

법화경 '오백제자수기품'에는 "옷 속에 넣어둔 보배구슬 비유"가 나오는데, 내용은 다음과 같다.

어떤 사람이 친한 벗의 집에 가서 술에 취하여 누웠더니, 이때 친한 벗은 관청일로 집을 오래 비우게 되어 값을 헤아릴 수 없는 보배구슬을 그의 옷 속에 잡아 매어주고 떠나갔습니다. 그 사람은 술에 취해 누워서 그것도 알지 못하고, 일어나 멀리 다른 나라에 가서 옷과 밥을 얻기 위하여 갖은 고생을 다하였습니다. 그리하여 조금만 소득이 있어도 그것으로 만족하며 살았습니다.

그 후 얼마가 지난 뒤에 친한 벗을 우연히 다시 만났더니 그 친구가 이렇게 말하였습니다.

[4] 부처가 수행자들에게 언젠가 부처가 될 것이라고 예언해주는 것.

"안됐네 이 사람아, 어찌 옷과 밥을 구하느라 이 지경이 되었는가? 네가 마음놓고 편안하게 살 수 있도록 어느 해 어느 달 어느 날 네가 찾아왔을 때 내가 값을 헤아릴 수 없는 보배구슬을 너의 옷 속에 매어 두었는데 지금도 그대로 있을 것이다. 너는 그것도 모르고 이렇게 고생하며 살고 있으니 참으로 어리석구나. 네가 이제 이 보물로 필요한 것을 사들인다면 모든 일이 뜻대로 되고 모자람이 없으리라."

여기서 친한 벗과 가난한 친구는 각각 부처와 중생의 은유이다. 친한 벗이 친구의 옷 속에 보배구슬을 넣는 것은 전생에 보살이었던 부처가 제자들에게 보리심, 즉 깨달음을 향하는 마음을 일으키게 하였던 일을 비유한 것이다. 그리고 가난한 친구의 옷 속에 보배구슬이 있다는 것은 모든 중생이 스스로 부처의 성품을 갖고 있다는 것을 뜻한다. 따라서 모든 중생은 깨닫기만 하면 스스로 부처가 될 수 있다. 이 이야기의 마지막 대목은 그러한 가능성을 보여줌으로써 중생에게 무한한 환희심을 불러일으키고 있다.

이처럼 부처는 어려운 내용을 각자의 실생활과 결부시킨 비유와 보기를 통해 깨우치게 하고, 비유의 의미를 각자의 처지와 연결시킨 다음 수기를 주어 확고한 신념을 심어주면서 커다란 기쁨을 샘솟게 했다. 석가모니의 독특한 교수법은 오늘날에도 경탄을 금치 못할 뛰어난 교육 방법이다. 가르치고 싶은 내용을 비유와 사례를 통해 전달하고, 그 의미를 구체적인 현실에 비추어 생각하게 하며,

끝으로 무한한 자신감을 불어넣는 수업 방식은 기업에서나 학교에서나 매우 효과적일 것이다.

문 답 식 전 개

넷째, 비유로 시작하여 수기로 끝나는 설법 과정에서 석가모니는 혼자서 일방적으로 말씀하는 주입식 설교는 하지 않는다. 대체로 제자들과 서로 묻고 대답하는 형식으로, 즉 문답식 전개법으로 설법을 한다. 교육현장에서 일방적인 교육보다는 이렇게 서로 질문하고 대답하는 방식이 더 효과적이라는 것은 현대 교육이론에서 이미 상식에 속한다.

2,500여 년 전에 석가모니가 썼던 교육 방법은 오늘날 경영교육에도 얼마든지 활용할 수 있는 살아 있는 훌륭한 교수법이라고 할 수 있다.

"땅에서 넘어진 자
땅을 딛고 일어나라."

보조국사 지눌
普照國師 知訥

고려의 승려이다. 호는 목우자, 속성은 정씨이며 시호는 불일보조국사佛日普照國師이며, 조계종의 창시자이다. 1158년 정광우鄭光遇와 부인 조趙씨 사이에서 태어났다. 8세에 종휘宗暉에게서 승려가 되어 구계具戒를 받고 일정한 스승 없이 도를 구하였다.

1182년(명종 12년) 승과에 급제하였으나 승려로서의 출세를 포기하고 많은 선배를 찾아다니며 가르침을 받았다. 창평의 청원사에서 《육조 단경》을 읽다가 스스로 깨달은 바가 있어서 속세를 피하고 도를 구하기 위하여, 1185년 하가산의 보문사에 들어갔다. 그곳에서 《대장경》을 열독하는 등 불도에 전력하며 독자적인 사상을 확립하였다.

득재得才의 청으로 팔공산 거조사居組寺에서 여러 고승을 맞아 몇 해 동안 정혜定慧를 익히다가 신종 때 지리산 상무주암에 은거하며 외부와의 인연을 끊고 참선하여 선의 참뜻을 깨달았다.

1200년 송광산 길상사에서 11년 동안 제자들에게 설법을 전하니 사방에서 사람들이 몰려들었다. 《금강경》, 《육조단경》, 《화엄론》, 《대혜록》 등으로 가르치고 성적등지문惺寂等持門·원돈신해문圓頓信解門·경절문經截門 3종으로 수행하니 믿음에 들어가는 자가 많았다. 억보산의 백운정사·적취암과 서석산의 주봉란야·조월암 등은 다 지눌이 창건하고 왕래하며 수선修禪하였다.

희종이 즉위하여 송광산을 조계산, 길상사를 수선사라 개명하여 제방題榜을 친히 써서 주고 만수가사滿繡袈裟를 보내왔다.

그는 중생을 떠나 부처가 따로 없음을 강조하여 선종과 교종을 통합하였다. 승도를 소집하여 법복을 입고 당에 올라가 설법하다가 주장을 잡은 채 사망하니 탑을 세우고 감로라 하였다. 죽은 후 국사에 추증되었다. 저서로 《진심직설》, 《수심결》, 《정혜결사문》, 《상당록》, 《염불요문》 등이 있다.

1. 고려판 종교개혁운동의 지도자

1517년 10월 31일 아우구스티누스 파派 수사였던 마르틴 루터 Martin Luther(1483~1546)는 '95개조 항의문'을 독일 작센 지방에 있는 비텐베르크 교회 문에 붙인다. 당시 극심하게 타락했던 가톨릭 교회의 면죄부 판매를 반대하는 내용을 담은 이 항의문 반포를 계기로 중세 유럽의 종교개혁이 본격적으로 시작된다. 가톨릭교회가 '프로테스탄트의 반란'으로 규정하는 이 거대한 운동은 기사전쟁, 농민반란 등의 크고 작은 충돌을 일으키기 시작했으며, 가톨릭과 프로테스탄트의 피비린내 나는 종교전쟁은 베스트팔렌 조약 체결로 30년 전쟁이 끝나는 1648년까지 계속된다.

유럽에서 종교개혁운동이 일어나기 약 300여 년 전 이 땅 고려에도 고려판 종교개혁이 있었다. 그것을 주도한 인물은 보조국사普照國師 지눌知訥(1158~1210)이었고, 개혁 방법론은 이른바 결사結社였다. 그가 개혁을 추진하면서 발표한 글은 권수정혜결사문勸修定慧結社文이었다.

고려의 종교개혁과 유럽의 종교개혁 사이에는 아주 커다란 차이점이 하나 있다. 서양에서와는 달리 고려에서는 종교개혁이 전쟁을 일으키지 않고 평화적으로 진행되었다는 것이다. 그 까닭은 무엇일까? 아무래도 지눌이 일으킨 정혜결사定慧結社라는 운동의 성격과 지눌의 리더십에서 찾아야 할 것이다.

지눌이 살았던 시대는 정치적·사회적으로 매우 불안정한 시기였다. 오랫동안 권력을 잡고 있던 문신 귀족의 횡포에 반발한 무신

정혜결사
정혜결사 정신은 조선왕조 5백 년 동안 지속된 혹독한 억불책抑佛策을 조선 불교가 견딜 수 있었던 사상적 힘의 바탕이었다는 것이 오늘날의 일치된 견해이다.

이 새로운 정권을 수립했고, 관리의 수탈에 짓눌린 농민들의 반란
도 일어났다. 그런 상황에서 불교 또한 본연의 자세를 잊고 있었다.
승려들은 타락하여 호화로운 생활에 물들었고, 권력욕에 사로잡힌
나머지 창칼을 들고 사람을 죽이는 악행까지 저질렀다. 뿐만 아니
라 당시 불교는 교종과 선종 두 갈래로 나뉘어 자기들만이 진정한
불교라며 서로 대립하고 반목한 채, 고려의 정신세계를 분열시키고
있었다. 지눌은 고려 불교의 현실을 '옷과 밥만 허비하고 있다.'고
통탄하였다. 이와 같이 타락한 고려 불교를 다시 일으켜 세우기 위
해 벌인 운동이 정혜결사다.

지눌은 1190년 몽선화상夢船和尙과 함께 팔공산 거조사居祖寺로 옮
겨와서 한국 불교 역사상 최초의 체계적인 결사인 정혜결사를 본격
적으로 시작한다. 이때 발표한 '권수정혜결사문'은 그 당시 불교의
중흥을 결의한 일종의 선언서다. 지눌이 거조사에서 만 8년간 머무
르며 한결같이 수도하자, 수백 명의 승려들이 함께 수도할 만큼 정
혜결사는 큰 성공을 거두었다.

대중의 수가 많아져 도량이 비좁아지자, 지눌은 1199년 결사도
량을 현재의 조계산 송광사로 옮겨 결사운동에 더욱 매진한다. 지
눌은 이곳에서도 10여 년간 수도와 전법에 전념한다. 이렇게 하여
고려 불교의 튼튼한 기반을 마련한 지눌은 1210년 어느 날 법상에
올라 설법하고 대중과 문답을 마친 뒤 조용히 앉은 채 숨을 거두었
다고 한다.

2. 밖에서 찾지 마라

평화로운 종교개혁을 가능하게 한 정혜결사의 성격은 무엇인가?
그 해답은 '권수정혜결사문' 첫 문장에 아주 명확히 제시되어 있다.

"땅에서 넘어진 자는

땅을 딛고 일어나야 한다.

人因地而倒者 因地而起"

땅에서 넘어진 사람이 중생이요, 일어선 사람이 다름 아닌 부처이다. 땅에서 넘어진 사람이 다시 일어나기 위해 땅을 떠날 수 없듯이 중생이 본래의 부처 자리를 회복하기 위해서는 마음을 떠나서는 절대로 될 수가 없다. 그러므로 이 비유 속에는 "절대로 밖에서 찾아서는 안 된다切莫外求"는 지눌의 강한 경고가 담겨 있다. 즉 정혜결사는 마음을 떠나서는 결코 깨달을 수 없으니 다른 무엇보다 마음을 닦자는 수행운동이었던 것이다. 마음을 닦는 조용한 혁명이었으니 외부 세력과 충돌할 리 없다. 또 지눌은 마음을 찾기 위한 철저한 수행의 본보기를 온몸으로 보여줌으로써 많은 대중을 감화시켰다. 그는 조용한 수행에서 나오는 힘도 훌륭한 리더십이 될 수 있음을 보여주었다.

"밖에서 찾지 말라"는 간곡한 당부는 지눌의 다른 저서에서도 찾아볼 수 있다. 그렇다면 현대의 경영자들은 이 당부를 어떻게 받아들여야 할까?

밖에서 찾지 말라

삼계三界의 뜨거운 번뇌가 마치 불타는 집과 같은데, 어찌하여 그대로 머물러 긴 고통을 달게 받을 것인가. 윤회를 벗어나려면 부처를 찾는 것보다 더한 것이 없다. 부처란 곧 이 마음인데 마음을 어찌 먼 데서 찾으려고 하는가. 마음은 이 몸을 떠나 따로 있는 것이 아니다.

육신은 헛것이어서 생이 있고 멸이 있지만, 참 마음은 허공과 같아서 끊어지지도 않고 변하지도 않는다. 그러므로 '이 몸은 무너지고 흩어져 불로 돌아가고 바람으로 사라지지만, 마음은 항상 신령스러워 하늘을 덮고 땅을 덮는다'고 한 것이다.

애닯다, 요즘 사람들은 어리석어서 자기 마음이 참 부처인 줄 알지 못하고 자기 성품이 참 법法인 줄을 모르고 있다. 법을 구하고자 하면서도 멀리 성인들에게 미루고, 부처를 찾고자 하면서도 자기 마음을 살피지 않는다. 만약 마음 밖에 부처가 있고 성품 밖에 법이 있다고 굳게 고집하여 불도佛道를 구한다면, 이와 같은 사람은 비록 티끌처럼 많은 세월이 지나도록 몸을 사르고 팔을 태우며, 뼈를 부수어 골수를 내고 피를 내어 경전을 쓰며, 항상 눕지 않고 앉아 하루 한 끼만 먹으면서 대장경을 줄줄 외고 온갖 고행을 닦는다 할지라도, 그것은 마치 모래로 밥을 지으려는 것과 같아서 아무 보람도 없이 수고롭기만 할 것이다. 자기 마음을 바르게 알면 수많은 법문과 한량없는 진리를 구하지 않아도 저절로 얻게 될 것이다.

- 지눌의 수심결修心訣에서

해석 ——

앞의 글에서 알 수 있는 바와 같이 지눌의, 아니 불교의 핵심적인 가르침은 '마음이 곧 부처'라는 것이다. 따라서 마음을 떠나서는 부처가 될 수 없으니 결코 밖에서 찾지 말라고 한다. 이 귀한 가르침을 나는 회사의 여러 문제에 대한 해결책을 찾으려고 할 때 경영자가 지녀야 할 태도와 관련해 생각해 보았다.

많은 회사가 생산성을 올리기 위해서 여러 가지 조치를 취하고 있다. 인원 및 원자재를 줄이고, 구입 가격을 낮추려고 애를 쓴다. 최근에는 관리하는 과정을 혁신하려는 운동도 광범위하게 일어나고 있다(process innovation).

이러한 경영합리화 운동에 주로 관여하는 사람들은 사장, 추진본부의 임직원, 외부 컨설턴트 등이다. 이런 소용돌이 속에서 대부분의 종업원들은 방관자적 자세를 취하거나 몸을 사린다. 경영합리화 운동의 희생양이 될지도 모른다고 생각하기 때문이다. 이보다 더 한심한 상황도 없을 것이다. 왜냐하면 바로 종업원들의 머릿속에 생산성을 올리고 경비를 줄일 수 있는 수백 수천의 아이디어가 잠자고 있기 때문이다. 종업원들의 머리야말로 바로 어마어마한 보물창고인 것이다. 이와 관련하여 어느 미래학자는 "정보사회에서 성공의 열쇠는 정보, 지식 그리고 창의력이다. 우리는 이러한 자원을 단 한 곳, 바로 직원들에게서만 찾을 수 있다."라고 말한다.

또 경영컨설턴트 캔토니는 다음과 같이 충격적인 말을 한다.

"경영컨설턴트란 고객회사가 자사의 종업원들로부터 거저 얻을 수 있는 도움말을 하루에 2,000달러씩 받고 해주는 사람이다."[1]

일본 회사들은 대체로 직원의 아이디어 생산성이 상당히 높다. 왜 그럴까?

잘 알려진 바와 같이 일본에서는 개선안 제안제도가 매우 효과적으로 운용되고 있다. 회사의 모든 구성원이 회사가 안고 있는 갖가지 문제에 대해서 다같이 생각하고 함께 해결책을 모색하는 풍토가

1
"The Consulting Myst-que" by Craig J. Cantoni, 1997년 3월 11일자 Asian Wall Street Journal.

정착되어 있기 때문이다. 이러한 풍토에는 모든 업무과정, 모든 제품은 언제나 개선의 여지가 있다는 확신이 밑바닥에 깊게 깔려 있다. 개선은 끝이 없는 것이다!

또한 일본인들은 '티끌 모아 태산'이라는 격언을 혁신 개념에 적용하고 있다. 직원들이 내는 아이디어 중 태반은 그다지 대단한 것이 아니지만 하나하나가 다 회사의 피가 되고 살이 되는 것이다. 또한 경영합리화란 어느 날 갑자기 이루어지는 것이 아니고 매일 조금씩 개선해 나가면서 차츰 목표에 접근하는 것이다. 즉 긴 여행과 같은 것이므로 '천리 길도 한 걸음부터'라는 자세가 필요하다. 일본의 경영자와 회사원들은 이런 생각을 갖고 일상업무에 임하기 때문에 '변화'에 대해서 전반적으로 긍정적인 태도를 갖고 있으며, 스스로 늘 조그마한 변화를 일으키려고 하는 것이다.

한국 기업에서 직원들의 아이디어를 적극적으로 활용하기 위한 제도를 운용할 때 직면하는 문제는 대체로 세 가지다.

관리자의 암묵적 비판

아랫사람의 개선 아이디어를 현재의 관행에 대한 암묵적인 비판으로 받아들이는 관리자가 꽤 있다. 또는 "왜 진작 그런 생각을 못했느냐"고 추궁당할까 봐 염려하는 사람도 있다. 슘페터의 말에 의하면 혁신은 창조적인 파괴creative destruction라고 하는데, 혁신 과정에서 내가 밀려나는 것이 아닌가 하고 걱정하기도 한다. 이렇게 아랫사람의 생각을 방어적·소극적으로 받아들이는 관리자의 태도는 창의력을 발휘하는 데 큰 걸림돌이 되고 있다.

한편으로는 관리자가 아랫사람의 업무능력을 높이 평가하지 않아서 부하들이 내는 아이디어를 귀담아 듣지 않는 경우도 많다. 그런데 직장 경력이 짧은 젊은 사원들한테서 좋은 아이디어가 넘쳐날 수 있다. 왜냐하면 그들은 새로운 시각에서 사물을 보고 개선의 가능성을 발견하며, 아직은 일상업무에 눈이 멀지 않았기 때문이다. 그러나 자신의 의견이 계속 빛을 못 보면 곧 그러한 능력을 잃고 기존 사원들처럼 고정관념을 갖게 된다.

뿐만 아니라 회사생활 초기에 자신의 아이디어가 묵살당한 경험이 있는 사람은 함께 생각하고 새로운 것을 배우려는 성향이 약해진다고 한다. 따라서 젊은 신입사원의 의견을 존중하고 많은 아이디어를 내게 하라고 권하고 싶다. 그러면 단기적으로는 생산성을 올리는 데 도움이 되고, 장기적으로는 창의력 있는 직원들을 확보하게 된다. 더욱이 미래의 기업은 창의적으로 생각하는 직원이 꼭 필요하다. 이와 관련하여 일본의 어느 경영자는 "기업이 앞으로 치열하고 복잡한 경쟁에서 살아남으려면 모든 구성원이 자신의 지적 능력을 남김없이 발휘해야 한다."라고 말하고 있다.

일본 회사가 인수한 독일의 어느 공장에서 일하는 한 근로자에게 주인이 바뀐 다음 가장 크게 달라진 점이 무엇이냐고 물었더니 바로 이렇게 대답했다.

"일본인 관리자들은 우리 말을 주의 깊게 듣습니다."

그런데 왜 아랫사람이 윗사람보다 더 나은 아이디어를 더 많이 낼 수 있을까? 아랫사람들이 업무에 더 익숙하고 실무를 세세하게 알고 있으며 불편하고 불합리한 점을 더 절실히 느끼기 때문이다.

그래서 실무를 잘 모르는 관리자가 도저히 생각해내지 못하는 개선안이 실무자에게서 나올 수 있는 것이다.

주입식 교육

우리는 어릴 때부터 주입식 교육을 받아왔기 때문에 스스로 아이디어를 내고 그것을 놓고 다른 사람들과 토론하고, 다른 사람들의 아이디어를 평가하는 일에 익숙하지 않다. 따라서 아이디어를 적극적으로 내는 습관이 몸에 배어 있지 않으며, 자신의 생각에 확신을 못 갖는 경우가 많다. 다른 사람들이 내 생각을 어떻게 받아들일지 자신이 없고, 내 생각이 공격 받을 때 논리적으로 차근차근 반박하는 힘이 약하다. 그래서 아이디어가 있어도 적극적으로 표현하거나 남에게 알리려고 하지 않는다.

또한 아이디어가 있고 자신이 있어도 변화에 대한 수동적·방관자적 자세 때문에 그대로 묵혀두고 지나가는 경우도 적지 않다. 회사 일에 정열적으로 매달리는 사람만 개선안을 열심히 낸다. 따라서 회사 내에서 건전한 토론문화를 만들고 회사에 대한 애착심을 길러 주어야 개선안 제안 제도가 실효를 거둘 수 있다. 워크숍이나 QC활동이 이런 면에서 도움이 된다. 또한 이러한 집단활동을 통해 비슷한 문제에 부딪치고 있는 다른 직원들과 얘기하다 보면 의외로 신선한 아이디어가 떠오를 수도 있을 것이다.

어쨌든 회사로서는 관리자건 일반사원이건 모두들 열심히 정성껏 아이디어를 내는 것이 중요하다. 일단 아이디어가 많이 모여야 그 안에 쓸 만한 것이 섞여 있기 때문이다. 그래서 외국의 어떤 회사는 경영진을 평가할 때 수익률이나 매출액과 함께 개선안 제안 건수도 본다고 한다.

실 행 부 족

아무리 훌륭한 아이디어라도 회사가 그것을 채택하고 실행에 옮기지 않으면 아무 의미가 없다. 우리 나라 회사들은 특히 실행 면에서 약하다. 쓸 만한 개선 아이디어가 아이디어로만 끝나는 경우가 허다하다. 좋은 아이디어가 실행이 안 되는 것을 계속 목격하다 보면 아무도 적극적으로 아이디어를 낼 기분이 나지 않을 것이다. 그래서 채택된 아이디어를 끝까지 밀고 나가 실제로 시행되도록 하는 것이 참으로 중요하다. 아이디어가 제대로 실행에 옮겨지면 그만큼 경영합리화가 이루어질 뿐만 아니라, 시행될 만한 아이디어가 계속 나올 수 있는 분위기가 조성될 것이다. 따라서 최고경영자는 좋은 개선안의 시행에 대해 각별한 관심을 갖고 있어야 한다. 또 제안된 아이디어를 세밀하게 검토하고 채택된 아이디어는 철저히 시행되도록 유도하고 감독하는 부서를 설치하거나, 포상금제도를 시행해 보는 것도 좋을 것이다. 포상금제도를 좀더 효과적으로 운용하려면 아이디어의 제안, 채택, 실행, 정착 중 어느 단계에 있느냐에 따라 포상금을 크게 달리해야 한다. 제안에 그친 아이디어를 낸 사람에게는 약간의 포상금만 주고, 채택되어 실제로 시행이 되면 훨씬 더 많은 포상금을 지불하는 것이다. 이렇게 하면 실행을 중시하는 회사의 방침이 명확히 전달되는 동시에, 직원들은 실제로 시행될 만한 개선안을 내기 위해 한층 더 힘을 기울일 것이다.

|시사점|

우리는 모두 생산성을 향상시켜 줄 것이라고 생각되는 보석을 찾아 헤매고 있다. 그것을 어디 멀리서 찾으려고 하면 계속 허탕만 칠 수밖에 없다. 진짜 보석은 바로 지금 회사에서 일하고 있는 우리들 머릿속에 있다. 그것을 꺼내기만 하면 된다.

경영자들이여, 바깥에 도움을 청하기 전에 한 번쯤 이 말을 되뇌어 보자.

"밖에서 찾지 말라, 진짜 보석은 바로 우리 회사 안에 있다!"

Part 5

리더십과 미래의 기업경영

"리더십의 불확실성은 예나 지금이나 마찬가지이고,
앞으로도 그럴 것이다."

1. 리더십의 두 측면

리더십에는 두 가지 측면이 있다. 하나는 한 사람이 다른 사람들을 이끄는 것, 즉 개인적인 측면이다. 또 하나는 기업, 사업부 등의 조직을 어떻게 이끄느냐의 문제, 즉 조직적인 측면이다. 변화와 불확실성으로 가득 찬 현대의 기업경영에 걸맞은 리더십 또는 리더의 바람직한 모습을 그리고자 하면 이 두 측면을 모두 고려해야 한다.

물론 기업 외에 다른 조직체도 훌륭한 리더십을 필요로 한다. 특히 오늘날처럼 국가, 공공기관, 대학, 병원, 노동조합, 종교단체 등 거의 모든 조직체가 큰 변화의 물결 앞에 서 있는 시대에는 어느 조직이나 뛰어난 리더십이 절실하게 필요하다.

나는 경영학자로서 주로 기업을 대상으로 연구해왔고, 또 기업들과 접촉해왔으므로 아무래도 기업에서의 리더십에 초점을 맞출 수밖에 없다. 그렇지만 이 장을 비롯해 이 책에서 다루는 많은 부분이 기업 외 다른 조직체에도 적용될 수 있을 것이라는 외람된 생각을 감히 한다.

그러면 먼저 리더십의 개인적인 측면부터 살펴보자.

2. 리더십은 신비로운 현상

리더십의 개인적인 측면을 논의하려면 "어떤 사람이 다른 사람들을 이끈다는 것이 무슨 뜻인가?"라는 질문을 던지지 않을 수 없다. 이 물음은 하찮은 것 같지만 실은 대단히 중요하다. 실제로 우리는 리더십이 무엇인지 모른다.

언젠가 캐나다의 저명한 경영학자 헨리 민쯔버그Henry Mintzberg는 이런 말을 한 적이 있다.

"경영자들과 학자들이 리더십의 본질, 그러니까 많은 사람이 왜 누군가를 따르고 어떤 사람은 남을 이끄는지에 대해 거의 아는 바가 없다는 것은 참 이상야릇하다. 리더십은 신비로운 현상이다."

또 미국의 리더십 전문가 워렌 베니스Warren Bennis는 다음과 같이 얘기하고 있다.

"리더십에는 필수적이라고 할 만한 어떤 미지未知의 요소가 있다. 남을 이끄는 사람은 우리보다 먼저 우리가 무엇을 원하고 필요로 하는지 알아차린다. 그는 또 자신의 말과 행위를 통해 입 밖에 내지 않은 우리의 소망을 표출해준다."

이 말에 전적으로 동의하기는 힘들 것이다. 북한의 김정일이 주민들이 말하지 않지만 바라는 바를 이루어주고 있다고 볼 수 있을까? 또 이라크를 지배했던 독재자 사담 후세인의 말과 행위가 이라크 국민들 대다수의 뜻을 반영한다고 보기는 어렵다. 그럼에도 불구하고 그런 상황이 아주 많은 것도 사실이다. 또한 리더십의 핵심은 해명하기 힘들다고 한 부분도 수긍이 간다.

반면에 "리더십은 무엇을 달성하는가?"라는 질문은 비교적 대답하기 쉽다. 리더십의 목적은 사람들이 혼자서는 해낼 수 없는 일을 이루도록 하는 것이다. 한국의 국가대표 축구팀은 유능한 감독 히딩크를 영입하여 불가능할 것 같았던 빛나는 성과를 올린 바 있다.

리더는 조직원 개개인이 스스로 도달할 수 있는 것보다 더 높은 수준의 역량을 발휘하도록 해야 한다. 이것이 리더십의 목적이다. 이 간단한 조건을 만족시킬 수 없으면 리더십과 리더는 필요 없다. 그러나 현실에서 이런 기본 요건이 충족되지 않는 경우가 많다는 것을 우리는 잘 알고 있다.

리더십의 두 가지 측면, 즉 사람을 이끈다는 것의 불가사의함과 목적지향성은 예로부터 지금까지 거의 변하지 않은 듯하다. 이렇게 개인적인 리더십에 관해 얘기할 때 리더십은 인간의 기본적인 욕구 및 필요와 관련된 신비로운 현상을 가리키는 개념이다. 동시에 리더십에는 목적지향성이 반드시 있어야 한다.

리더십의 영원한 불확실성을 중세 신성로마제국의 황제 칼 5세 Karl V.는 1548년 그의 아들에게 보낸 편지에서 다음과 같이 표현하고 있다.

"불안정과 불확실로 가득 찬 인간사를 생각할 때 솔직히 말해서 나는 너에게 어떤 불변의 규범도 가르쳐줄 수가 없구나. 네가 어떻게 처신해야 하는가에 관한 규범은 말할 것도 없고, 나라를 어떻게 다스리는가 또 내가 너에게 남겨주는 재산을 어떻게 관리하는가에 관한 어떤 지침도 줄 수 없구나."[1]

이렇듯 리더십의 불확실성은 예나 지금이나 마찬가지이고, 앞으로도 그럴 것이다. 그래서 나는 미래의 기업경영을 위한 리더십의 첫 번째 명제를 다음과 같이 정리해 보았다.

명제1: 리더십의 근본적인 특징은 미래에도 변하지 않을 것이다.

1
Hermann Simon(2000b)에서 인용.

왜냐하면 인간의 기본적인 욕구 및 필요와 관련된 것이기 때문이다. 리더십은 신비로운 현상이다.

리더십의 변하지 않는 부분, 즉 상수常數에 관한 이야기는 이상으로 간단하게 마무리할 수 있다. 반면에 리더십이 발휘되는 사회적 · 경제적 환경은 급변하고 있다. 따라서 리더십의 변수, 변하는 부분도 급속도로 달라지고 있다. 그래서 이제부터는 리더십의 변하는 측면을 논의하기로 한다.

3. 줄어드는 강제, 늘어나는 자발

현재 일어나고 있는 각종 사회 변화는 지도자와 추종자의 위상과 구실에 큰 변화를 가져올 것이다.

- 오늘날 취업을 안 하고 회사를 그만둔다고 해서 굶어 죽을 사람은 거의 없다.
- 자유경제 체제 아래서는 아무에게도 복종을 강요할 수 없다.
- 특히 실력 있는 직원들은 언제든지 대안을 갖고 있다.
- 노동조합, 노사협의회, 노동부 등 고용인을 도와주는 기관 및 단체가 여러 개 있다.

리더십에 대한 이러한 현상의 시사점은 무엇인가? 우선 계층조직에 어울리는 리더십의 중요성은 떨어질 것이다. 마치 옛날 관료주의 국가 시절에 국가가 백성들에게 호령하고 백성들은 그것을 따를 수밖에 없었던 시대가 지나가고, 각 개인이 큰 자유를 누리는 민주적 법치국가 시대가 온 것과 비슷하다고 하겠다. 대체로 앞으로의 기업은 더 민주적이고 자유로울 뿐만 아니라 자기 책임의 비중이 커지는 시스템으로 변해갈 것으로 생각된다. 그래서 많은 회사가 근무시간을 규정하지 않고 탄력적으로 선택할 수 있는 여지를 남겨둔다. 어떤 회사의 근로계약에는 이런 문구가 있다. "근무시간은 필요에 따라 조정한다."

성과를 측정할 때 점차 투입 요소인 '시간'에서 산출 요소인 '성과'에 초점이 맞춰지는 것이다. 그런가 하면 어떤 회사는 이런 비전을 갖고 있다. "우리는 스스로 책임을 지는 시민들의 지적 공화국知的 共和國이다."

물론 기업경영의 성격상 경영의 모든 부문이 자유롭게 되기는 힘들 것이다. 어쨌든 이런 추세로 가면 기업에서의 리더십은 자원봉사단체의 리더십과 더 비슷해질 것이다. 윗사람은 아랫사람이 스스로 하고자 하지 않는 일을 강제로 시키기가 어렵다. 리더는 아랫사람들을 설득하고, 동기를 부여하고, 심지어는 열광시켜야 한다. 앞으로 기업의 리더십은 점점 더 조합이나 자선단체의 리더십을 닮아갈 것이다.

물론 이러한 변화에 따라 직원들의 자세도 달라져야 한다. 더 많은 자유를 누릴수록 책임, 의무감, 약속을 성실히 이행하려는 마음이 더 커져야만 시스템이 제대로 기능할 수 있기 때문이다. 이런 내용을 명제 2로 정리하면 다음과 같다.

명제 2: 미래 기업의 리더십은 지금보다 훨씬 덜 강제력에 의존하게 될 것이다. 그대신 기업의 리더는 직원들에게 더 많은 자유를 주고, 자발적인 의지로 높은 성과를 올릴 수 있는 환경을 만들어주어야 한다. 기업의 리더십은 자원봉사단체의 리더십과 더욱 비슷해질 것이다.

많은 경영자가 이러한 변화를 이해하고 받아들이기를 힘들어 하고 있다. 그러나 자존심 강하고 능력 있는 지식노동자들은 그런 상관 밑에 붙어 있으려고 하지 않을 것이다.

4. 단기적으로는 강인하고 거친 리더십이 유리할 수도

앞에서 한 이야기와 약간은 모순되는 연구결과가 최근에 발표되었다.[2] 시카고 대학교 경영대학원의 세 교수가 CEO후보자 313명의 특성과 경영성과를 분석했다. 그 결과에 따르면 '끈질김persistence', '능률efficiency', '높은 목표 설정', '초일류급 직원 채용' 등 강인한 성향을 지닌 후보자가 팀워크나 유연성 등 이른바 부드러운 능력soft skills의 후보자보다 나중에 더 좋은 성과를 올렸다. 성공한 후보자들이 공유한 특성은 대체로 "일을 되게 하는 것"과 직접 관

[2] 이 부분은 2007년 11월 19일 자 Asian Wall Street Journal에 실린 기사 "Toughness is winning trait for CEO success"를 주로 참고하여 썼음.

련된 속성이었다.

물론 그렇다고 해서 '남의 말에 귀를 기울이는 힘', '다른 사람을 품위 있게 대접하기', '유연성' 등 부드러운 능력이 중요하지 않다는 뜻은 아니다. 다만 이런 특성은 적당한 정도로 갖고 있을 때 효과를 발휘하고 그 이상이 되면 오히려 부정적인 영향을 미쳤다. 적당하게 '유연한' 경영자는 가치가 올라가지만, 유연성이 지나치면 우유부단으로 전락할 수 있다. 반면에 '끈질김' 같은 속성은 더 많이 갖고 있을수록 당사자에게 도움이 되었다.

그런데 이 결과를 해석할 때 주의해야 할 것이 하나 있다. 여기서 성공했다고 평가되는 경영자들은 대부분 사모투자자private-equity investors가 고용한 사람들이라는 사실이다. 즉 단기간 내에 서둘러 실적을 올려야 하는 경영자들이었다. 최고경영자를 영입하는 목적이 빨리 회사의 값어치를 올린 다음 되파는 것인 경우도 있다. 반면에 주주들이 분산되어 있고 다양한 집단과의 관계를 관리해야 하는 상장회사의 최고경영자는 여전히 부드러운 능력을 더 많이 필요로 할지도 모른다.

결론적으로 말해, 짧은 시간 내에 높은 성과를 올리려고 할 때는 '강인함', '끈질김', '능률 위주'의 거친 특성이 더 효과적일 수 있다. 그러나 장기적으로 다양한 집단과 관계를 잘 유지하면서 지속적인 성과를 올려야 하는 상황에서는 상대적으로 부드러운 속성이 더 중요해질 것이다.

명제3: 단기적인 성과를 올리는 데는 강인한 리더십이 더 효과적일 수 있다. 그러나 거친 리더십 속성만으로 회사를 장기적으로 이끌고 가기는 힘들 것이다.

5. 지식관리자 및 교사로서의 기업의 리더

지식과 지식경영은 미래의 기업경영에서 더욱더 큰 역할을 할 것이다. 피터 드러커는 21세기에는 지식노동자들의 생산성을 올리는 것이 리더의 가장 중요한 과제가 될 것이라고 예언한 바 있다. 그 까닭은 크게 두 가지다.

첫째, 기업 간의 경쟁에서 지식은 점점 더 핵심적인 성공 요인이 되어 가고 있다. 둘째, 직원들 사이 지식의 교환과 전달은 정보통신기술의 문제일 뿐만 아니라 기업문화, 신뢰, 상호존중의 문제이기도 하다. 기업의 리더가 적극적으로 관여해야 하는 문제인 것이다. 이른바 '부정적 지식negative knowledge'의 보기를 생각해 보면 이 말을 쉽게 이해할 수 있다. 여기서 말하는 '부정적 지식'이란 실패, 실수, 잘못으로 얻은 지식을 뜻한다. 우리는 대체로 성공보다는 실패로부터 훨씬 많이 배운다. 그러나 우리는 실패한 이야기를 드러내기 싫어한다. 남들이 놀릴까 봐, 비난할까 봐, 속으로 고소해할까봐 두렵기 때문이다. 그래서 경영대학원에서 다루는 기업 사례에서도 실패한 이야기는 드물고 성공 사례는 많다. 우리는 믿는 사람들하고만 자신의 모자라는 점이나 실패담을 이야기한다. 그들이 '부정적 지식'을 악용하지 않을 것이라고 믿기 때문이다. 서로를 믿는 문화가 회사 안에 녹아 있을 때만 부정적 지식의 교환이 이루어질 것이다. 따라서 기업의 리더가 지식을 서로 기꺼이 나누는 회사 분위기를 만들어야만 효과적인 지식경영이 가능해지는 것이다.

기업에서 학습이 중시되는 풍조는 앞에서 이야기한 추세와 밀접한 관계가 있기는 하지만, 그런 영향이 없다 하더라도 앞으로 더욱 뚜렷해질 것이다. 그 동인動因은 크게 세 가지다.

- 우리가 알고 있는 많은 것들이 급속도로 시대에 뒤떨어진 지식이 되어가고 있다.
- 우월한 지식이 경쟁우위가 될 수 있다는 것을 알게 되었다.
- 젊은 직원들이 학습 기회를 갈망하고 있다.

이러한 시대의 물결은 틀림없이 앞으로 더욱 거세질 것이다.

이러한 상황에서 어느 회사에 좋은 교육프로그램이 많다는 것은 그 회사의 이미지를 높이는 데 크게 도움이 된다. 그 중에서도 외부 교육기관, 특히 국내외 명문대학과 연결된 교육 과정은 야심 있는 젊은 직원들에게 큰 희망을 줄 수 있으며, 또한 경영자로 승진하기 위한 요건이 되기도 한다. 학습은 기업문화에서 더 큰 비중을 차지할 것이며, 가르치는 일은 경영자의 주요 기능이 될 것이다. 그래서 워렌 베니스Warren Bennis는 "높은 자리에 있는 사람들은 교육자가 되어야 한다."[3]라고 말한다.

오늘날 전문직 종사자들이 갖고 있는 자격증과 학위는 시간이 지나도 그 효력을 잃지 않는다. 비록 자격증이나 학위를 얻기 위해 배

3
"People in authority must become educators."

운 지식이 급속도로 쓸모없어지고 있음에도 불구하고, 이러한 규정은 거의 모든 전문직에 적용되고 있다. 정기적으로 면허를 갱신해야 하는 조종사들pilots은 매우 드문 예외에 속한다. 만일 평생학습이 당연시되는 시대가 오면, 필연적으로 자격증의 효력 기간이 단축될 것이다. 이런 현상은 기업의 리더십에 많은 영향을 줄 것이다. 우선 현재와 같은 위계질서는 안정성이 줄고 더 동태적이 되고, 개인들은 자신의 지식을 시대에 맞게 보강/보완하기 위해 더 노력할 것이다. 또한 나이든 직원과 젊은 직원들이 갖고 있는 지식의 양과 질의 차이가 줄어들고, 매력 있는 '요직'을 둘러싼 경쟁은 더욱 치열해질 것이다. 그래서 명제 4는 다음과 같다.

명제 4: 학습 분위기를 조성하고 끊임없는 지식의 전수를 촉진하는 것은 기업을 이끄는 지도자의 매우 중요한 과업이 될 것이다. 경영자가 이러한 과업을 제대로 수행하려면 조직을 정비해야 할 뿐만 아니라 '신뢰하는 문화'를 창출해야 한다.

6. 세계화와 리더십 능력

기업의 세계화는 리더들에게 상당한 기회를 열어줌과 동시에 갈등의 소지도 내포하고 있다. 많은 사람들이 아직도 세계화 하면 상품의 흐름이나 생산기지를 생각하는데, 실제로 더 문제가 되는 것은 '세계적인 우수 인재의 확보'이다. 최고 수준의 인재를 끌어와 보유할 수 있는 회사만 궁극적으로 세계시장 경쟁에서 승리할 것이다. 벌써 10여 년 전에 미국의 어느 경제신문에 실린 기사는 국제적인 인재 확보 전쟁이 이미 오래 전에 시작되었고, 더욱 격심해질 것임을 예고하고 있다.

"세계를 무대로 활동하는 회사들은 21세기 최고 인재들을 얻기 위한 전쟁을 하고 있다. 세계적인 수준의 인재들을 영입하는 것은 더욱 어려워질 것이다. 대기업은 말할 것도 없고 중소기업도 재능 있는 젊은이들에게 자기 회사에 입사해야 하는 설득력 있는 근거를 제시해야 한다."[4]

인재 확보의 필요성을 가장 잘 이해하고 있는 산업은 스포츠이다. 세계 정상을 다투는 축구팀들은 하나같이 전세계에서 우수 선수를 끌어 모으고 있다. 뛰어난 운동선수가 다른 나라 팀에서 활약하는 것은 이제 아주 자연스러운 현상으로 받아들여지고 있다.

그러나 우리나라 기업들은 아직 이 방면에서는 걸음마 단계다. LG전자와 제일기획이 소수의 외국인 임원을 영입하고, 삼성전자가 해외 유명 대학의 우수 졸업생들을 뽑아 국내에서 경영학 교육을 시킨 다음 채용하는 사례가 있기는 하다. 그러나 훨씬 더 많은 기업이 적극적이고 체계적으로 해외에서 직원을 채용해야 한다. 기업이 장기적으로 미국, 유럽, 아시아, 남미에서 뿌리를 내리려면 현지 출신의 우수한 인재를 많이 확보하고 그들의 능력을 충분히 활용해야 하기 때문이다. 또한 세계경영의 시대에 기업은 필요한 인재를 본국뿐 아니라 전세계에서 끌어 모아 각자의 능력을 최대한 발휘할 수 있도록 세계 곳곳에 배치해야 한다. 채용, 훈련, 배치, 평가, 승

[4]
1999년 2월 23일자
Wall Street Journal.

진 등 모든 면에서 국적보다는 능력과 업적을 중요시하는 것이 국제화 시대의 이상적인 인적자원 관리인 것이다.

그러나 회사 내에 외국인이 많아지면 그 전에는 없던 여러 가지 새로운 문제가 발생한다. 대표적인 것이 언어 문제다. 많은 회사원들이 회사에서는 영어를 쓰고 일이 끝나면 모국어를 쓰는 생활을 하게 될 것이다. 다국적기업의 경우에는 이런 경향이 이미 보편화되어 있다. 회사의 공식 문서, 소개 책자, 사내보 등이 모두 영어로만 작성되는 사례도 늘어갈 것이다.

이러한 상황에서 경영자가 리더십을 발휘하려면 우선 영어를 잘해야 한다. 언어는 리더십의 한 부분이므로 회사에서 쓰는 언어가 당연히 리더십의 요건에 영향을 미친다. 따라서 점점 더 많은 회사가 영어 구사 능력에 따라 경영자들에게 차등을 둘 것으로 생각된다. 뿐만 아니라 여러 문화권에서 온 사람들이 같은 회사에서 근무하게 되므로 다른 문화권의 문화를 이해하고 존중하는 능력, 외국인들과 문화적 충돌을 피하면서 우리 회사의 기업문화에 젖게 만드는 능력 등이 한층 더 중요해질 것이다.

세계화가 가져올 이 모든 도전을 극복하는 데 결정적인 도움이 되는 것이 회사의 높은 매력도이다. 즉 우리 회사가 해외의 젊고 유능한 인재들에게 매력적으로 보일수록 인재를 영입하고, 충성도를 높이고, 머무르게 하는 일이 수월해진다. 결국 국내외 인재들에게 우리 회사가 아주 매력적인 회사로 비추어지도록 하는 것이 세계화 시대 기업의 리더에게 던져진 또 하나의 주요 과제라 하겠다.

명제 5: 세계화는 기업의 리더들에게 엄청난 과제를 안겨줄 것이다. 진정한 세계화는 인적자원의 세계화이다. 전세계에서 우수한 인재를 영입하여 회사에 잘 적응시키고 머무르게 하는 회사는 경쟁에서 이길 것이다.

7. 리더십은 보람과 의미를 느끼게 해주어야 한다

대부분의 직장인들은 인생의 많은 부분을 회사에서 보낸다. 더욱이 광고, 소프트웨어, 컨설팅, 투자금융, 방송, 인터넷 같이 요즘 젊은이들이 좋아하는 분야에 종사하는 사람들은 밤샘 작업을 하는 일도 허다하다. 그들이 돈만 바라고 그렇게 일을 할까? 절대로 그렇지 않다. 그들은 일에서 삶의 의미를 찾고 보람을 느끼고 싶어하며, 재미와 성취감을 갈망한다. 이러한 경향은 능력 있는 회사원일수록 특히 더 강하다. 자신이 하는 일에서 삶의 의미를 찾고자 하는 유능한 직원들의 욕구를 기업의 리더는 외면하면 안 된다.

그러나 많은 기업의 리더가 직원들의 이런 욕구를 채워주는 일을 불편해 한다. 하지만 사람은 밥만 먹고 살지 않으며, 이익이나 주주 가치가 인생의 전부는 아니다. 실력 있는 지식노동자들은 언제든지 다른 직장으로 옮길 수 있다. 따라서 리더는 이러한 현실을 직시하고, 직원들이 삶의 의미를 찾도록 도와주어야 한다.

명제 6: 기업의 리더는 직원들이 회사생활을 통해 삶의 의미를 찾을 수 있도록 기여해야 한다. 많은 리더가 이러한 일을 불편해 하지만 이 일을 회피해서는 안 된다.

8. 분권화가 아니라 중도(中道)의 경영이다

이제부터는 (리더십의) 조직적인 측면 가운데 가장 대표적인 것이라 할 수 있는 분권화 문제를 다루기로 한다.

많은 경영자가 자기네 회사는 분권화되었다고 자랑스럽게 이야기하지만, 실은 아직도 중앙집권적으로 경영하는 경우가 많은 듯하다. 분권화의 장점은 잘 알려져 있다. 동기유발, 고객과 가까움, 유연성 등이다. 그러나 동전처럼 분권화에도 양면이 있다. 분권화가 지나치면 시너지 상실, 혼돈chaos 등의 문제가 생긴다. 또 고객과 접촉할 때 부서 간 조정이 잘 안 이루어져 상반된 메시지가 전달되는 등의 혼란이 있을 수 있다. 따라서 될 수 있는 대로 많이 분권화하는 것이 아니라 분권과 집권의 의미 있는 결합을 모색하는 것이 관건이다. 아울러 상황과 시절에 따라 변할 수 있는 유연한 결합, 즉 살아 숨쉬는 결합이어야 한다.

나는 이 책의 다른 장에서 '중도中道의 리더십'이란 말을 쓰고 있는데 여기서는 '중도의 경영'이란 표현을 써도 될 듯하다. 중도의 경영은 양립할 수 없는 것처럼 보이는 두 경영 패러다임을 모두 끌어안는 것을 목표로 한다. 분권화와 집권화를 예로 들면, 자율권을 갖고 있는 독립 부서의 넘치는 기업가적 에너지와 전체를 총괄하는 본사의 리더십을 모두 살리는 것이다. 리더십 자체도 마찬가지로 집권적이면서 동시에 분권적이어야 한다. 양쪽 경영철학은 대립하는 것이 아니라 서로 보완하고 공존할 수 있다고 보는 견해가 더 타당하다. 특히 유기적 성장organic growth으로 규모가 커졌거나 또는 여러 차례에 걸친 인수·합병으로 몸집이 커진 대기업의 경우에는, 본사의 집권적인 리더십이 있어야만 소망하는 시너지 효과를 거둘 수 있다. 여기서는 회사가 찾아낸 최적最適 경영방식이 회사의 발전에 맞춰 진화하는 것이 중요하다. 그러나 동시에 각 사업단위business unit의 기업가정신 및 유연성도 보존/보장/촉진되어야 한다. 얼핏 보아서는 서로 반대되는 것처럼 보이는 이 두 가지 과제를 마찰 없이 함께 수행하는 것은 결코 쉬운 일이 아니며, 추진하는 주체의 빼어난 리더십이 요구된다.

그런데 상반되는 경영철학이 공존하는 조직에는 당사자가 알아서 행동하고 자기 책임하에 처리해야 하는 모호한 영역, 즉 회색 지대gray zone가 있게 마련이다. 명확한 규정하에서 일하는 데 익숙해져 있는 많은 경영자가 이러한 상황을 불편해 한다. 이렇게 불분명한 회색 지대가 존재할 수밖에 없는 조직은 무엇으로 지탱해야 할까? 그 해답은 기업문화이다. 기업문화란 "기업의 모든 구성원이 인정하고 공유하고 있는 그 기업의 가치관 및 목표체계"이다.[5] 직원들이 공동의 가치관을 갖고 있으면 매일 부딪히는 문제를 놓고 원칙을 둘러싼 피곤한 논쟁을 벌이지 않고도 구체적인 의사결정을 내릴 수 있다. 이렇게 직원들이 자율적으로 의사결정을 내릴 때 직

[5]
유필화, 신재준 (2002), p. 20

원들을 묶는 가장 중요한 공통분모는 '성과'여야 한다. 높은 성과를 올리겠다는 생각이 행동의 밑바탕이어야 한다. 조직을 엄밀하게 규정하기 힘들수록 기업문화의 중요성은 더 커진다.

명제 7: 미래의 조직은 분권화의 장점과 집권화의 장점을 모두 갖춘 형태가 되어야 한다. 이러한 조직은 명시된 규정보다는 공유된 가치관에 의해 관리하는 편이 훨씬 낫다. 리더는 회색 지대의 존재를 감수하고 조직을 이끌어가야 한다.

9. 간추림

지금까지 리더십의 개인적인 측면과 조직적인 측면에 대해 논의한 내용을 간추리면 아래와 같다.

- 리더십은 미래에도 여전히 신비로운 현상으로 남을 것이다.
- 리더십은 한층 더 자발적 의지와 자유의사에 바탕을 둘 것이다.
- 단기적인 성과를 올리는 데는 강인하고 거친 리더십이 더 효과적일 수 있다.
- 학습과 지식의 관리는 리더십의 중심적인 내용이 될 것이다.
- 세계화는 리더에게 생각의 지평을 넓힐 것을 요구하고 있다.
- 리더십은 삶과 일의 의미를 전달해야 한다.
- 분권화가 아닌 중도의 경영이 미래 조직을 특징 지을 것이다.

참고문헌

- 강건기 (1990), 마음 닦는 길, 불일출판사.
- 강건기 (1993), 불교와의 만남, 불지사.
- 강건기 (1996), 현대사회와 불교, 불일출판사.
- 강건기 (2004), 참마음 이야기, 불일출판사.
- 강건기 (2006), 정혜결사문 강의, 불일출판사.
- 강진구 (1996), 삼성전자 : 신화와 그 비결, 고려원.
- 고석규 · 고영진 (1996), 역사 속의 역사읽기, 풀빛.
- 고영섭 (1996), 불교경전의 수사학적 표현, 경서원.
- 고익진 (1984), 현대 한국불교의 방향, 경서원.
- 곽철환 (1995), 불교 길라잡이, 시공사.
- 김동민 (1996), 쓰지 않아도 됐을 글들—어느 환경공학 원로교수의 삶과 생각, 우림문화사.
- 김상현 (1994), 역사로 읽는 원효, 고려원.
- 김장수 (2009), 비스마르크: 독일제국을 탄생시킨 현실정치가, 살림출판사.
- 김주영 (2004), 충무공 이순신의 리더십, 백만문화사.
- 김헌식 (2009), 이순신의 일상에서 리더십을 읽다, 평민사.
- 나관중, 이문열 평역 (1988), 삼국지 제9권, 민음사.
- 대한불교 조계종 교육원 (2004), 조계종사 고중세편, 조계종출판사.
- 대한불교진흥원 (1988), 설법자료집, 대한불교진흥원.
- 대한불교진흥원 (1995), 불타의 가르침, 대한불교진흥원.
- 도미니크 엔라이프, 임정래 옮김 (2007), 위트의 리더 윈스턴 처칠, 한스컨텐츠.

- 도법 (1995), 길 그리고 길, 선우도량.
- 류동호 (1996), 땅에서 넘어진 자 땅을 딛고 일어나라, 우리출판사.
- 마이클 레딘, 김의영 외 옮김 (2000), 마키아벨리로부터 배우는 리더십, 리치북스.
- 무비 (1997), 화엄경 강의, 불광출판부.
- 민승규·김은환 (1996), 경영과 동양적 사고, 삼성경제연구소.
- 박선영 (1982), 불교와 교육, 동국대학교 역경원.
- 박일봉 (1987), 손자병법, 육문사.
- 박희선 (1988), 과학자의 생활참선기, 정신세계사.
- 박희선 (1994), 기적의 두뇌혁명, 한강수.
- 박희선 (1995), 생활참선 건강법, 문창, 1995.
- 법륜 (1991), 알기 쉬운 반야심경, 중앙불교교육원 출판부.
- 법륜 (1996), 그냥 살래? 바꾸고 살래?, 모색.
- 법성 (1994), 자네도 부처님 되시게, 고려원미디어.
- 법정 (1988), 산방한담, 샘터.
- 법정 (1988), 신역 화엄경, 동국대학교 역경원.
- 법정 (1990), 그물에 걸리지 않는 바람처럼, 샘터.
- 법정 (1991), 숫타니파타, 샘터.
- 법정 (1996), 새들이 떠나간 숲은 적막하다, 샘터.
- 법정 (2006), 살아있는 것은 다 행복하라, 위즈덤하우스.
- 보조선사·법정 옮김 (1989), 밖에서 찾지 말라, 불일출판사.
- 삼성경제연구소(편집) (1989), 호암의 경영철학, 중앙일보사.
- 서경수 옮김 (1987), 미린다 팡하, 동국대학교 역경원.
- 서암 (1995), 도가 본시 없는데 내가 무엇을 깨쳤겠나, 둥지.
- 석지명 (1993), 허공의 몸을 찾아서, 불교시대사.
- 석지명 (1995), 큰 죽음의 법신, 불교시대사.
- 성열 (1992), 부처님 말씀, 법등.
- 성전편찬회 (1987), 불교성전, 동국대학교 역경원.
- 송광사 수련원 (1989), 수련교재, 불일출판사.

- 스티븐 맨스필드, 김정수 옮김 (2003), 윈스턴 처칠의 리더십, 청우.
- 실리아 샌디스 · 조나단 리트만, 박강순 옮김 (2004), 우리는 결코 실패하지 않는다, 한스미디어.
- 유광렬 해설 (1972), 세계의 인간상 제6권 정치가편, 신구문화사.
- 유교문화연구소 (2005), 논어, 성균관대학교 출판부.
- 유필화 (1991), 가격정책론, 박영사.
- 유필화 (1993), 시장전략과 경쟁우위, 박영사.
- 유필화 (1997), 부처에게서 배우는 경영의 지혜, 한언.
- 유필화 (2006), 사랑은 사람이 아닙니다 (시집), 교보문고.
- 유필화 (2007), CEO, 고전에서 답을 찾다, 흐름출판.
- 유필화 · 김용준 · 한상만 (2009), 현대마케팅론 제7판, 박영사.
- 유필화 · 신재준 (2002),기업문화가 회사를 말한다, 한언.
- 유필화 · 헤르만 지몬 (1995), 생각하는 경영 비전 있는 기업, 매일경제신문.
- 윤석철 (1991), 프린시피아 매네지멘타, 경문사.
- 이기동 (2005), 논어강설, 성균관대학교 출판부.
- 이기영 (1987), 종교사화, 한국불교연구원.
- 이나모리 가즈오, 김형철 옮김 (2005), 카르마 경영, 서돌.
- 이나모리 가즈오, 정택상 옮김 (2009), 이나모리 가즈오에게 경영을 묻다, 비즈니스북스.
- 이선호 (2001), 이순신의 리더십, 팔복원.
- 이영무 (1989), 유마경강설, 월인출판사.
- 일타 (1995a), 시작하는 마음, 효림.
- 일타 (1995b), 영원으로 향하는 마음, 효림.
- 일타 (1995c), 자기를 돌아보는 마음, 효림.
- 임원빈 (2008), 이순신 승리의 리더십, 한국경제신문.
- 장자, 김동성 옮김 (1968), 장자, 을유문화사.
- 전용욱 · 한정화 (1994), 초일류 기업으로 가는 길, 김영사.
- 정승석 (1990), 100문 100답 불교강좌편, 대원정사.
- 지눌, 김달진 옮김 (1987), 보조국사 전서, 고려원.

- 한용운 편찬 · 이원섭 역주 (1991), 불교대전, 현암사.
- 홍하상 (2001), 이병철 vs. 정주영, 한국경제신문사.
- 홍하상 (2004), 이병철 경영대전, 바다출판사.

- 伊丹敬之 (1984), 新 · 經營戰略の論理, 日本經濟新聞社.
- 井上信一 (1993), 佛教經營學入門, ごま書房.
- 稻葉襄 (1994), 佛教と經營, 中央經濟社.
- 稻盛和夫 (1999), 成功への情熱, PHP研究所.
- 稻盛和夫 · 梅原 猛 (1995), 哲學への回歸, PHP研究所.
- 坂本力信 (1991), 佛教に學ぶ經營の秘訣, ソーテック社.
- ダイヤモンド · ハーバード · ビジネス 編集部(1995), 未來創造企業の絶對優位戰略,

  ダイヤモンド社.
- 鹽野七生 (1992), ローマ人の物語Ⅰ：ローマは一日にしてならず, 新潮社.
- 鹽野七生 (1993), ローマ人の物語Ⅱ：ハンニバル戰記, 新潮社.
- 鹽野七生 (1994), ローマ人の物語Ⅲ：勝者の混迷, 新潮社.
- 鹽野七生 (1995), ローマ人の物語Ⅳ：ユリウス · カエサル ルビコン以前, 新潮社.
- 鹽野七生 (1996), ローマ人の物語Ⅴ：ユリウス · カエサル ルビコン以後, 新潮社.
- ダイヤモンド · ハーバード · ビジネス 編集部(1995), 未來創造企業の絶對優位戰略, ダイヤモンド社.
- 松村寧雄 (1988), 新經營戰略「MY法」の奇跡, 講談社.
- 松村寧雄 (1994), 佛教システムを活かす 經營計畵の實踐, ソーテック社.
- 守屋 洋 (1984), 中國古典の人間學, プレジデント社.
- 守屋 洋 (1985), 續 中國古典の人間學, プレジデント社.
- 守屋 洋 (1987), 中國古典の名言錄, プレジデント社.
- 守屋 洋 (1989), 論語の人間學, プレジデント社.
- 守屋 洋 (1990), 中國古典の家訓集, プレジデント社.

- 守屋　洋 (1991), 韓非子の人間學, プレジデント社.

- 守屋　洋 (1992), 十八史略の人物列傳, プレジデント社.

- 守屋　洋 (1993), 中國宰相列傳, プレジデント社.

- 守屋　洋 (1994), 中國古典　人生の知慧, PHP研究所.

- 吉武孝祐 (1987), 佛敎による經營革新, ソーテック社.

- Boston Consulting Group (1988), Perspectives, Time-based Competition Series, Boston: Boston Consulting Group, Inc.

- Brunken, Ingmar S. (2005), Die 6 Meister der Strategie, Berlin: Ullstein Buchverlag GmbH.

- Caesar, Julius, translated by H. J. Edwards (2004), The Gallic War, Cambridge: Harvard University Press.

- Chandler, Alfred D. (1990), "The Enduring Logic of Industrial Success," Harvard Business Review, March-April, 130-140.

- Clausewitz, Carl von (1976), On War, Princeton, New Jersey: Princeton University Press

- Clausewitz, Carl von (1980), Vom Kriege, Bonn: Fred. Dümmlers Verlag.

- Craig, Gordon A. (1978), Germany 1866-1945, New York: Oxford University Press.

- Drucker, Peter F. (1967), The Effective Executive, New York, NY: Harper & Row

- Drucker, Peter F. (1972), The Practice of Management, Tokyo, Japan: Charles E. Tuttle Company

- Drucker, Peter F. (1994), Adventures of a Bystander, New York, NY: John Wiley & Son

- Drucker, Peter F. (1995), Managing in a Time of Great Change, New York, NY: Truman Talley Books/Dutton

- Drucker, Peter F. (1999), Management Challenges for the 21st

Century, Oxford: Butterworth–Heinemann

- Drucker, Peter F. (2002), Managing in the Next Society, New York, NY: Truman Talley Books.
- Freund, Michael (1985), Deutsche Geschichte, München: Bertelsmann GmbH.
- George, Bill (2007), True North, San Francisco: Jossey–Bass.
- Jo, Seong–do (2005), Admiral Yi Sun–Sin A National Hero of Korea, Seoul: Sinseowon.
- Kennedy, Paul (1987), The Rise and Fall of The Great Powers, New York: Random House.
- Levitt, Theodore (1960), "Marketing Myopia," Harvard Business Review, July–August.
- Machiavelli, Niccolo (1978), Der Fürst, Stuttgart: Alfred Kröner Verlag
- Machiavelli, Niccolo (1983), The Prince, Harmondsworth, Middlesex, England: Penguin Books
- Mintzberg, Henry (1975), "The manager's job: folklore and fact," Harvard Business Review, July–August, 49-61.
- Mommsen, Wilhelm (1966), Bismarck, Hamburg: Rowohlt Verlag GmbH. Nalebuff, Barry J. and Brandenburger, Adam M. (1996), Co-opetition, London: Harper Collins Business.
- Nimer, D. (1971), "Nimer on Pricing," Industrial Marketing (March), 48-55.
- Pfeffer, Jeffrey (1994), Competitive Advantage through People, Harvard Business School Press: Boston, Massachusetts.
- Porter, M (1980), Competitive Strategy, New York: The Free Press.
- Porter, M (1985), Competitive Advantage, New York: The Free Press.
- Reischauer, Edwin O. (1994), Japan The Story of a Nation, New York: Alfred A. Knopf.
- Schenider, Wolf (2004), Groβe Verlierer, Hamburg: Rowohlt Verlag

GmbH.

- Schulze, Hagen (1998), Kleine Deutsche Geschichte, München: C.H.Beck.
- Seneca, Lucius A. (1978), Vom Glückseligen Leben, Stuttgart: Alfred Kröner Verlag.
- Shapiro, Benson P. (1984), Hints for Case Teachings: President and Fellows of Harvard College.
- Simon, H. (1989a), Price Management, Amsterdam: North-Holland.
- Simon, H. (1989b), "Die Zeit als strategischer Erfolgsfaktor," Zeitschrift fur Betriebswirtschaft, 59, H. 1, 70-93.
- Simon, Hermann (1990), "Unternehmenskultur-Modeerscheinung oder mehr?" in Hermann Simon(Hrsg.): Herausforderung Unternehmenskultur, Stuttgart: Schaffer-Poeschel Verlag.
- Simon, Hermann (1991), Simon für Manager, Düsseldorf: ECON Verlag.
- Simon, Hermann (1994), "Lernoberflache des Unternehmens," in Hermann Simon und Karlheinz Schwuchow (Hrsg.): Managementlernen und Strategie, Stuttgart: Schaffer-Poeschel Verlag.
- Simon, Hermann (1996), Hidden Champions, Boston: Harvard Business School Press.
- Simon, Hermann (2000a), Geistreiches für Manager, Frankfurt/Main: Campus Verlag GmbH.
- Simon, Hermann (2000b), "Führungsherausforderungengen im 21. Jahrhundert", Festvortrag anlässlich der Verleihungen der Jakob-Fugger-Medaille an Reinhard Mohn.
- Simon, Hermann (2004), Think!, Frankfurt/Main: Campus Verlag GmbH.
- Simon, Hermann (2007), Hidden Champions des 21. Jahrhunderts, Frankfurt: Campus Verlag.

- Simon, Hermann und Fassnachet, Martin (2009), Preismanagement 3. Auflnge, Wiesbaden: Gabler.
- Spiegel, B.(1988), Führung der eigenen Person, Vortrag am Universitätsseminar der Wirtschaft, Schlo β Gracht.
- Stalk, G., Jr. (1988), "Time-the Next Source of Competitive Advantage," Harvard Business Review, 66, July-August, 41-51.
- Stephenson, P.R., W.L. Cron and G.L. Frazier (1979), "Delegating Pricing Authority to the Sales Force: the Effects on Sales and Profit Performance," Journal of Marketing, 43 (Spring), 21-28.
- Sun Tsu (1982), The Art of War, New York: Oxford University Press.
- Ullrich, Volker (1998), Otto von Bismarck, Hamburg: Rowohlt Verlag GmbH.
- Weber, Max (1981), Die protestantische Ethik und der Geist des Kapitalismus, Gütersloh: Gütersloher Verlagshaus Mohn.
- Wolfrum, Edgar (2007), Die geglückte Demokratie, Stuttgart: Pantheon.
- Yoo, P.H., R.J. Dolan and V.K. Rangan (1987), "Dynamic Pricing Strategy for New Consumer Durables," Zeitschrift für Betriebswirtschaft, 57 (Oktober), 1024-1043.
- Zelikow, Philip and Rice, Condoleezza (1995), Germany Unified and Europe Transformed, Cambridge: Harvard University Press.